ダム湖のバス釣りで試したくなる
深イイ㊙テクニック集

Basser編集部編

リザーバーの教科書

Textbook of Reservoir

※本書の実釣記事（28～143ページ）は月刊『Basser』に掲載した記事を再編集して収載しております

CONTENTS

絶対に覚えておきたいリザーバーの特徴と四季の変化……004

春―転機は10℃と13℃……008

夏―水温が22℃を超えたらサマーパターン……012

秋―水温が低下するとバスは広範囲に散る……016

冬―冬眠はせず、命を維持するために捕食もする……020

写真・文＝編集部

全国リザーバーMAP……024

写真・文＝編集部

11人11色11の技法

伊藤巧×クランクベイト
モノにどう当てるか……028
写真・文＝編集部

小林明人×ディープ・パワーフィネス
厳寒期の1尾を絞り出す新たなディープ攻略……040
写真・文＝編集部

山岡計文×ミッドストローリング
"ホバスト"とは何か？……049
写真・文＝水藤友基

Basser編集部編

リザーバーの教科書

Textbook of Reservoir

ダム湖のバス釣りで試したくなる
深イイ㊙テクニック集

川村光大郎×スピナーベイト
巻きモノとして扱わないスピナーベイティング　写真・文＝編集部 …… 058

大津清彰×野良ネズミ
無慈悲に釣るための18の質問　写真・文＝金澤一嘉 …… 067

金井俊介×キャロライナリグ
濁りとキャロの関係を考える　写真・文＝水藤友基 …… 078

羽生和人×虫ルアー
房総リザーバーのサーチベイトは虫ルアーがマッチ　写真・文＝編集部 …… 085

川島勉×クローラー&プロップ
水を押すハネ、水を切るペラ　写真・文＝水藤友基 …… 094

小森嗣彦×ダウンショットリグ
〝レッグワームリグ〟はなぜ釣れるのか!?　写真・文＝金澤一嘉・編集部 …… 105

三原直之×ビッグスプーン&ビッグベイト
三原直之が考える〝三つの冬〟　写真・文＝水藤友基 …… 120

並木敏成×ハイテク魚探道場
一昼夜漬け 免許皆伝！ 編集部員が押しかけ弟子入り　写真・文＝望月俊典　イラスト＝もりなをこ …… 131

企画◎Basser編集部　ライター◎金澤一嘉、水藤友基、望月俊典
装丁・デザイン＝石川達也（イストデザイン）

リザーバーと言っても日本各地には
大小さまざまなタイプの湖が存在している。
しかし、それらには大きく変わらない共通点も存在する。
そもそもリザーバーとはどんな湖なのか。
そしてどんな特徴があるのか。
リザーバーで四季を通じてバスを釣るために
知っておきたいことをまとめた。

入り組んだ地形が多いのもリザーバーの特徴のひとつ。本流筋があり、そこへ流れ込む支流筋があり、それぞれが蛇行を繰り返しているためだ。大きくカーブする付近はインサイドにシャローフラットが形成されやすい

絶対に覚えておきたい

リザーバーの特徴と四季の変化

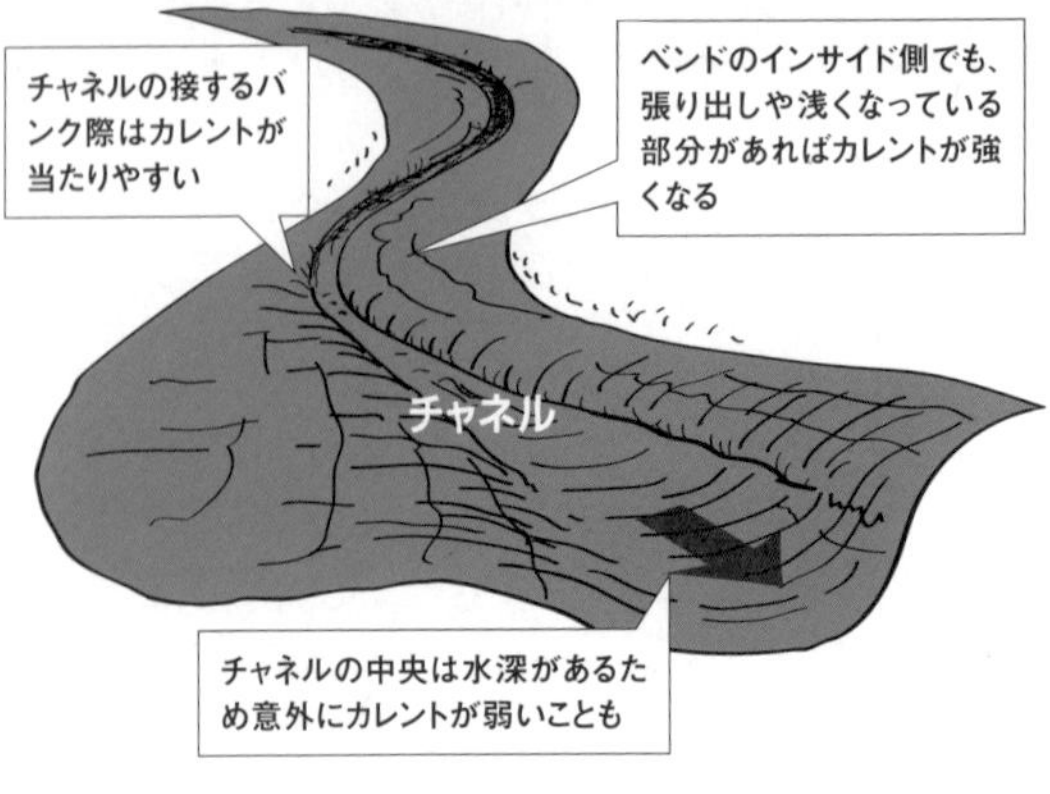
チャネルの接するバンク際はカレントが当たりやすい
ベンドのインサイド側でも、張り出しや浅くなっている部分があればカレントが強くなる
チャネル
チャネルの中央は水深があるため意外にカレントが弱いことも

最も大切なのは水温

リザーバーとは、もともと川が流れていた場所の流れを堰き止めて水を貯めた人造湖＝ダム湖のことである。日本全国にはたくさんのリザーバーが存在し、そのうち、バス釣りが楽しめるリザーバーも各地にある。しかも、こうしたリザーバーは規模や緯度、標高などに違いはあっても、「もともと川が流れていた」という一点で実は多くの類似点があり、天然湖に比べるとパターン化しやすいことが特徴のひとつとして挙げられる。

こうした湖底に眠っている本来の川筋跡を「チャネル」と呼ぶ。大抵のリザーバーの最深部にあたり、低水温期も安定してバスをストックする要素になるのも同じである。

つまり、本書のロケ地が房総半島のリザーバーだからといって房総半島のリザーバーでしか通用しないテクニックではなく、概ねどこのリザーバーでも応用できると考えてもらっていい。ただし、「4月上旬のロケでよく釣れていた」からといって「今年の4月上旬もよく釣れる」とは限らないということも頭に入れておきたい。サクラの開花日が毎

年違うように、天候や降雨量などによって湖の状態は変わる。一日の中でも水温は刻々と変化するからだ。

　たとえそれがロケ地と同じリザーバーであっても季節の進み具合や諸条件は毎年のように違いがあるので、春ならこの釣り、●月ならこの釣りと考えるのは早計だ。日付よりも大きなヒントになるのは「水温」である。それも「その日、そのフィールドにおける予想平均水温」が大事であり、以降、水温に関する説明はすべて「その日、そのフィールドにおける予想平均水温」を前提にしているとご理解いただきたい。

　なぜこんな書き方をするかといえば、たとえば3月、朝の魚探の水温が11℃を示したとしよう。この水温だけを見れば「スポーニング（産卵）を意識したバスはまだいない」と考えがちだ。しかし、たまたまその日は放射冷却がキツかったのかもしれない。だとすれば「日中は13〜14℃にな

積極的にレンタルボートを利用して、地元で食事や宿泊をすることでたくさんのお金が釣り場に落ち、さらに釣り場環境がよくなるという好循環が生まれる。日本には共存共栄でバスフィッシングが末永く楽しめるリザーバーが各地に存在する

天候が不順な春先に●月●日という過去のデータはさほど重要性をもたない。それはサクラの開花日が毎年違うことからも理解できるだろう

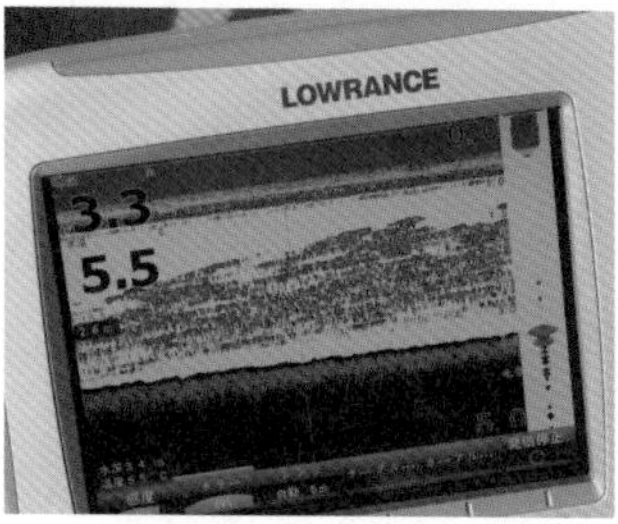
LOWRANCE
3.3
5.5

1月末の房総ワカサギレイクでは水深3mほどの桟橋付近に真っ赤なワカサギの反応が映った。大いに期待できそうに思えたが、やはり水温5.5℃ではワカサギは釣れてもバスを釣ることはなかなか厳しい

■イラストA
リザーバーにおける水温の変遷

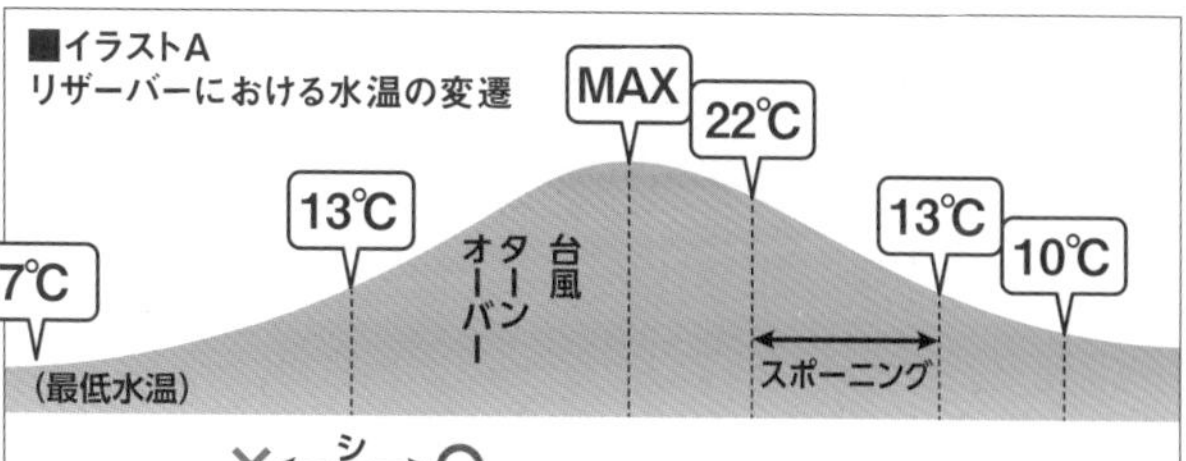
7℃
(最低水温)
13℃
台風
ターンオーバー
MAX
22℃
13℃
10℃
スポーニング
×←シャロー→○

ダム湖というと人工的なコンクリートのため池を想像するかもしれないが、山間の渓谷そのままといった雰囲気のフィールドも多い。この自然との一体感もたまらない魅力だ

るだろう」と推測でき、スポーン絡みのバスも念頭に置きながら釣りをすることができる。当日朝の水温ももちろん大事な情報だが、できれば数日間の水温の推移を把握しておくことが魚の状態をより正確に推察することにつながる。

リザーバーならではの地形的特徴

スポーニングといえばシャローフラット（浅場にある平坦なボトム）は欠かせない要素になるが、そもそもリザーバーにおいてはシャローに限らずフラットは特にバスを引き寄せる要素である。

リザーバーの多くは山間部のV字谷を堰き止めて造られているため、図が示すようにバンク際は岩盤などの急斜面（図の3）が多く、フラットな地形（図の1-A、1-B）の割合が天然湖に比べて少ない。

こうしたドン深のスポットにバスがいることもあるが、似たような場所が多すぎてチェックしきれない。むしろフラットな地形を探して、そこに隣接するドン深の場所を探ったほうが短時間でいろんな

川筋を上ったカーブの先に息を呑む景色が待っていたりする

森と湖とこうした建物はセットで存在していたりする。ポイント名になっていることも多い

水を湛えた現在の姿から想像するのは難しいが、リザーバーとは山間を縫うように流れていた川を堰き止めて造られるケースがほとんどであり、湖底にはチャネルと呼ばれる川筋跡がある

天然湖に比べると急深な地形が多いリザーバーではフラットは貴重な魚の付き場になる。「道路跡」、「屋敷跡」などと呼ばれる有名スポットはシャローフラットであることが多い

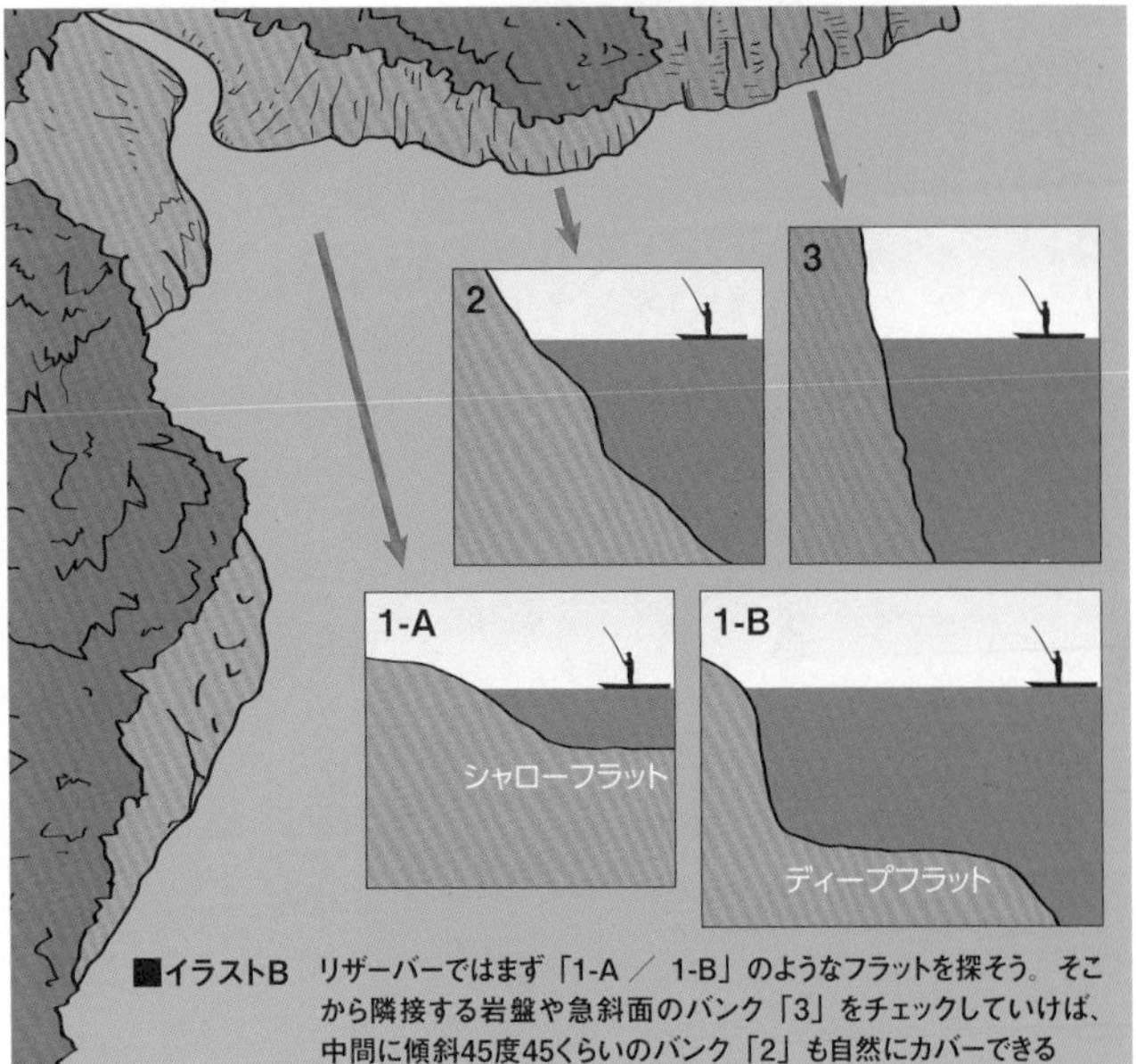

■イラストB　リザーバーではまず「1-A ／ 1-B」のようなフラットを探そう。そこから隣接する岩盤や急斜面のバンク「3」をチェックしていけば、中間に傾斜45度45くらいのバンク「2」も自然にカバーできる

タイプの地形をチェックできて、バスがどんな地形を好んでいるか判断しやすくなるだろう。

フラットを重要視するもうひとつの理由は、バスのフィーディングスポットになりやすいこと。水温上昇期はシャローフラットにいろいろな小魚が差してくるし、下降期の秋にはディープフラットにワカサギの群れとそれをねらうバスが入ってくる。各地のリザーバーに「段々畑」「屋敷跡」「道路跡」などと呼ばれる有名スポットが存在するのも、そこがフラットだからであり、バスがフラット好きであるためである。

リザーバーはもともと川であり、大なり小なりの流れがある。湖の幅が急激に狭まっていれば流れは強まるだろうし、川の名残で大きく蛇行する地形ではカレントの強弱が生まれて土砂が堆積し、フラットが形成されるはず――。こうした目線でリザーバーを俯瞰すれば、初めて行く釣り場であってもどこへ向かうべきかというアイデアが浮かんでくるはずだ。

絶対に覚えておきたい
リザーバーの特徴と四季の変化

春はめまぐるしく変化する季節。水温の変化に伴うバスのポジションの変化を追うのはもちろん、週替わりどころか日々進行していくスポーニングの状況の見極めが大事になる

春 Spring
―転機は10℃と13℃―

目覚めのとき

リザーバーの水温が少しずつ上昇していく早春。バスが動き始める最初の目安が「水温10℃」だ。

それまでの冬の期間、リザーバーは最低水温期であり、水面からボトムまで一様に冷たい状態になっていたためほとんどのバスは動ける状態になく、風や水位変動による水温の変化が少ないディープで越冬していた。

やがて日照時間が延びて表層の水が温まるにつれて、上層と下層の水の温度差が明確になっていく。温かい水は比重が小さい（＝軽い）ので表層に集まり、冷たい水は重いのでボトム側に固まる。その境界にサーモクライン（水温躍層）が形成される。

バスは基本的に表層付近の温かい水を好むため、水温が

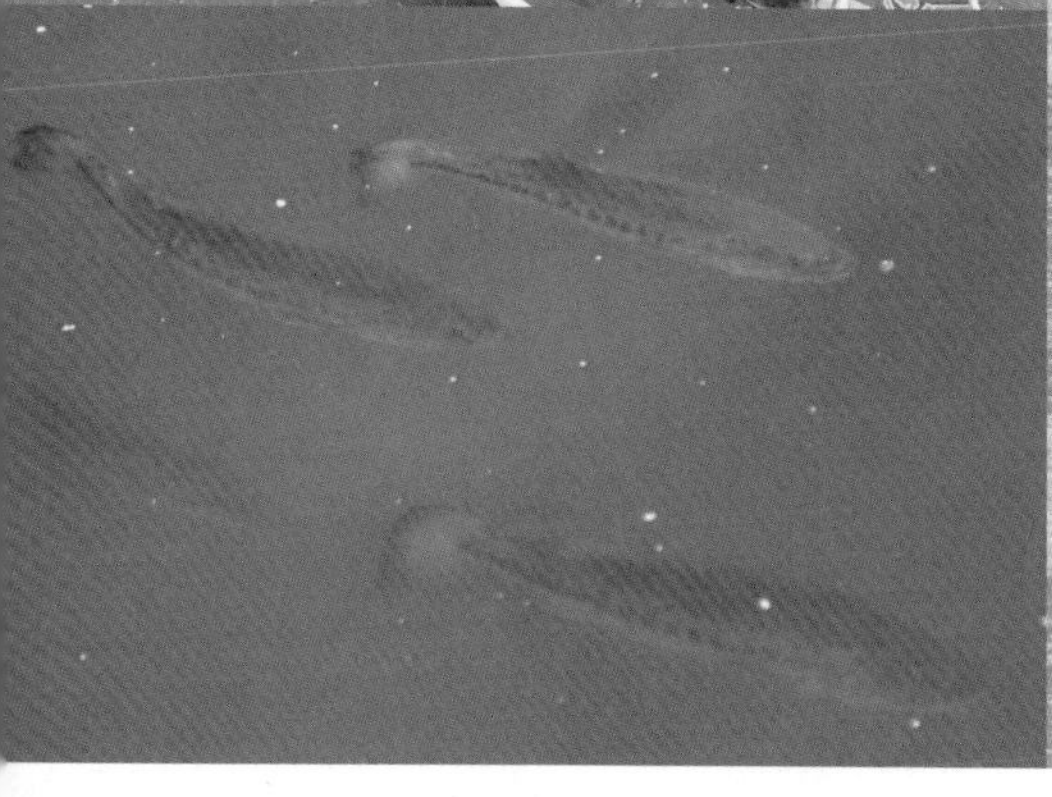

10℃に達したころから浅いレンジに姿が増える。水温上昇時は表層に浮き、冷え込んだら多少レンジを下げるが、越冬場所まで探る必要はなく、探ったとしても水深5～6ｍまでと考えてよい。

リザーバーによっては透明度が高いクリアウォーターが多く、冬の間はほとんど確認できなかった見えバスをよく目にするようになるのもこの時期。ジャークベイトやシャロークランク、I字系サスペンドプラグなどのハードルアーで表層を探って反応を得やすいタイミングでもある。

上／春はワカサギも産卵のために川筋にコロニーを作る。これを追ってプリスポーンのバスが川筋に集まる

下／バスは基本的に表層付近の温かい水を好むため、水温が10℃に達したころから浅いレンジに姿が増える。冬の間はほとんど確認できなかった見えバスをよく見かけるようになるのもこの時期

ポストスポーンのバスはこうした浮きゴミの直下に「サスペンド」していることも多い。ヘビーなリグで打ち抜いても反応しないが、カバーの真下をスローに誘うとデカいのが食ってくることもある

恋の季節

春といえばスポーニングとも言えるが、実際にスポーニングへ向かう魚の数が増加傾向に転じる水温は13℃と覚えておこう。それまで10℃前後のタイミングでは水温の上下によって浮いたり沈んだりしていたバスたちが、明確にシャローのボトムを意識するようになる。

ワームでスローに誘う釣りが優勢になり、それまで反応がよかったハードベイトが徐々に効きにくくなる（産卵直前の威嚇行動は除く）。

スポーニングが行なわれるのは「陽の当たるシャローフラット」「ハードボトム」「カ

2月下旬は地域によってはまだまだ真冬だが、地域によっては目覚めのときを迎える。温暖かつ標高の低い房総リザーバーでもそれまでほぼ「無」の状況が年末から続いていたが、水温が10℃に迫ると、ディープ隣接のシャローカバーからナイスプロポーションがヒット

春はジャークベイトやシャロークランク、I字系サスペンドプラグなどのハードルアーで表層を探って反応を得やすい。そして3月と4月はビッグフィッシュの出現率が最も高いタイミングだ

春が進むとサスペンド気味のバスが増えてくる。巻く釣りからポッパーのようなスローに誘う釣りにも反応がよくなる

レントの強過ぎない場所」など。こうした要素を頭に入れながら周囲を探って釣っていくといい。

バスの産卵自体は20℃前後まで続くことが多く、同じフィールドでもエリアや個体ごとの差が激しい。この時期は、警戒心が強いはずのバスが大胆に浅場に姿を見せ、釣り人が近づいてもその場から逃げないということがある。ルアーを投じると、食い気ではなく侵入者を追い払おうとするようないつもと違う反応を見せたら、それはネスト（産卵床）やフライ（稚魚）を守っているオスのバスである可能性が高い。釣ってしまうとせっかくのネストを放棄してしまい、子孫を残すことができなくなるため、ネストのバスはねらわないようにすることが、この釣りを末永く楽しむためのマナーである。

絶対に覚えておきたい
リザーバーの特徴と四季の変化

Summer 夏

—水温が22℃を超えたらサマーパターン—

夏はクーラー効果に着目

水温が20℃くらいまでは産卵行動中のバスも少しは残っていたが、基本的に大きなバスほど早めにスポーンを終える（ただしフロリダ種はやや遅れる）。そして22℃を超えたら「もうサマーパターンだ！」と考えていい。まずバックウォーターへ向かうのが定石であり、このタイミングでリザーバーの上流をチェックするとメスのスクールに出会えたりする。

そもそもサマーパターンとは何かというと、バスが涼しくて快適な場所に集まり、そうした快適なエリアにいるバスは活性も高いためいい魚が反応するということだ。

夏に快適な場所の代表格がバックウォーター（本流の最上流）やインレット（支流などの流れ込み）など。我々人間がクーラーや扇風機で涼を取るのと同じように、温度が低くて溶存酸素が多いフレッシュな水の動きが活発なところにバスたちも涼を求めて集まると考えてよい。

ただし、そうした「クーラー効果」のあるところはほかにもある。人間が暑い日には木陰や屋根の下に逃げ込むように、バスたちもオーバーハングやカバーが作るシェード（日陰）に逃げ込んでいる。直射日光が当たらないため水温も上がりにくく、身を潜めてベイトを待ち伏せするのにも最適なスポットと言え、このほかカレントの当たる岬周り、沖のブイなどのフローティングカバーなどもクーラー効果のあるスポットと言える。

夏の雨は吉と出る

ただし、初夏には梅雨があ

暑い日には人間も木陰や屋根の下に逃げ込むように、バスたちもオーバーハングやカバーが作るシェードに逃げ込んでいる

り、真夏にはゲリラ豪雨があるように、夏は雨という要素も大きく関係する。どの季節でも雨はバスの活性を大きく左右する要素だが、特に夏場は、どんな雨でも釣れる要素になりやすく、たとえ冷たい大雨であっても表水温が下がることでバスがイケイケになってトップに出まくることもある。

ただし、天然湖と違ってリザーバーでは雨が降ったからといって必ずしも水位が上がるわけではない。リザーバーの多くは灌漑のためや水害から守るなどの役目があり、雨が降ってからはもちろん、大雨の予想の際には雨が降るから前もって放水するケースも多く、水位が落ちることもあるからだ。

夏場の雨がたいていの場合で釣れる要素になる理由は、増水すればバスが一段上のレ

レイダウンの付け根でヒットしたコンディション抜群の48cm。川幅が狭くなったこの水道は何度もチェックしたが、放水と風の吹き始めが重なったタイミングでカレントが生まれバイトが深くなった

雨は基本的に吉と出ることが多いが、特に夏は状況を好転させるパワーを持っている

フロッグ、虫、ハネモノなどトップウォーターが楽しい季節。すべてが丸見えで興奮するだけでなくこの時期のストロングパターンにもなりうる

ンジに上がるためだ。シャローに差したバスはヤル気があることがほとんどで積極的にルアーを追う。ところが雨が降っても水位が下がるとバスのレンジも落ち、活性も低くなることがほとんどである。

　これはバスのみならず、ベイトフィッシュであるオイカワやウグイなども同じで、水位が上がるとシャローに差して元気にエサを捕食する。それをねらってバスも活性を上げるという好循環が起こりやすい。クリアウォーターのリ

夏に快適な場所の代表格がバックウォーター（本流の最上流）だ

ブイなどのフローティングカバーもクーラー効果のあるスポットと言える。直射日光が当たらないため水温も上がりにくく、身を潜めてベイトを待ち伏せするのにも最適だ

インレット（支流などの流れ込み）も温度が低くて溶存酸素が多いフレッシュな水の動きが活発なところ

大雨直後、一気に増水したカバー周りではポッパーなどのトップに連発することも

ザーバーなら雨によって入る濁りがプラスに作用しやすく、雨で水面が打たれてアングラーの存在感がバスに伝わりにくくなるのもメリットと言え、普段はルアーを追わないゴーマルやロクマルが騙されて思わずルアーを口にしてしまう可能性が高まることも覚えておきたい。

雨も少なく、流入河川からの水の流れも少ないリザーバーでは、最高水温期にはディープの溶存酸素量が著しく減ることもあり、バスもベイトフィッシュも強制的に表層付近に集められることがあるが、魚の活性が高いわけではないので厳しい釣りを強いられることがある。逆に水質のよいフィールドでは反対にミドルからディープに落ちるバスもいる。これもまた避暑地による「クーラー効果」のひとつと言えよう。

Autumn 秋

―水温が低下するとバスは広範囲に散る―

暑さも和らぎバスにとっても適水温に近づく秋。実際、バスの活性は高い季節と言えるが、アングラーにとっては広範囲に散った魚をイチから探す難しい季節とも言える

ワカサギレイクとしても有名な亀山湖では、秋にワカサギの群れを分断させるようにディープクランクを巻く釣りが効く

活性が高まるのに難しくなる理由

夏のバスはクーラー効果を意識した動きをしているので、いくつかの選択肢はあるものの、どこにいるのか、どんな状況なのかの推測はしやすかった。また、雨という要素がほぼプラスに働く時期でもあった。

ところが、9月以降の水温下降期に入ると、雨に関しては、春や夏ほどの爆発力を失う。水温の低下とともにバスのレンジも下がっていくタイミングなので、魚が一気に浮いたりする状況になりにくいのだ。ただし、それまでボトムべったりを泳いでいたバスがやや浮いて活性を上げることもある。

また、秋は台風シーズンであり、秋雨前線は梅雨以上の雨量をもたらす。そして水温が下がればディープの溶存酸

山間部のリザーバーでは橋脚や橋桁などにスズメバチやアシナガバチの巣が作られることが多い。夏の終わりから秋にかけては気が立って狂暴になっているので注意したい

ターンオーバーが起きると、バスは悪い水を避けようとしてカバーや小さなインレットに入りたがる傾向があり、高密度に集まるピンスポットを見つけたら連発が味わえる

ワカサギレイクではディープフラットで、オイカワやハスが多いフィールドならシャローレンジで活発にバスがベイトを追い掛け回すようになる

素量が増えるため、夏よりもさらに深いレンジにバスやベイトフィッシュが入ってくる。特にワカサギレイクではディープフラットがアツくなる季節が秋だ。一方、オイカワやハスが多いフィールドならシャローレンジで活発にバスがベイトを追い掛け回す。それまではカバーやオーバーハングのシェードに縛られていたバスたちも、いろんな場所で活発にエサを追う。

　まさに食欲の秋であり、夏バテ気味だったバスたちが、適水温になることで活性が高まり、コンディション上々の魚が増えていく。まさにいいこと尽くめに思えるが、「秋はバスが散る」と言われるように、「クーラー効果」という縛りがなくなったことでバスたちの自由度が高まり、居場所を見つけるのが非常に困難になるのも秋の特徴だ。

　カバーの奥のシェードでじっとしているバスを釣るにはテキサスリグやラバージグなど縦の動きで探る釣りが有効だったのに対して、ベイトフィッシュを追い回す秋のバスにはスピナーベイトやクランクベイトなどの巻きモノを使った横の動きで探る釣りが有

中国地方のワカサギレイクでは
ディープクランクで連発

ディープの溶存酸素量が増えるとベイトフィッシュも深いレンジに集まるが、フォールターンオーバーが起こったエリアからは悪い水を避けようとしてシャロカバーやインレットに溜まる可能性がある

ディープフラットのみならずシャローフラットでも好反応を得た

効になる。

ターンオーバーの本質

そしてもうひとつの秋の特徴のひとつがターンオーバーで、水の動きが少なく水深のあるリザーバーで起こりやすい。冷えた表層の水が沈み込むと、ボトム付近の淀んだ水が攪拌されて水質が悪化する現象だ。バスの活性を下げる要素ではあるが、ターンオーバーしたエリアがまったく釣れないわけではない。

バスは悪い水を避けようとしてカバーや小さなインレットに入りたがる傾向があり、これを逆手に取れば本来は満遍なく散ってつかみどころのなかった秋のバスが高密度に集まるピンスポットを見つけて夢のような連発が味わえることも。これもまた推理ゲームのごときバス釣りの奥深い楽しみのひとつである。

絶対に覚えておきたい
リザーバーの特徴は四季の変化

冬 Winter

―冬眠はせず、命を維持するために捕食もする―

釣れればデカい

さらに水温が下がって季節は冬に。シャローカバーを撃つかどうか迷う頃だが、その判断基準になる水温が13℃と覚えておこう。そう、春に多くのバスが産卵行動に入る目安の水温だ。13℃前後あればまだシャローにバスが残っていると考えて釣りをスタートしていい。

ただし朝の水温が10℃まで落ちたらシャローから生命感は消えているため、ミドル～ディープレンジでスクールの魚を探すほうが手堅いと言えるだろう。

さらに季節は進んで年が明けた真冬の最低水温期。最低水温は湖によって異なるが、概ね7℃前後になると湖岸沿いから生命感が消え、見えバスを確認することも皆無に近くなる。生物が生存するために必要な物質を体内に取り入れ、用済みとなった古い物質

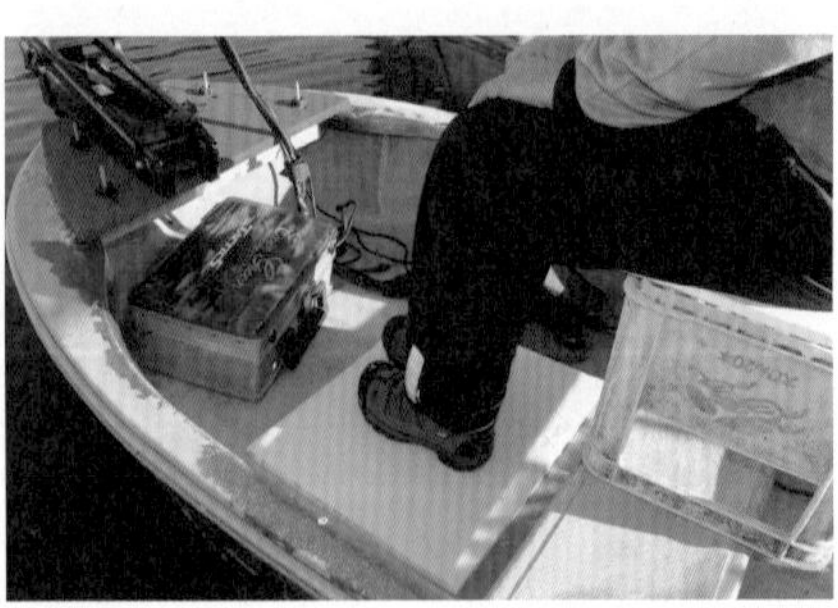

冬の朝、レンタルボートのデッキは凍って滑りやすくなっているので注意

防寒着を着込んでの冬のバス釣り。1回のバイトが貴重だから1尾の価値が大きい。そして実際この季節のアベレージサイズは一番大きい

を体外に出す現象を新陳代謝と呼ぶが、若いバスほど体内に取り入れる量（＝捕食するエサ）も少なく、用済みとなる古い物質（＝排泄する糞尿）が少なくて済むことから命をつなげる最低限の活動で冬という季節を乗り切る。あくまでも代謝が落ちて活性が低下するだけでクマなどのように冬眠するわけではない。しかもデカいバスほど命を維持するために必要なエサの量も多くなるため、低水温期であってもある程度のエサは捕食しないと死んでしまう。

　冬のバス釣りの魅力を「大きなバスに出会えるから」と言う人は少なくない。しかし、冬になると大型のバスの活性が上がるわけではなく、「冬でも動けるバス」＝「ある程度大きなバス」に限られてしまい、小型が釣れなくなるためだ。

真冬の澄んだ空の下、陽当たりのいい北岸を流すか、水温は上がりにくいが下がることもない南岸を流すか……

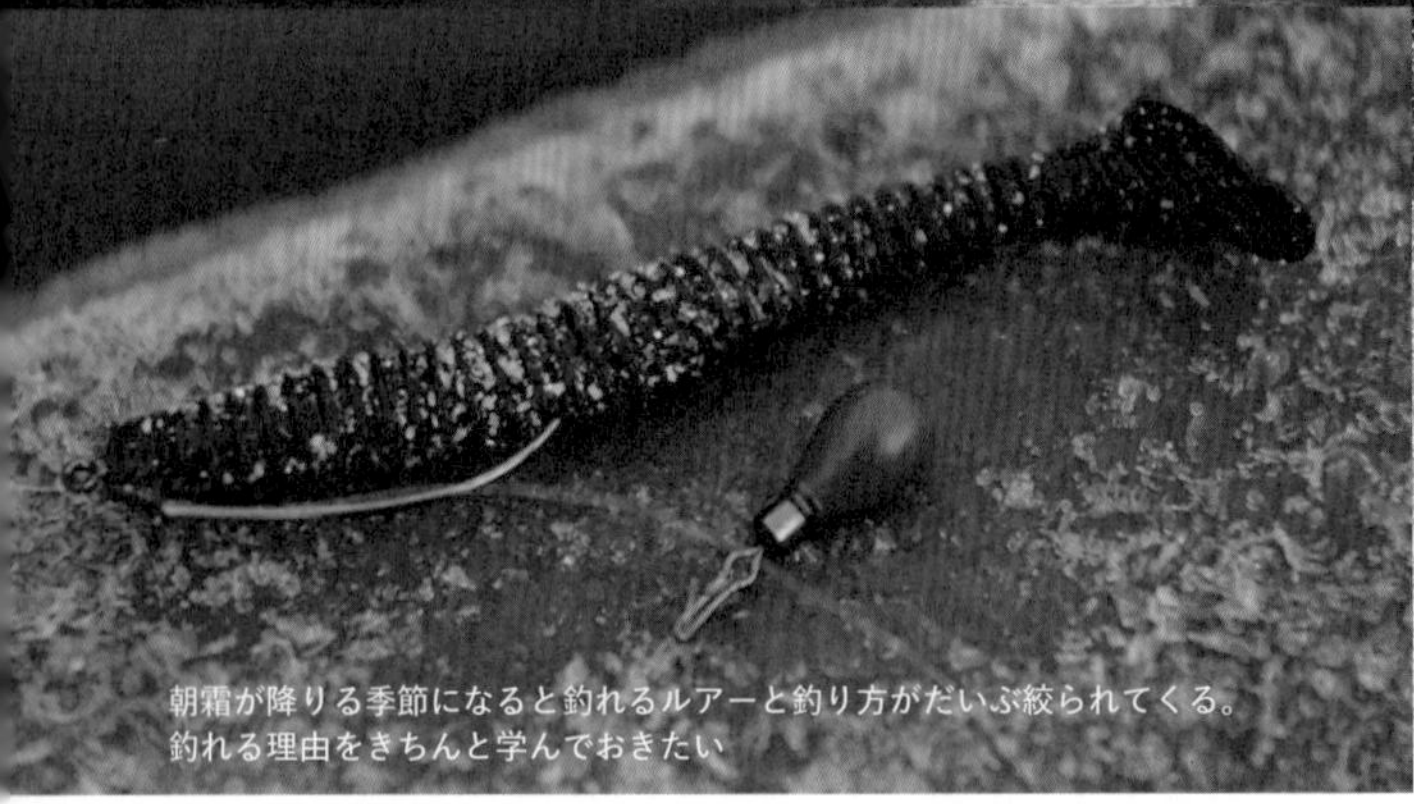

朝霜が降りる季節になると釣れるルアーと釣り方がだいぶ絞られてくる。釣れる理由をきちんと学んでおきたい

水温の高さより水温の安定

この時期にバスが集まりやすいのは「水温が安定しているところ」である。具体的には大規模クリークのディープレンジ、地形が複雑で北西風からプロテクトされるエリア、湧き水によって水温がキープされる場所などだ。

冬は陽当たりのいい北岸のほうが温まりやすいという理由で、好んで北岸を探るアングラーもいるが、水温が上がりやすいということは変化が大きいことでもある。「朝は7℃だけど昼は10℃になる場所」よりも「朝も昼も7℃」の場所のほうが冬のバスにとっては居心地がいいことを覚えておきたい。急激な水温の変化は命取りになるからだ。

なお、ディープといっても具体的な水深はフィールドに

12月の津久井湖の大会風景。水深10mはおろかワカサギの反応さえあれば20m超えのスーパーディープにも船団ができる

大晦日直前にキャッチしたゴーマル。デカい魚ほど命を維持するために冬でも大量のベイトを捕食している

よって違う。ワカサギが20mレンジまで落ちるフィールドであればバスもその付近で釣れたりすることもある。ただし、そこまで深いところで釣れるのは小型～アベレージクラスが中心で、体力のあるデカいバスは真冬でもミドル～シャローレンジに残っていることもしばしばだ。

レンタルボートで手軽にバスフィッシングが楽しめる

主要リザーバーMAP

湖上でのスペシャルな時間を過ごすために

日本にはバス釣りが楽しめるダム湖がたくさんある。
マイボートの持ち込みが可能なところを含めるとその数は倍以上になるはずだが
ここでは誰もが手軽にボートからのバスフィッシングが楽しめる
レンタルボート店のある主要リザーバーを列挙した。
本書でこれから紹介するハイテクニックの記事の数々を読み進めたなら
ぜひ湖上に浮かんで「情報」を「知識」に変え「知恵」にしていただきたい。

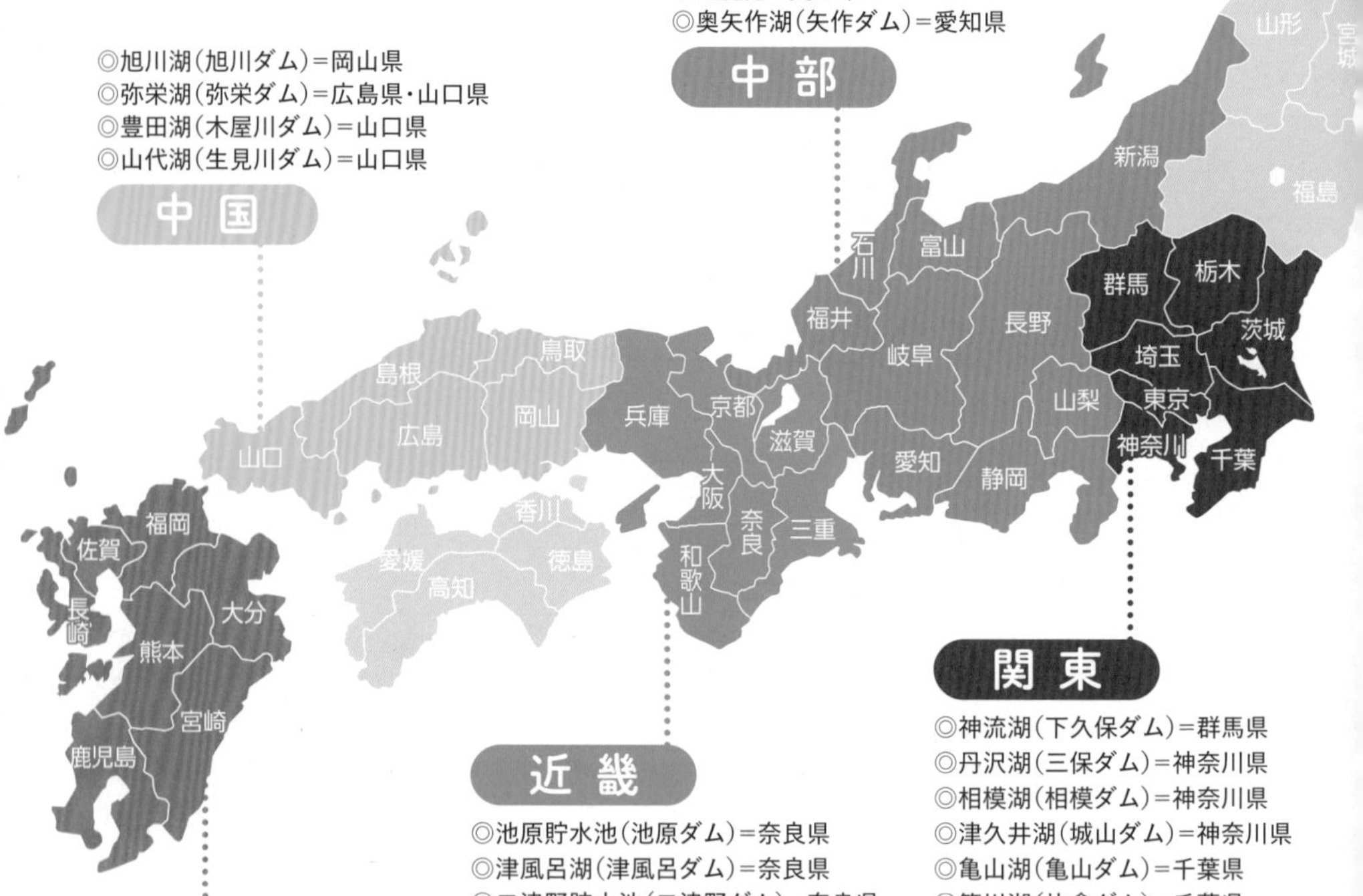

中部

◎多根湖（多根ダム）＝石川県
◎入鹿池＝愛知県
◎奥矢作湖（矢作ダム）＝愛知県

中国

◎旭川湖（旭川ダム）＝岡山県
◎弥栄湖（弥栄ダム）＝広島県・山口県
◎豊田湖（木屋川ダム）＝山口県
◎山代湖（生見川ダム）＝山口県

関東

◎神流湖（下久保ダム）＝群馬県
◎丹沢湖（三保ダム）＝神奈川県
◎相模湖（相模ダム）＝神奈川県
◎津久井湖（城山ダム）＝神奈川県
◎亀山湖（亀山ダム）＝千葉県
◎笹川湖（片倉ダム）＝千葉県
◎三島湖（三島ダム）＝千葉県
◎高滝湖（高滝ダム）＝千葉県
◎戸面原湖（戸面原ダム）＝千葉県
◎豊英湖（豊英ダム）＝千葉県

近畿

◎池原貯水池（池原ダム）＝奈良県
◎津風呂湖（津風呂ダム）＝奈良県
◎二津野貯水池（二津野ダム）＝奈良県
◎風屋貯水池（風屋ダム）＝奈良県
◎七色貯水池（七色ダム）＝三重県
◎合川ダム（殿山ダム）＝和歌山県
◎天若湖（日吉ダム）＝京都府
◎月ヶ瀬湖（高山ダム）＝京都府
◎虹の湖（大野ダム）＝京都府
◎生野銀山湖（生野ダム）＝兵庫県
◎東条湖（鴨川ダム）＝兵庫県
◎千丈寺湖（青野ダム）＝兵庫県

九州

◎北山湖（北山ダム）＝佐賀県
◎伊佐ノ浦ダム＝長崎県

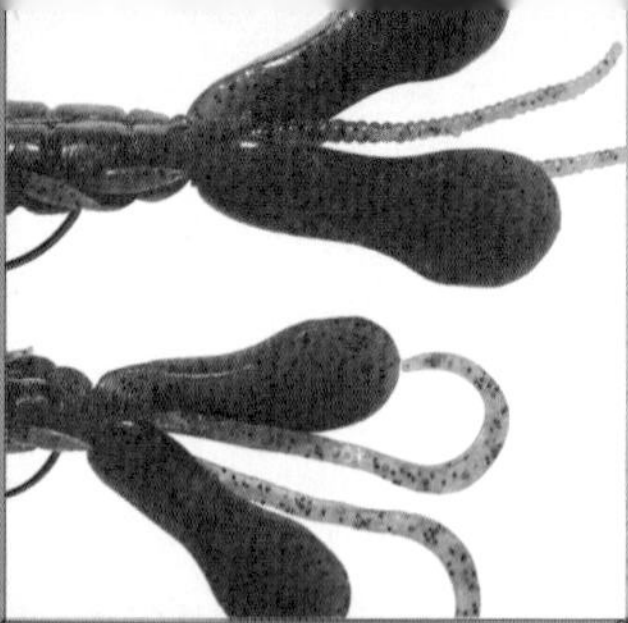

伊藤巧×クランクベイト
小林明人×ディープ・パワーフィネス
山岡計文×ミッドストローリング
川村光大郎×スピナーベイト
大津清彰×野良ネズミ
金井俊介×キャロライナリグ
羽生和人×虫ルアー
川島勉×クローラー&プロップ
小森嗣彦×ダウンショットリグ
三原直之×ビッグスプーン&ビッグベイト
並木敏成×ハイテク魚探

ダム湖のバス釣りで試したくなる
深イイ㊙テクニック集

11人11色 11の技法

通い慣れているリザーバーであっても自分には考えもつかなったアプローチで
自分には出会えそうもない魚をキャッチするアングラーがいる。
そんな彼らの思考を深く理解しようとしてみる。
それがダム湖のバスの動きを読む第一歩になる。

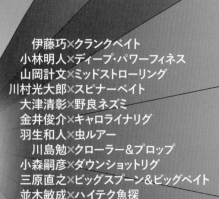

SUNLINE
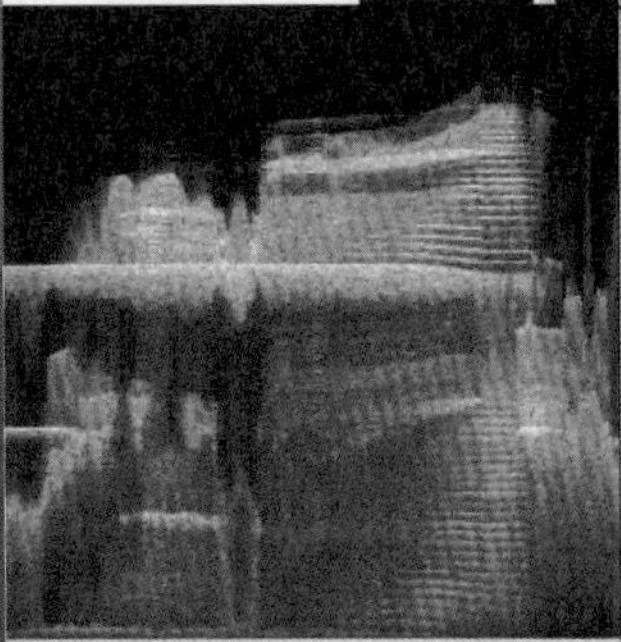

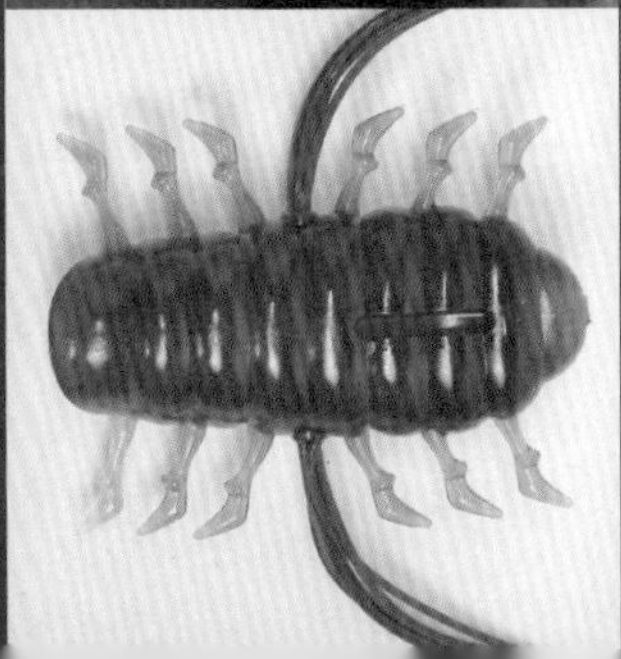

ともゑ
免許不要艇や12ftローボート、14ftなどさまざまなボートをラインナップ。フットコンエレキやバッテリーのレンタルも行なっている。２つのゴンドラがあり荷物を運ぶのが楽なのも嬉しい。レンタルボート料金は１日3000円〜。

■千葉県君津市正木325　■定休日　なし
■Tel：0439-38-2544　■https://tomoeboat.jp

伊藤巧×クランクベイト

Takumi Ito

千葉県三島湖

モノにどう当てるか

ザラッ……。
クランキングの最中、ラインが沈み物に接触した感触をキャッチ。
そこからの数秒がクランカーの腕の見せどころである。
モノにどう当てるか。それとも当てないのか。判断基準は？
伊藤巧さんの1日からその答えを探ってみよう。

伊藤巧
（いとう・たくみ）

1987年千葉県柏市生まれ。田辺哲男さんに師事し、TBC、H-1グランプリなどのトーナメントで数々の優勝、AOYを獲得しているほかメディアのオカッパリトーナメントでも活躍。2019年にはB.A.S.Sセントラルオープンに初参戦で年４位に入賞、エリート昇格を決めた。2020年よりエリートシリーズに参戦中

障害物をかわす
クランクの操作バリエーション

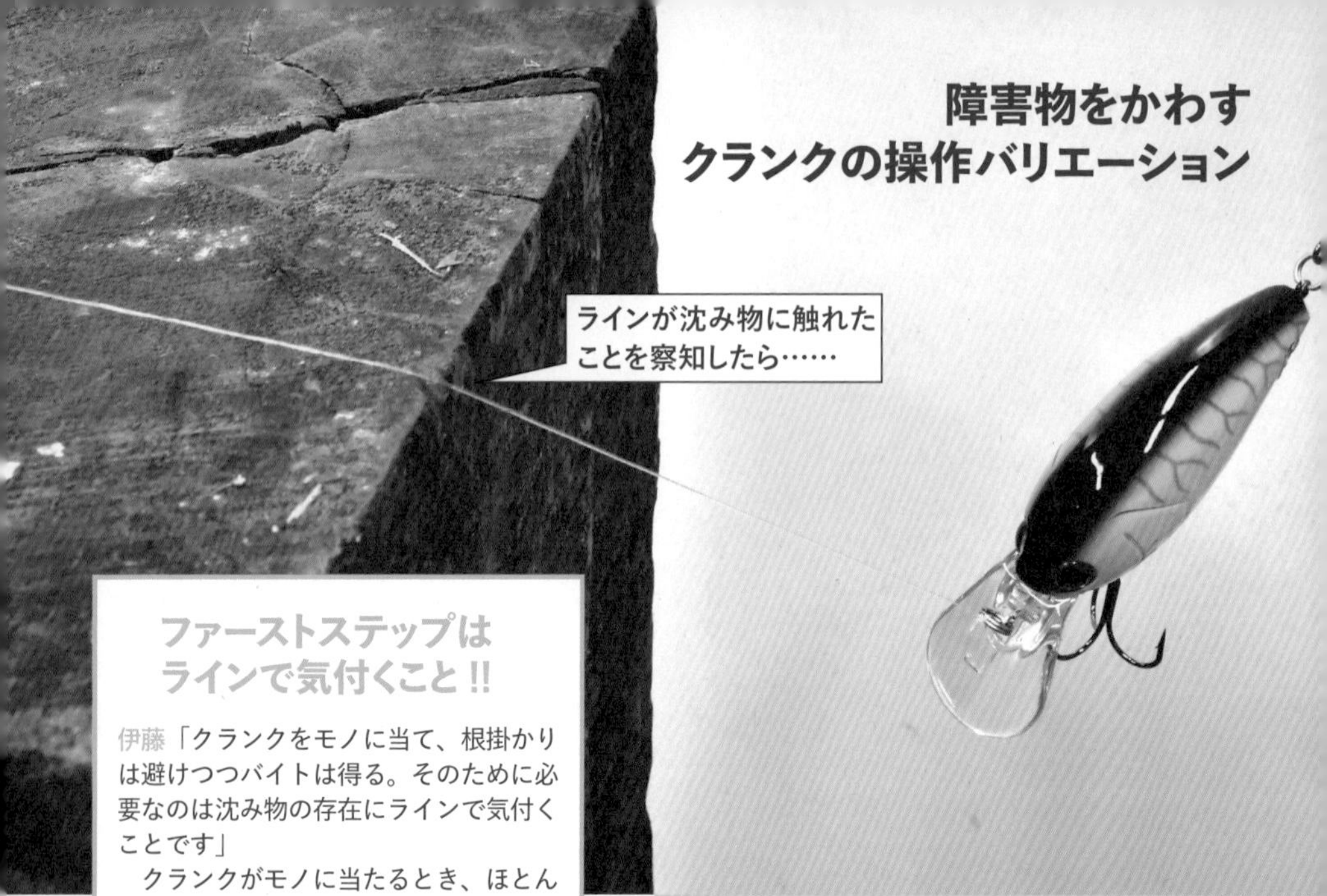
ラインが沈み物に触れたことを察知したら……

ファーストステップはラインで気付くこと!!

伊藤「クランクをモノに当て、根掛かりは避けつつバイトは得る。そのために必要なのは沈み物の存在にラインで気付くことです」

クランクがモノに当たるとき、ほとんどの場合ラインが先に擦れることで沈み物の存在を察知できる。「ラインだけが当たっている状態で必ず気付いておきたい」と伊藤さん。

リトリーブ時は空中のラインをよく見て、ウォブル由来のラインの振動が乱れたり、なくなったりしたらラインがモノに触れていると判断する。もちろん手もとの感覚でコンタクトを察知してもＯＫだ。「最終的にはラインが当たる感触でカバーの種類を見極められるようになりたいですね」。

その場で浮かせる

……など、さまざまな選択肢がある。早めに沈み物を察知することでさまざまな対応策をとれるのだ

そのまま当てる

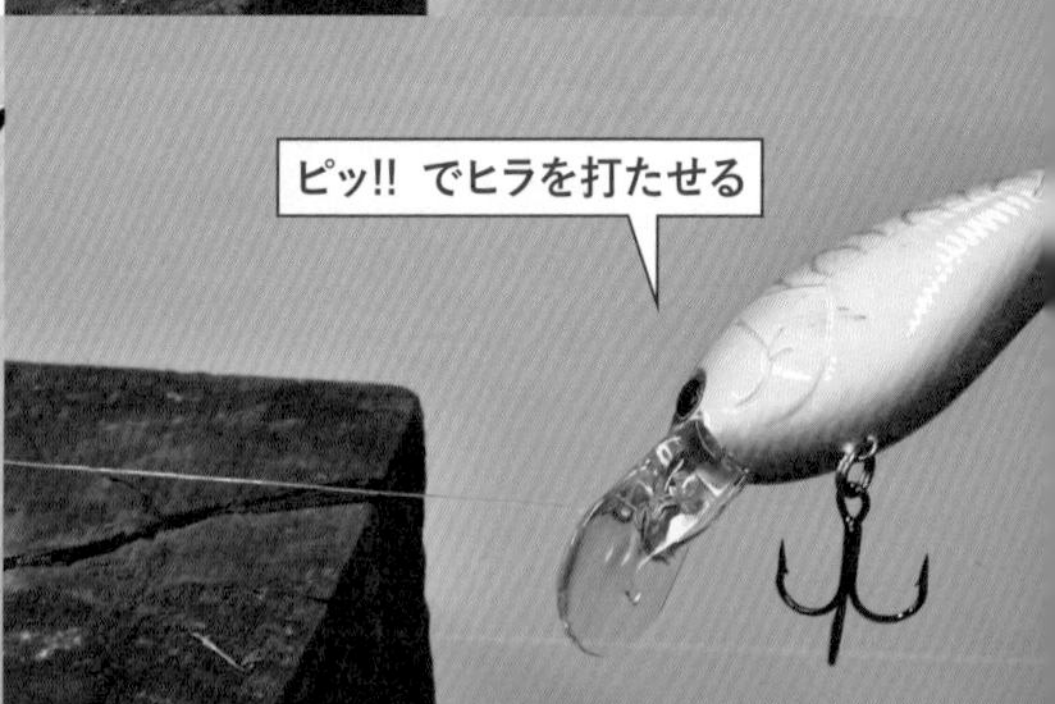
ピッ!! でヒラを打たせる

コンタクトに備えるフォーム

身体の正面にティップを向けてリトリーブするのが基本。ティップとラインの角度は130～180度。ティップの位置が高めのほうが適度なラインスラックを作りやすく、またモノとコンタクトした際のロッドワークを行ないやすい。

パーミングは「乗せるだけ」くらいの気持ちで軽く。手の内で多少の遊びがあったほうが感度は向上する（ラインの擦れに気付きやすい）と伊藤さんは感じている。ノブを持つ手も軽く。「クランクが軽くスタックしたときに手が勝手にパッと離れちゃうくらいがいいです。リトリーブが止まって深い根掛かりに発展しにくい」

豊富すぎる 当て方バリエーション

クランクベイトを引くとき、ボトムや沈み物にどれくらいの頻度でコンタクトさせるべきか？

これはクランカーなら誰しも悩む永遠のテーマだ。

超一流のクランカーはどのように考えているのかを知るべく、千葉県・三島湖を釣る伊藤巧さんの一日に密着した。

朝イチ、伊藤さんは真っ先にシャローフラットへ向かい、潜行深度約30cmのベビーワンマイナスを高速引きし始めた。水深は1m弱なので、ど中層を引くことになる。

「ボトムや沈み物に当てなくても食べてくれる状況なら絶対当てないほうがいい。中層に食い上げてくれるバスはデカいですから。朝のシャローフラットはフィーディングモードのバスが期待できるから、クランクを何にも当てなくてもバイトしてくれるかも」

しかしバイトは出ない。

「残念。でも、中層クランキングでガンガン釣れるようないい状況にはなかなか出会え

取材はさまざまな種類のカバー＆ストラクチャーがある千葉県三島湖で行なった。朝はシャローの中層でノーコンタクトクランキングを行なった。それにも理由がある

「クランクをモノに当てるのはアングラー側からの歩み寄りなんです」

超基本の「ピッ!!」

取材時、最も多く見られたロッドワークが写真の「ピッ!!」だ。いわば上方向の短いショートジャーク。ほとんどの場合、ラインがモノに擦れたことを察知した直後にこの操作を行なっていた。「リトリーブを止めつつピッ!!とすることで、クランクを軽く浮かせつつヒラを打たせられる。根掛かり回避と食わせのアクションを両立させることができる操作です。単純にリトリーブを止めて浮かせるよりも、ヒラを打つぶんバスの目の前に長い時間ルアーを置けるメリットも。『歩み寄り』の代表例です」。木の幹などの硬いものが

相手なら優しめに、葉っぱなどの軟らかいものなら鋭くするのが基本だ。

ちなみに中層でこの操作を行なうシーンもあった。「魚探にヘラの群れが映っていたのでピックアップ時にそのレンジでヒラを打たせてみました。ヘラと一緒に泳いでいるバスねらいです」

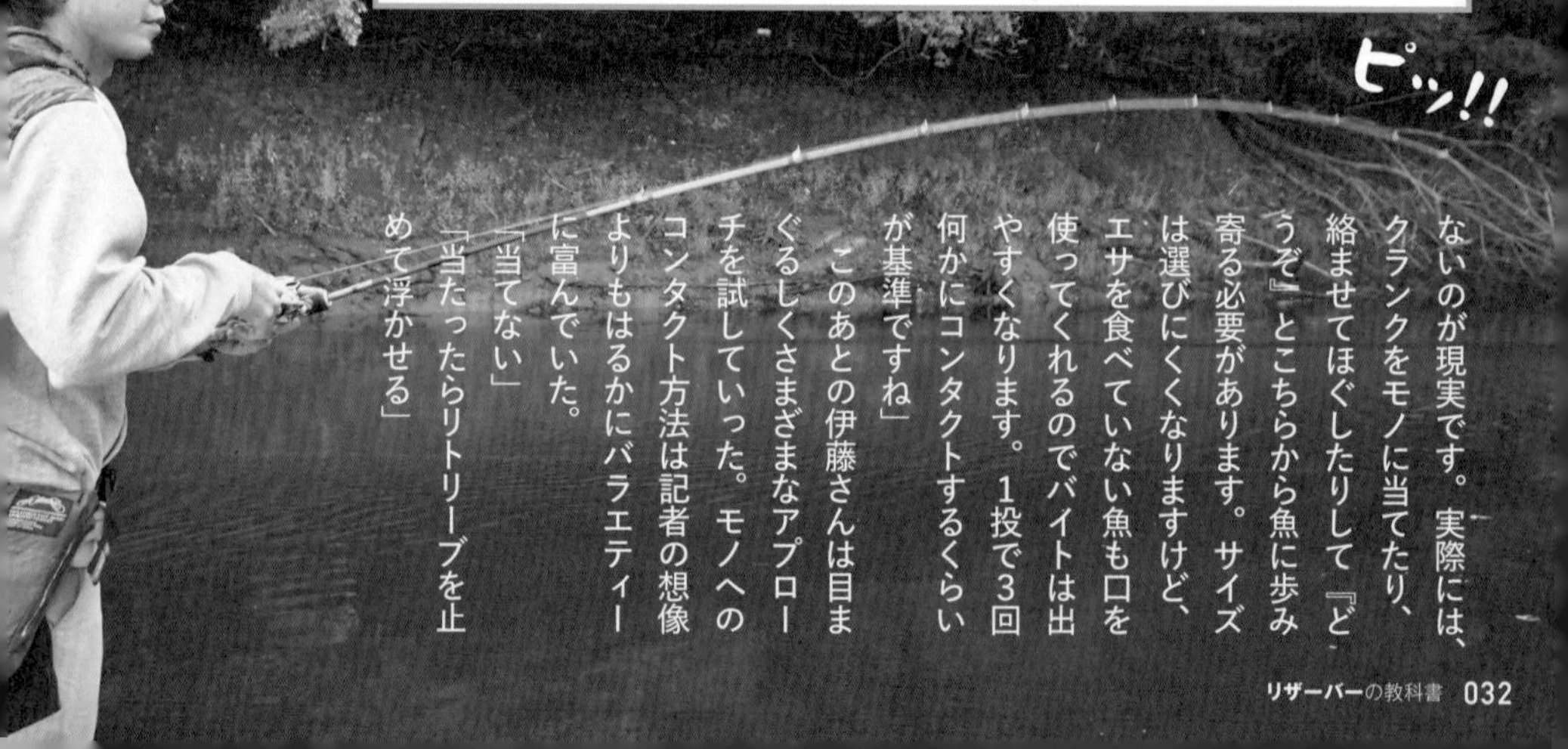

ないのが現実です。実際には、クランクをモノに当てたり、絡ませてほぐしたりして『どうぞ』とこちらから魚に歩み寄る必要があります。サイズは選びにくくなりますけど、エサを食べていない魚も口を使ってくれるのでバイトは出やすくなります。1投で3回何かにコンタクトするくらいが基準ですね」

このあとの伊藤さんは目まぐるしくさまざまなアプローチを試していった。モノへのコンタクト方法は記者の想像よりもはるかにバラエティーに富んでいた。

「当てない」

「当たったらリトリーブを止めて浮かせる」

「いろいろやった結果釣れた魚はたくさんの情報をくれます」

1尾目は水深5mでバイトさせた。ショット・オーバー5のキャスティングで「時どきボトムに触る」を試したところノーバイト。オーバー3のドラッギングに切り替え「常に優しくボトムノック」に切り替えたら一発で食ってきた！　コースは同じだ

三島湖を選んだ理由のひとつは減水中だったこと。水中のようすをイメージしやすい光景が広がっていた。満水時はこれらのカバーを相手にクランクを引くことになる

「当てなくても食べてくれる状況なら絶対当てないほうがいい」

「当て方」バリエーション

取材時、伊藤さんは多彩な「当て方」を試していた。たとえば②の「浮かせる」に注目すると、ラインがモノに触れた瞬間に浮かせるパターンと、クランクがモノに当たってから浮かせる場合があった。③についても同じ。一投のなかで①～④を組み合わせることが可能なのもクランクがさまざまな状況に対応できる理由だ。

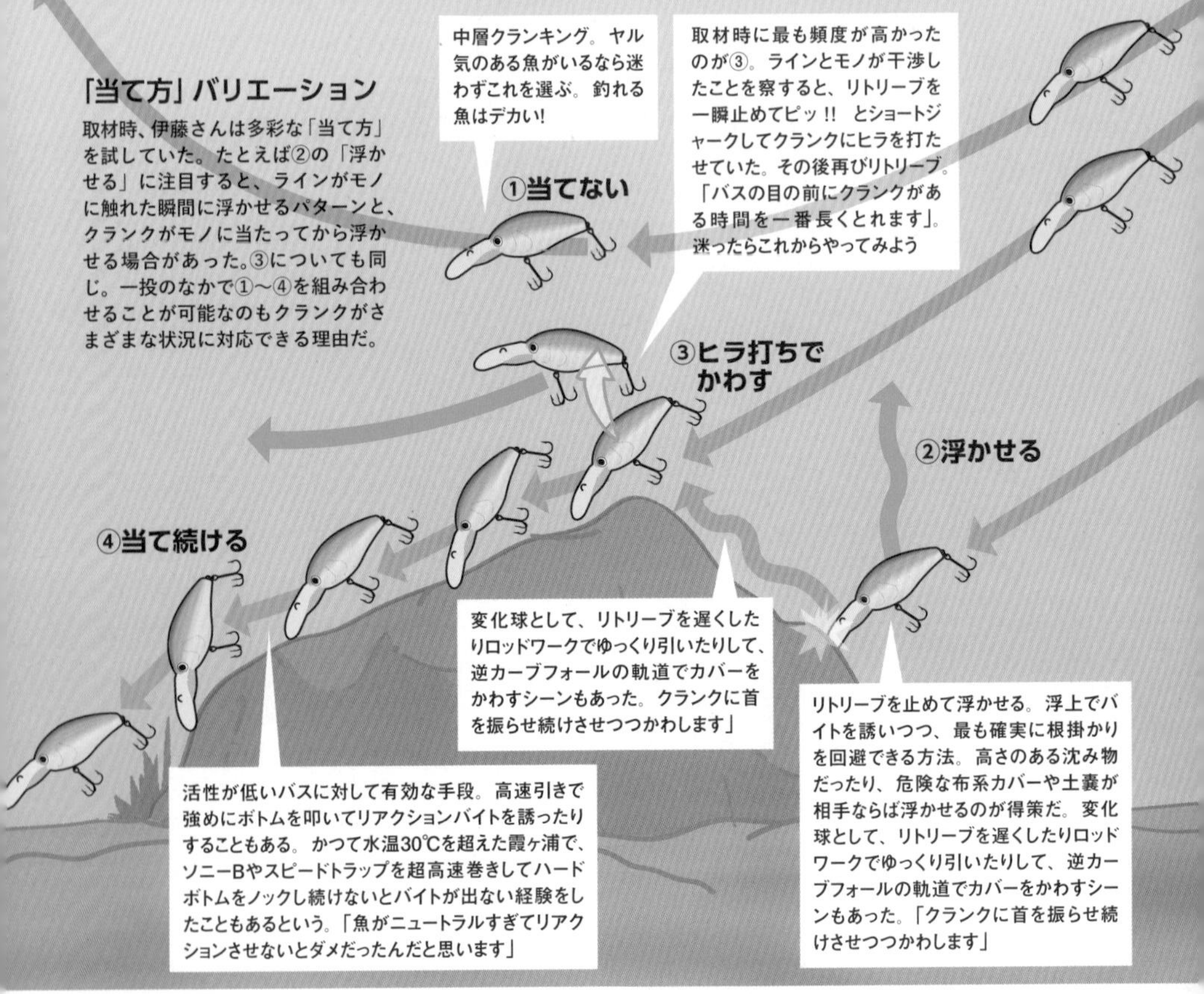

中層クランキング。ヤル気のある魚がいるなら迷わずこれを選ぶ。釣れる魚はデカい!
①当てない
取材時に最も頻度が高かったのが③。ラインとモノが干渉したことを察すると、リトリーブを一瞬止めてピッ!! とショートジャークしてクランクにヒラを打たせていた。その後再びリトリーブ。「バスの目の前にクランクがある時間を一番長くとれます」。迷ったらこれからやってみよう
③ヒラ打ちでかわす
②浮かせる
④当て続ける
変化球として、リトリーブを遅くしたりロッドワークでゆっくり引いたりして、逆カーブフォールの軌道でカバーをかわすシーンもあった。クランクに首を振らせ続けさせつつかわします」

活性が低いバスに対して有効な手段。高速引きで強めにボトムを叩いてリアクションバイトを誘ったりすることもある。かつて水温30℃を超えた霞ヶ浦で、ソニーBやスピードトラップを超高速巻きしてハードボトムをノックし続けないとバイトが出ない経験をしたこともあるという。「魚がニュートラルすぎてリアクションさせないとダメだったんだと思います」

リトリーブを止めて浮かせる。浮上でバイトを誘いつつ、最も確実に根掛かりを回避できる方法。高さのある沈み物だったり、危険な布系カバーや土嚢が相手ならば浮かせるのが得策だ。変化球として、リトリーブを遅くしたりロッドワークでゆっくり引いたりして、逆カーブフォールの軌道でカバーをかわすシーンもあった。「クランクに首を振らせ続けさせつつかわします」

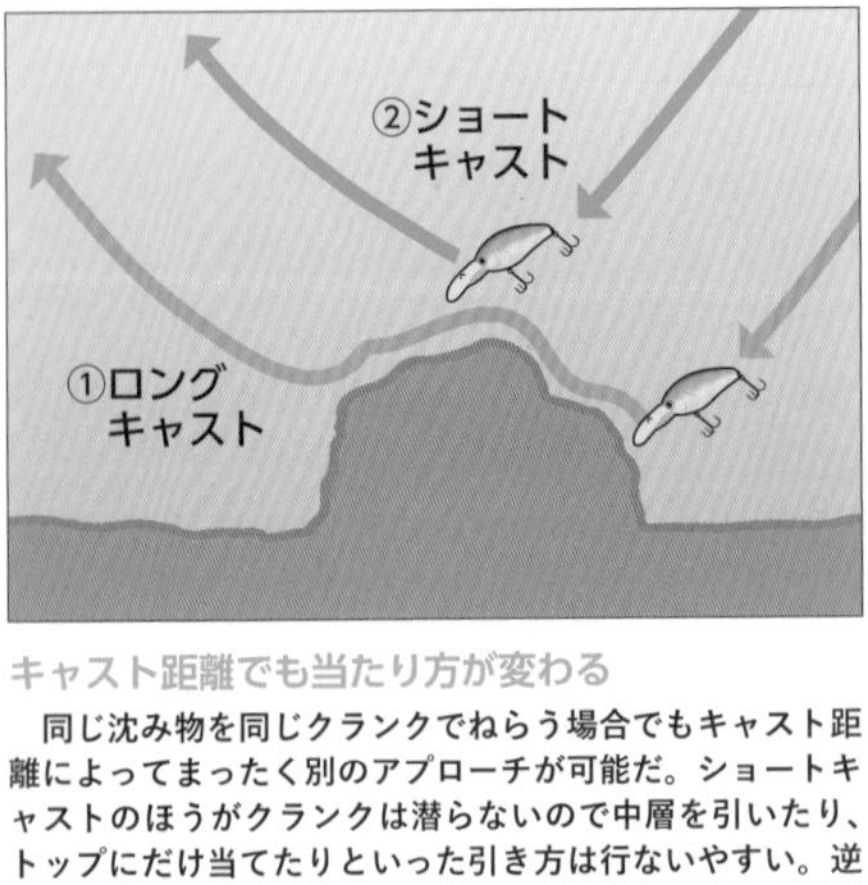

②ショート
キャスト
①ロング
キャスト

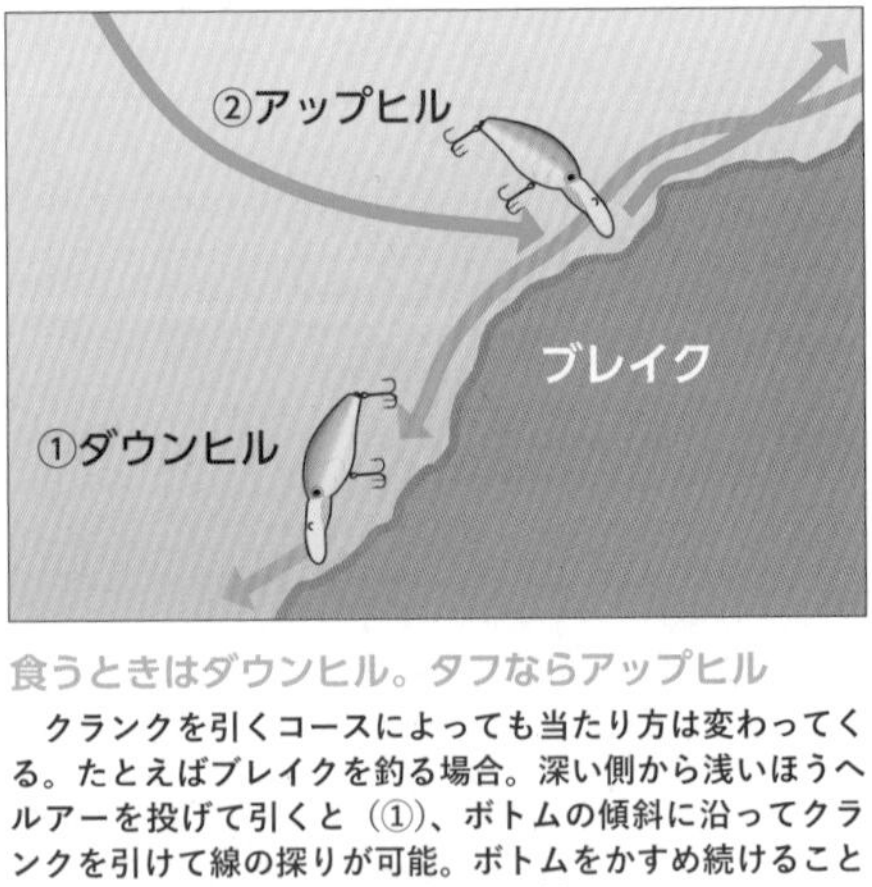

②アップヒル
ブレイク
①ダウンヒル

キャスト距離でも当たり方が変わる

同じ沈み物を同じクランクでねらう場合でもキャスト距離によってまったく別のアプローチが可能だ。ショートキャストのほうがクランクは潜らないので中層を引いたり、トップにだけ当てたりといった引き方は行ないやすい。逆に沈み物を舐めたいときや周辺のボトムを探りたいときはロングキャストが必要だ。「最初に試すのは絶対に②。上のレンジで食わせたほうがデカい魚をねらえますから」。

食うときはダウンヒル。タフならアップヒル

クランクを引くコースによっても当たり方は変わってくる。たとえばブレイクを釣る場合。深い側から浅いほうへルアーを投げて引くと（①）、ボトムの傾斜に沿ってクランクを引けて線の探りが可能。ボトムをかすめ続けることができ効率がいいので高活性時に有効。

逆にタフなときはアップヒル（②）。途中まで中層を引き、ブレイクの角で突然ヒットさせてリアクションバイトを引き出す。「厳しいときは線ではなく点で釣る」と伊藤さん。

ルアーセレクト

リップ形状によってカバーヒット時の挙動は左右されるが、伊藤さんはその点についてはあまり気にしていない。クランクを選ぶ際の基準はあくまでパワーや潜行レンジだ。

◎取材時に使ったルアー

上：ファットCB B.D.S.2.2（ラッキークラフト）

この３種類のなかではアクションが控え目でボディーも細い。「カバーを回避するとき、優しいヌルヌルッという動きで抜けてきてくれる。弱いからこそ釣れるクランクです」

中：ショット・オメガビッグ62（ノリーズ）

サイズは大き目だがアクションはロール寄りで弱めのモデル。カバーを抜けたあとの中層リトリーブ時のバイトを拾いたいときはマクベスではなくこちらを選ぶ

下：バンタム・マクベス（シマノ）

浮力が強く、カバーヒット時にリトリーブし続けても根掛かりしにくく走り続けてくれる。動かし続けることで強いバスをねらえるモデル

左・上：ティンバータイガー（ルーハージェンセン）
右：スクエアビル（バンディット）

当日こそあまり出番はなかったが、どちらもこれまでたくさん釣ってきたカバークランキング用モデル。「ティンバータイガーはびっくりするほどカバーをかわしてくれる。バスもかわしちゃうのはご愛嬌。スクエアビルはアクションがカクカクしてるんですけどよく釣れる。この色で数え切れないほど釣りました」

左：サブワート（ストーム）
右：ベビーワンマイナス（マンズ）

シャローフラットや川の上流でよく投げたスーパーシャロークランク。モノにはまったく当たらないが、だからこそビッグフィッシュをねらえる

上：ファットペッパーJr.（ティムコ）

水平姿勢で泳ぐので、モノに当てるというより、中層をサーッと引くときに使う

中：ショット・オーバー３（ノリーズ）

サイズが大き目なのに動きや優しい。なおかつ障害物回避能力も高くて使いやすいクランク

下：ショット・オーバー５（ノリーズ）

５ｍオーバーの潜行深度。キャスティングで水深３～５ｍのボトムを叩くシーンが多かった

カバークランキング

この記事ではおもに目に見えない沈み物を想定し解説を進めているが、レイダウンやブッシュなどでカバーを目視しながらクランクを引く場面も多かった。いわゆるカバークランキングだ。伊藤さんの希望は「できるだけ動かし続けたい」。そのほうがヤル気のあるデカい魚を引っ張る確率が高くなるからだ。

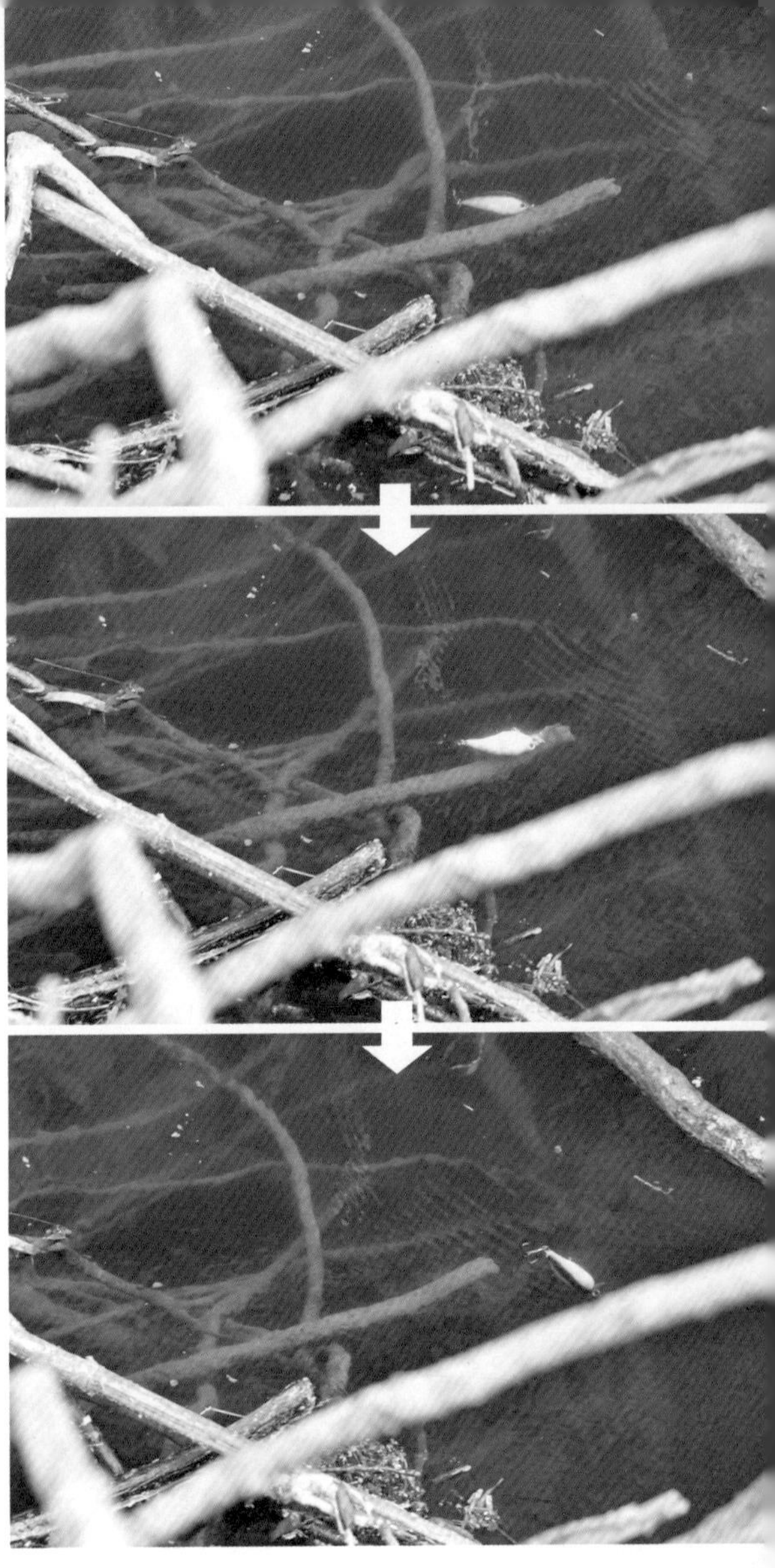

着水後は枝などに当たるまで巻き続ける。当たったら……。

強浮力のクランクを使っている場合
①そのまま巻き続けても根掛かりしにくいのでノンストップで強く引く

根掛かりの心配がある場合
→枝に当たる直前、直後に……
②リトリーブを止めて浮かせてふたたび巻き始める
③リトリーブを遅くする。もしくはロッドワークで引く。逆カーブフォールの軌道でかわす
④ピッ‼　とヒラを打たせる

実際には短い区間で①〜④を織り交ぜてクランクを引いてくる。できるだけクランクを動かし続けつつ、根掛かりを避けることが目的だ。カバークランキングの際、伊藤さんのロッドは常にせわしなく動いていたことも付け加えておこう。
伊藤「ロッドで引く動作が重要です。より細かく浮かせたり、スピードを抑えたりできる」。

「当たったらリトリーブを遅くして浮上させつつ巻く（いわば逆カーブフォール）」
「リトリーブを緩めずそのまま突っ込ませる」
「当たる直前にトゥイッチ」
「当ててからトゥイッチ」
などだ。

状況を問わずにこれらの選択肢からいろいろ試してクランキングを組み立てていくと伊藤さん。操作の種類が多すぎると迷いに繋がりそうだし、釣りのリズムを作りにくくなるのでは？　とも思ったが……。

「たしかに迷いますし、トゥイッチなどが余計なアクションになってしまって見切られることもあります。でもいろいろやることが大事。いろいろやった結果に釣れた魚はたくさんの情報をくれるからです」

その言葉の意味は取材中に

ピッチングも多用。カバークランキングではフロロリミテッドハードの20Lbを使用。ハードタイプでなおかつ太いラインを使うのは、張りのあるラインのほうが枝などに絡みにくいから。また、キャスト時にルアーが飛ぶスピードを抑制できるのでコントロールをつけやすい

カバークランキングの際、下方向にショートジャークを入れるシーンが目立った。「短い助走距離しかとれない環境ですが、そのなかでできるだけクランクを深く入れ込みたい。上を引いてもバイトが出ないので」

写真中央のわずかな葉の隙間でもクランクを引いた

グラスを使わない理由

伊藤さんが愛用するロッドはロードランナーVOICEハードベイトスペシャル。低弾性カーボンだ。「クランクといえばグラスのイメージがありますが、僕はラインと沈み物の擦れにいち早く、確実に気付くことを重要視しています。だからカーボンのほうが好きだし、結果的に釣れる魚が増えると感じています」。同じ理由（感度優先）でラインはフロロカーボン。

ロッドは6ft8inよりも長い物を使うことがほとんど。

伊藤「クランクを『巻き物』って言いますけど、実際はロッドワークで引いたり、コースを調節したり、トゥイッチしたりといった小技が絶対に必要。長いロッドのほうが有利です。リトリーブ時の適度なラインスラックも生みやすい」。

リールはロー〜ノーマルギアを選択。「沈み物を察知した瞬間にリトリーブを止めたつもりでも、ハイギアモデルだと巻きすぎちゃうことが多い実感があります。ローギアのほうが意図通りの緩急をつけられる」。

取材時に使用頻度が高かったタックル

［カバークランキング用］
ロッド：ロードランナー VOICE HB680M
リール：メタニウムMGL
ライン：R18フロロリミテッドハードBASS 20Lb

［ミドル〜ディープダイバー用］
ロッド：ロードランナー VOICE HB711LL
リール：カルカッタコンクエスト100
ライン：R18フロロリミテッド14Lb

※ロッドはノリーズ、リールはシマノ、ラインはシーガー

よくわかった。

たとえば水深5mで食ってきた1尾目。まずはショット・オーバー5をキャストし、ボトムよりちょい上を高速リトリーブしたが無反応。同じコースをオーバー3のドラッギングでボトムノックすると一発で35cmクラスがバイトしてきた。

「バスに元気がないんだと思う。キャスティングで引くとクランクの軌道が上がったり下がったりするから追い切れない。ボトムノックなら食べやすい」

この1尾から「流れがあるエリアなら元気な魚がいるかも？」と推測。結果、幅が狭くなっているストレッチと、川の上流で40cm、45cmをキャッチ。どちらもフルサイズのシャロークランクでカバーを舐めた結果だった。どちらも単純に巻いたのではなく、バ

2尾目の40㎝アップは伊藤さんの背後にある枝の少し沖で食ってきた。

水中のスタンプにラインが掛かったので、クランクが突っ込む前にサオでピッ!! とヒラを打たせるとその瞬間に魚体が翻った。ヒットルアーはショット・オメガビッグ62

「食わせるのは意外とリトリーブじゃない。クランクには小技が必要です」

スの活性が決して高くないことを考慮し小技を利かせてバイトまで持ち込んだ。

結果、この日はクランクを沈み物やカバーに絡めて3尾のバスをキャッチしたが、それぞれ異なるクランクとカバーとの関わり方だったことに注目すべきだろう。ワンパターンの当て方で押すのではなく、いろいろと試そう。

もうひとつ付け加えておくと、伊藤さんは沈み物やカバーにクランクを積極的に絡めていったが、根掛かりは極端に少なかった。どれくらい少なかったかというと、ファースト根掛かりまでに釣り開始から2時間かかったほどだ。1日を通じてロストはゼロ。

当日の詳細は写真でご覧いただきたい。ボトムや沈み物とどう付き合うかを検討し続けるクランキングは考える楽しさを教えてくれる。

オープンウォータでもボトムにはさまざまなものが沈んでいる

カバークランキングの際、伊藤さんのロッドは上下左右に忙しく動いていた。「巻き物」という意識は捨てたほうがいいかもしれない

立ち木。ショートキャストで立ち木のトップをかすめたり、深いところの幹に当てて、幹沿いに浮上させたりなど、伊藤さんはさまざまなアプローチを試していた

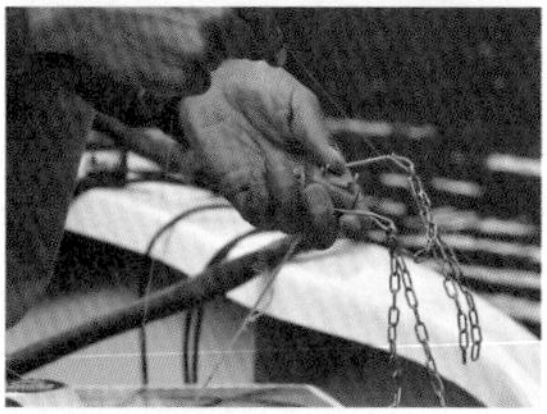

根掛かりの際はルアーキャッチャーで回収。「このとき、根掛かりした周辺をボートで回らないほうがいいです。ラインが立ち木などに巻きついて回収不能になります」

2012年のH-1グランプリ印旛沼戦。伊藤さんはパラガマでファットCB B.D.S.2.2を巻いて優勝を決めている。「このときはアフターのメスをねらっていました。だから弱めのクランクを浮かせたり、ゆっくり首を振らせたりしないと食ってくれなかった」。キャスト後にクランクを潜らせてガマにスタックさせ（伊藤さんは「ガマに持ってもらう」と表現)、そこから優しくほぐして浮かせたり、ロッドワークで緩やかに引いて斜め上に向かわせたりして口を使わせた

Photo by Yoshie Ichikawa

３尾目は45cmアップ（タイトル写真の魚)。岩盤から直角方向に伸びた枝にラインが掛かったが、そのまま巻き続けた。ラインが掛かっているがゆえに、枝の手前でクランクが上昇軌道に入ったところでガツンとバイト。枝を利用して上昇軌道を作り出した好例だ

厳寒期の1尾を絞り出す新たなディープ攻略

カバー撃ちの名手・小林明人さんは、極めて厳しいとされる低水温期の相模湖でも、ほぼ100%の確率でバスをキャッチしている。それを可能にするパワーフィネスの真髄に迫る。

小林明人×ディープ・パワーフィネス

Akihito Kobayashi

神奈川県×相模湖

小林明人
（こばやし・あきひと）

JBTOP50では参戦初年度の2017年から年間5位、年間8位という好成績を連発。「今年は第3戦の旧吉野川までひどい内容の試合だったのに年間順位が3位だったので、モチベーションが下がっていましたが、後半2試合で叩きのめされたのでまたヤル気が出てきましたよ（笑）」。軟らかい物腰ながら、ときにはカバー撃ちのワンキャストで45分以上シェイクし続けるという変態的側面も。

取材日は2019年11月中旬。回復傾向とは言え、台風による濁りはまだ取れていなかった。直近の釣果のほとんどはハードベイトによるもの。秋山川上流には流れ積もった砂礫で中州ができていた

秋山川釣の家

秋山川最上流に最も近く、駐車場から桟橋までの距離も短く高低差がないレンタルボート店だ。免許不要艇（フットコン付）は1人5500円、2人7000円。ローボートは12ft、14ftともに1人3500円、2人5500円。要免許のエンジン付アルミボートはサベージ2人8000円、クイントレックス2人9000円など。民宿、キャンプ場も併営。

■神奈川県相模原市緑区名倉25　■定休　なし
■Tel：042-687-2030
■http://www.akikawaya.co.jp/index.htm

右写真の45cm、1500g級をキャッチした、勝瀬橋の橋脚にオイルフェンスと浮きゴミが絡むカバー。直下の水深は9m。
小林「深いカバーの浅いレンジにバスが浮く状況は冬が本格化するにつれ減っていきますが、年内いっぱいは浮きモノの直下でもバイトが得られます」

竹のレイダウンもねらい目だが、節の股にルアーがスタックしやすく、キャスト時のシンカーとの接触音も響きやすいため（とくにスモラバの場合）、攻略難度は高め

バスが沖のベイトを追っている状況なら、例外的にこのような岸から離れたプアなカバーにもバスが着く。しかしあくまで一時的なので、横方向に泳がせるルアーで手早くチェックするのが吉

1〜2月の相模湖で40cmアップを15尾以上キャッチ!?

右の見出しは小林明人さんが2018〜2019年の冬に相模湖で上げた釣果だ。釣行回数は10回ほど。ノーフィッシュの日は一度もなく、釣ったバスはすべて40cmアップだったという。

関東のハイプレッシャーリザーバーの冬の厳しさを知るアングラーなら、この釣果がどれだけのことなのかわかっていただけるはず。

そして、その際に小林さんが実践していたのがパワーフィネスによるカバー撃ちだ。

そもそも、なぜ小林さんはカバー撃ちをメインにするのか。

「一番の理由はカバー撃ちが好きだからですね。そこだけは譲れないっていう思いが強くあって、トーナメントでもカバーの釣りにこだわることが多いです。魚探掛けをしたり、ディープのライトリグをやりこんだ時期もありますが、やはりそれではトーナメントで勝てなかった。ならばと、好きなカバー撃ちを徹底してやってやろうと思ったんです。

そもそも、条件のいいカバーには基本的に年中バスがいるんですよ。乱暴な言い方をすれば、カバーのバスになんとしてでも口を使わせる技術を持っていれば、その前段階の難解な『バス探し』をしなくてもいいんです」

では、冬に撃つべきカバーはどのようなものか。

「冬といっても12〜2月と長いので一概には言えませんが、水深があるということが最も重要です。レイダウンなどがボトム付近までしっかりと入っているのが理想で、それにマットカバーが絡むとなおよしです。

　水深は7mくらいほしいので、必然的に岩盤などに絡んだカバーになります。低水温期、深いカバーの浅いレンジにバスがいることはありますが、アシなどのシャローカバーはほぼ望みがありません。

　また、冬であっても水が動くカバーがいいです。とくに有望なのは、岬やちょっとした張り出しの裏側など、流れが巻くスポットにあるカバー。そういった場所にはベイトもたまりやすいです。ちなみに経験上、冬でも日陰になっている暗いカバーのほうが釣れます。風に関して、強風はよくないですが、ベタ凪ピーカンよりは多少吹いていたほうがバスの活性は高いです。

　そこまで考えると……、どのフィールドでも有望な一級カバーって実はそんなに多くないはずなんです。よって、どうしても条件のいいカバーに何度も入り直すという展開が基本になるので、やはり『バス探し』的なゲーム要素は低いかもしれませんね（苦笑）」

カバーの撃ちどころは？

　パワーフィネスはスローな釣りである。しかもそれが深いカバーとなるとさらに1投にかける時間は長くなる。カバーのどこをどのように撃てばいいかを把握しなければ時間を大幅にロスしてしまう。まずは2点の写真を見て、どこにルアーを撃ち込むべきか考えてみよう。

　大規模なレイダウンは、水

カバーの撃ちどころは？ Q

　パワーフィネスはスローな釣りである。しかもそれが深いカバーとなるとさらに１投にかける時間は長くなる。カバーのどこをどのように撃てばいいかを把握しなければ時間を大幅にロスしてしまう。まずは２点の写真を見て、どこにルアーを撃ち込むべきか考えてみよう。

Q1 大規模なレイダウン。冬はどこを撃つのが正解？

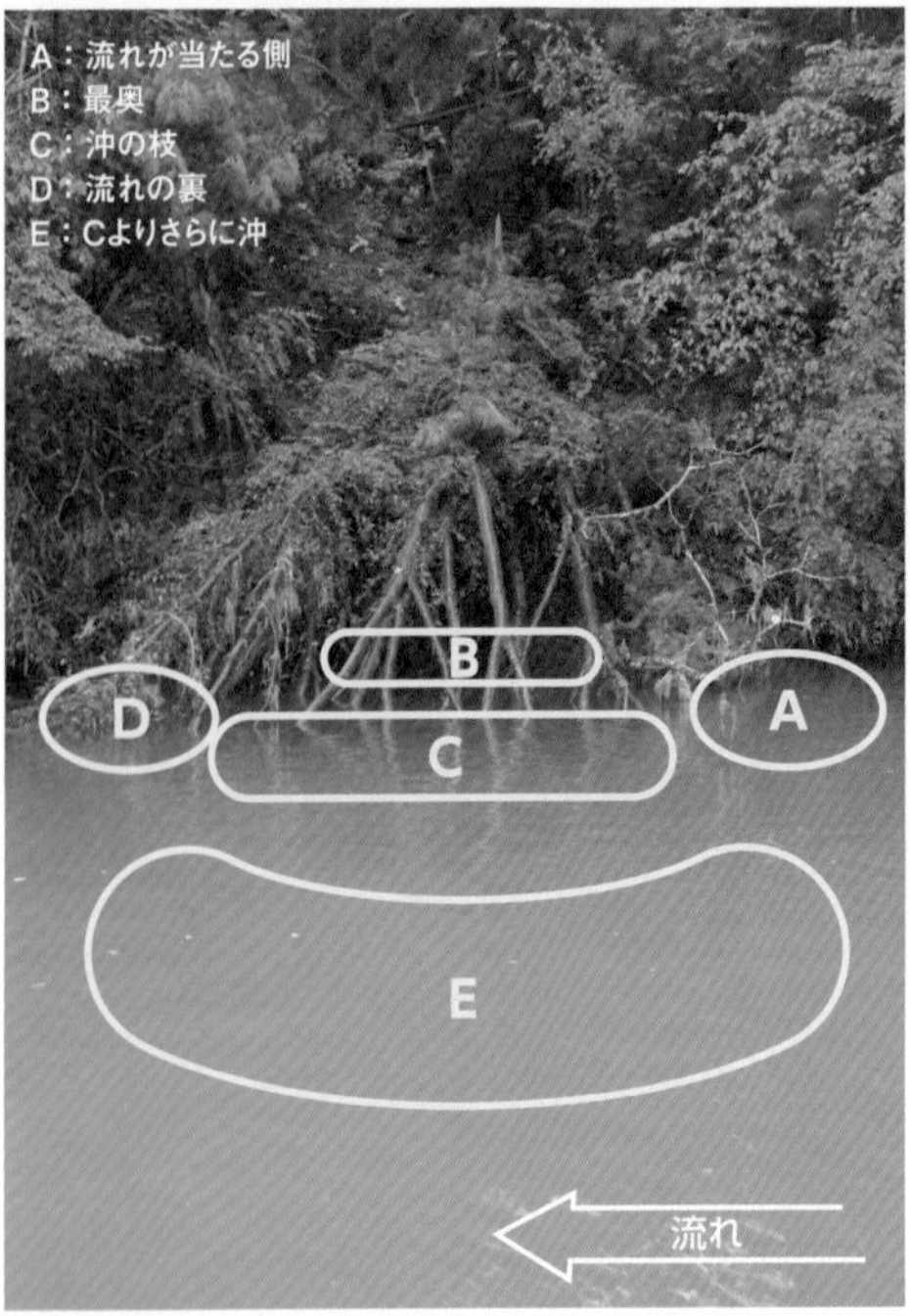
A：流れが当たる側
B：最奥
C：沖の枝
D：流れの裏
E：Cよりさらに沖
A
B
C
D
E
流れ

Q2 ワンド奥のマットカバー。期待値が高いスポットは？

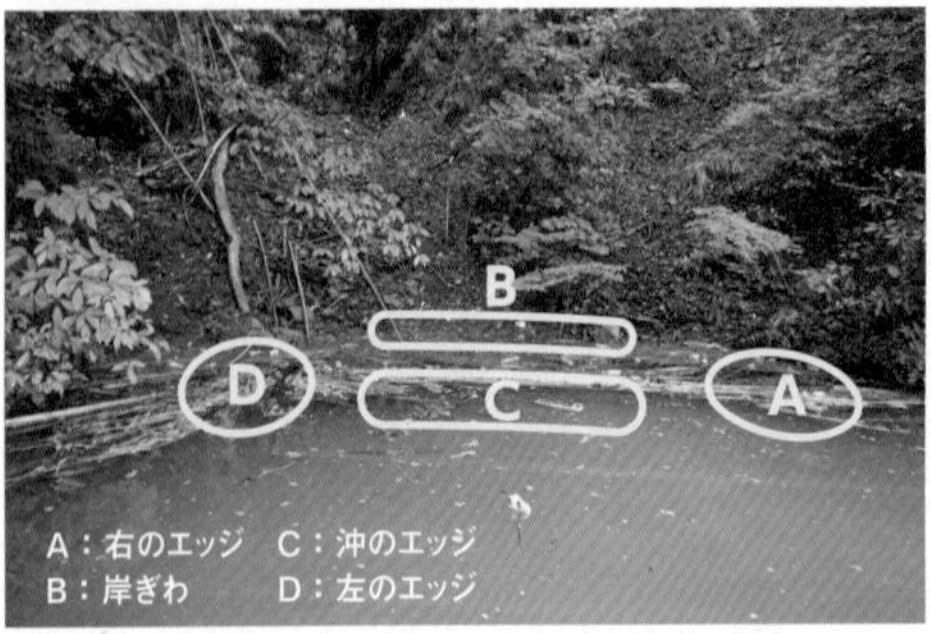
B
D
C
A
A：右のエッジ
C：沖のエッジ
B：岸ぎわ
D：左のエッジ

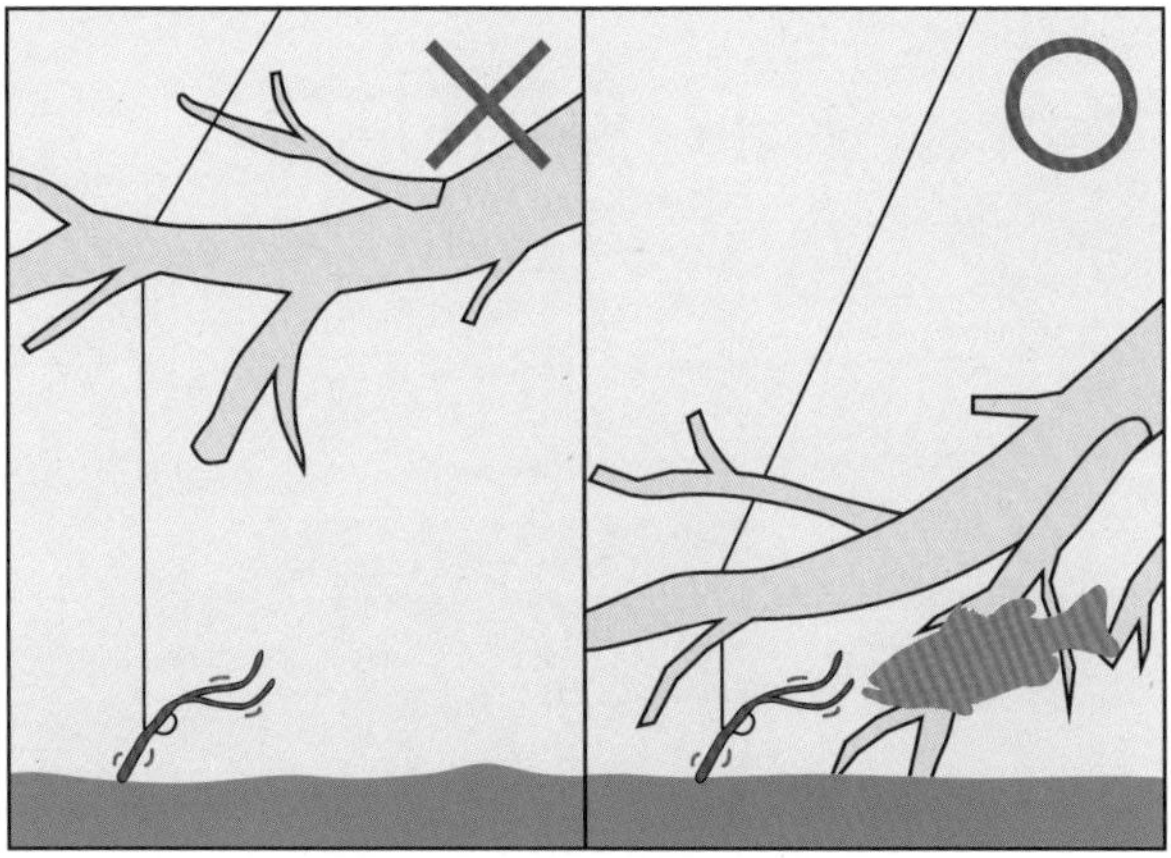

バスは枝や木の幹のすぐ下に浮く習性がある。よって、ボトムを使ってルアーを食わせる場合、枝の位置がボトムに近ければ近いほどバスとルアーの距離が近くなり、食わせやすくなる。
小林「枝にラインが引っ掛かった感触がわかったら、ボトムからルアーを持ち上げてみます。そのとき枝とボトムの距離が近ければ期待値も高いです。また、ボトム付近で枝や幹がクロスしていたり、二股になっていたら最高です。高確率でバスが着きますので、ロングシェイクで誘いましょう」

中にどのように枝や幹が入っているかを考えることが重要だ。水温が下がれば下がるほど、バスはカバー最深部のより枝ぶりが複雑なカバーの直下にジッと身を潜め、動かなくなる。

冬が本格化すれば湖の透明度は一気に高くなることでカバーの深い位置まで枝の入り方が目視できるようになり、カバーに潜むバスをサイトフィッシングでねらうことすら可能になる。

冬のカバーのバスはエサをとるために移動をすることがあまりないため、ブラインドで釣る場合は、大規模なレイダウンなら1m間隔で20投以上し、ワンキャストに5分もかけて徹底的に誘うことも珍しくないという。

「シェイクの長さは平均1分くらい。シェイクが終わったら水中でリグを移動させず、回収して再び撃ち直します」

また、大型の個体ほどカバーそのものを縄張り化する傾向があるため、威嚇バイトを引き出す意味でも、バスの鼻先までルアーを運び、ロングシェイクで焦らす誘いが有効になる。なかにはタイミングでカバーに差してくるバスもいるが、誘いはあくまでスローかつ丁寧にじっくりと行なう。

「サイトでバスをねらっているとよくわかるのですが、ネコリグのロングシェイクで焦らした末の威嚇バイトって本当にルアーをすぐ吐かれてしまうんです。

だから、ブラインドでバイト、いや違和感でもいいので、何かを感じたときは必ずアワセを入れてください。このバイトはフロロラインのベイトフィネスでは感じることすらできないはずです。本当に違和感程度の場合から、カワハギのアタリのような金属的かつ瞬発的なバイトもあります。いずれにせよ、ロッドで聞いてはいけません。即アワセです」

また、浮きゴミがバンクの窪みなどに溜まって形成されたマットカバーは両サイドのエッジ、もしくはそれにレイダウンなどの縦ストが絡んだスポットをねらう。浮きゴミの直下に浮くバスは1～2月の本格的な冬を迎えると減る。そもそも、冬は減水でマットカバー自体がかなり少なくなる。

「マットカバーはバスがエサを食う壁としても使えますし、ボートや人間の気配も消してくれますし、バスをだます障害物としても使えます。ただ、あまりに分厚いとルアーが入っていかないので適度な薄さや隙間があるものがいいです」

A

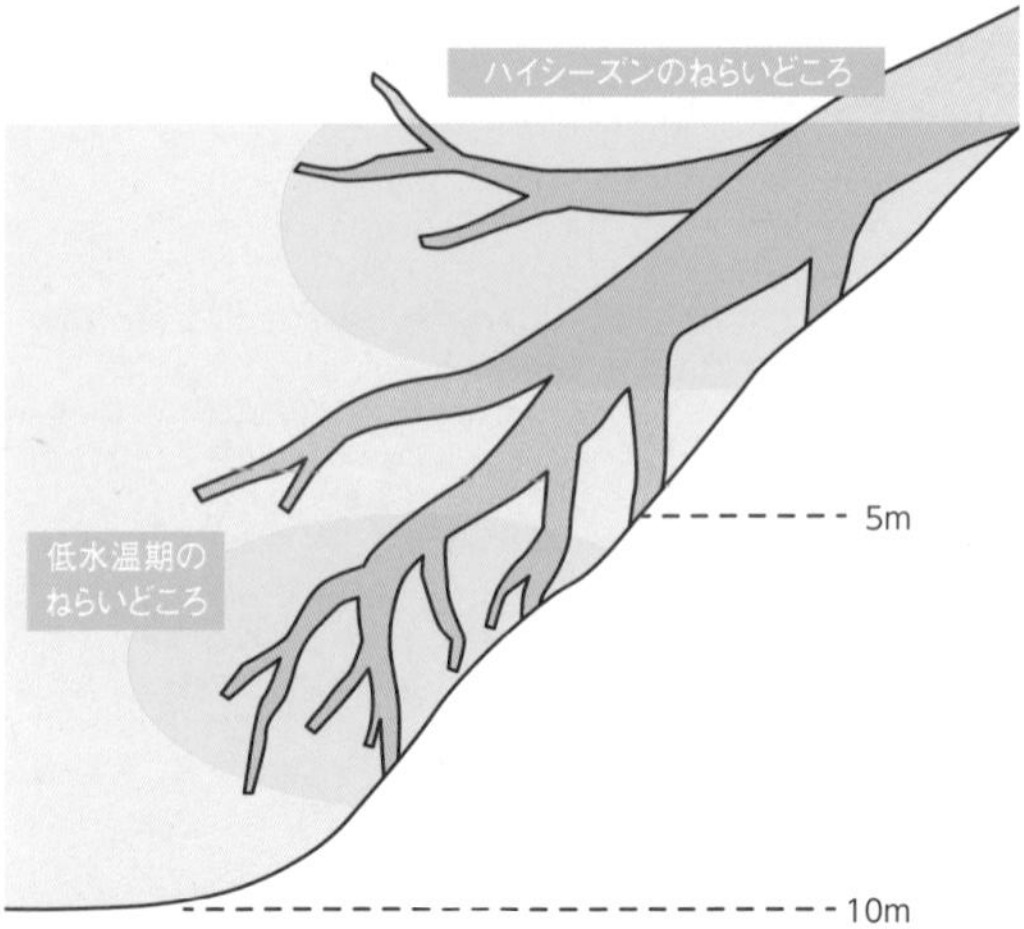
ハイシーズンのねらいどころ
低水温期の
ねらいどころ
5m
10m

Q1の正解は「E」

このレイダウンはボトムまで枝が伸びているため、冬は先端付近の最深部を探る。ハイシーズンであればA、B、Cなどより浅いスポットでもチャンスがある。写真に注目するとラインと水の接点が、カバーより5mほど沖にあることがわかる

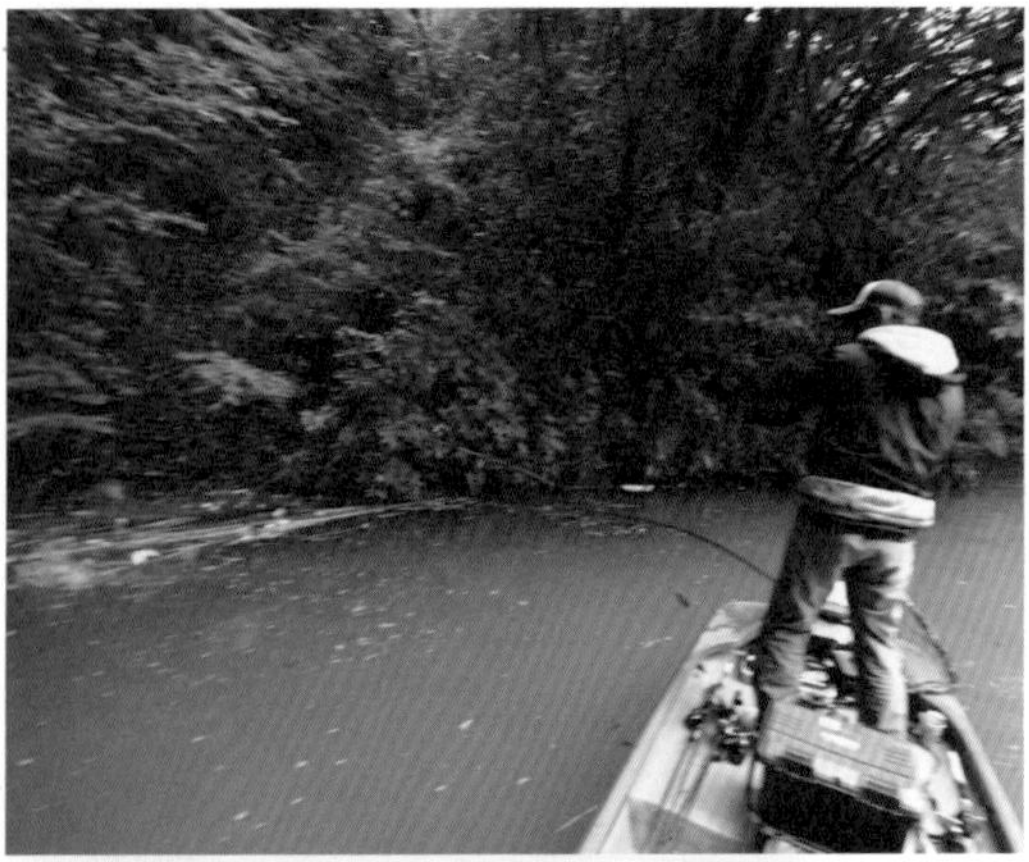

Q2の正解は「D」

まず、マットカバーは基本的にバスが出入りする両サイドのエッジ部がねらい目。さらに、Dのスポットには岸から水中に木の幹が伸びているのも見逃せない。実際Dのスポットでこの日2尾目のバスが食ってきた

カバー内におけるバスの食わせどころは3パターン。共通しているのは「壁」という要素。マットカバーがあれば天井という壁、そしてカバーに接した岩盤などの壁、最後にボトムという壁だ。冬はボトムを使って食わせるパターンが多くなる

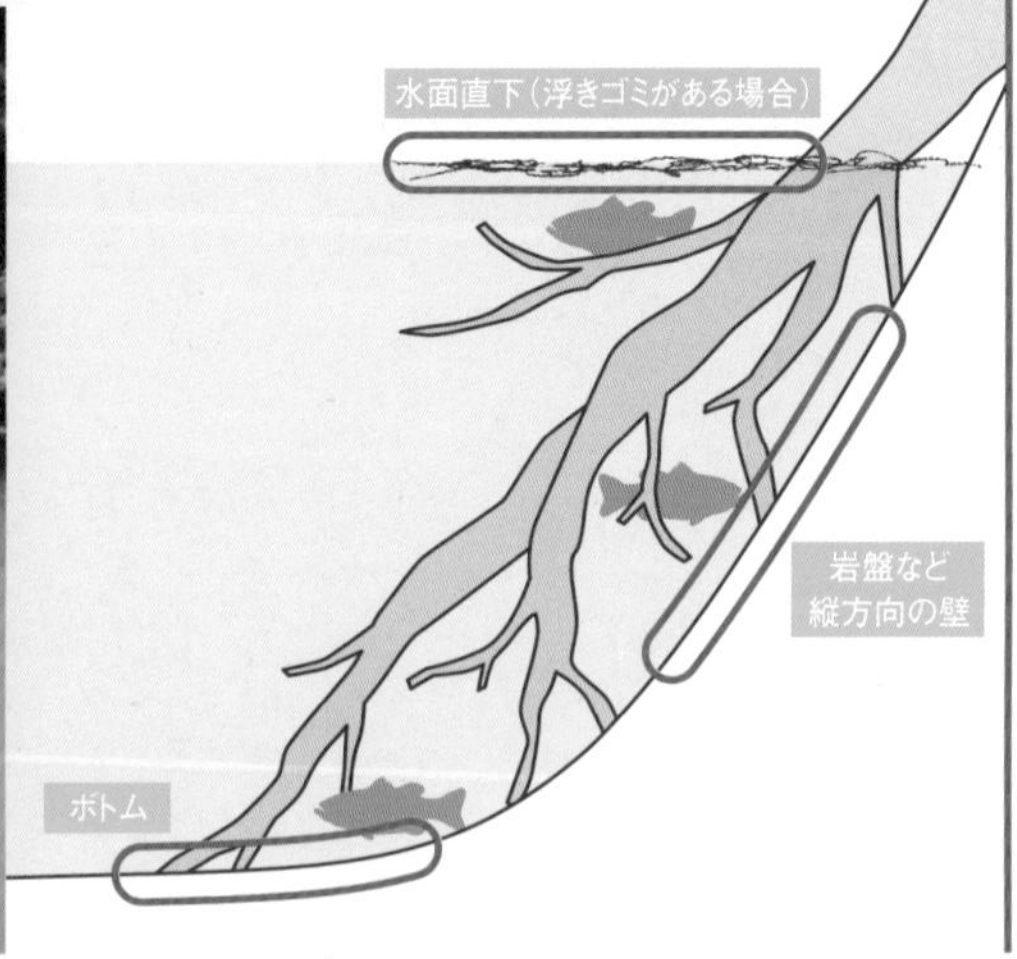
水面直下（浮きゴミがある場合）
岩盤など
縦方向の壁
ボトム

なぜパワーフィネスなのか

その問いに対する小林さんの回答は明快だった。

「やっぱり好きだからですね（笑）。まぁ、好みの部分は置いておいても、冬のカバー撃ちはパワーフィネスに優位性があります」

冬のカバー撃ちで、小林さんのパワーフィネスの使用率は100％。理由は以下のとおりだ。

①通常のテキサスでは食わない

最大の理由がコレ。相模湖のような透明度が高くプレッシャーが高いレイクでは、そもそも3～4inクラスのクロー系やホッグ系をセットしたテキサスやリーダーレスダウンショットではバイトが望めない。

「冬は条件のいいカバーをスローに探るので、手返しのいいテキサスの有効性が薄れます。逆に、ハイシーズンはパワーフィネスを使うかテキサス系を使うかの判断が本当に難しい。手数と精度、アピール力に優れるテキサスか、チェックに時間はかかるけど食わせ能力が高いパワーフィネスか……そこは永遠のテーマな気がします。

ですが、こと冬のカバー撃ちに関しては、食わせ力やチョウチンでオールレンジをじっくり探れる点、そもそも撃つべきカバーが最初から絞られているという点で、絶対的にパワーフィネスです。

②ベイトフィネスのデメリット

ベイトリールは深いカバーを探る際に手でラインを引き出さなければならない。また、ベイトリールはカバー最奥に撃ち込もうとしたルアーが手前の枝などに阻まれたら即座にバックラッシュするが、スピニング（もしくはスピンキャスト）なら何度でも臆せず撃ち直せる。

そしてフロロが用いられることが多いベイトフィネスでは、ディープでの微弱なバイトを捉えにくく、ラインが伸びるためロッドワークもフッキングパワーもルアーに伝わりにくい。その点、PEラインを用いたパワーフィネスなら、ラインが枝をまたいだ状態でもルアーにアクションをしっかり伝えられる。

それでもベイトタックルにはねらったところに精度よくルアーを落としやすいという最大の利点がある。ベイトとスピニングのピッチングでは、難易度に雲泥の差がある。

しかし、小林さんはこのスピニングのデメリットを、アンダースピンキャストリール「TU-01」を用いることで完全に克服している。小林さんのキャスティングスキルがもともと高いことはたしかだが、それを差し引いてなお、スピンキャストリールを使用することで、通常のスピニングリールより格段にアキュラシーキャストがしやすくなるのだ。

小林さんのパワーフィネスを完成させる「TU-01」

小林さんがメインで使うリール「TU-01」には一体どのようなメリットがあるのか。

①手返しがよい

スピニングリールのように「ベールを返す→指でラインを拾う→投げる→ベールを戻す」といった動作が必要なく、レバークラッチひとつでオンオフの操作できるため、ベイトリール並みにキャストの手返しがよい。しかも、従来のスピンキャストリールを大きく上回るギア比を実現してお

TU-01（トライアングル）

り、ハンドル1回転当たりでラインを80cm以上巻き取る。水中チョウチンでレンジを刻んでいく際のラインの放出とストップも一瞬で行なえる。

②キャスト精度が出る

スピニングリールのようにロッドを握る手でのフェザリングを必要としないためロッドをしっかりホールドでき、ピッチングの動作がしやすい。つまりキャスト精度が出る。これはとくに手が小さいアングラーほど感じ取れる効果だ。

また、フロントカバーを写真の小口径モデル（標準はリールの横にある大口径モデル）に変えれば、ごくわずかにブレーキがかかるような状態になり、ピッチングの精度がより上がる。さらに、ラインが円状ではなくより直線に近い状態で放出されるため、ロッドを持っていない側の手を使ったサミングが非常にやりやすい。

フロントカバーを小口径のタイプに変更すれば、このように放出されるラインが直線に近くなり、左手でラインに触れるサミングもしやすくなる

③ライントラブルが少ない

スピニングリールに比べ、スプールに巻き取られるラインに常に一定のテンションが

キャスト後、まずはロッドを倒してラインを送り込み、シェイクをしながらルアーのレンジを下げていく。レバーを握らなければラインはロックされた（巻き取れる）状態

ロッドの送り込みでは対応できなくなった時点で、レバーを握ってラインをフリーにする。同時に、ラインを出しながらロッドを立てて再びロッドワークで送り込むためのストロークを確保する。ロッドを立てたらレバーを離してラインの放出を止め、再びロッドを送り込みながらレンジを下げていく

小林さんはパワーフィネスに必ずリーダーを組む。長さは１ｍほど。アワセ切れを防ぐほかに、さまざまなメリットがある。

小林「感覚的なものですが、PE直結だと見切られてバイトが減る気がしています。バスの目線の上で食わすならまだしも、冬はとくにボトムで食わせることが多いですから、なるべくラインは見られたくありません。摩擦系のFGノットで結節すれば強度もほとんど落ちませんし、ピッチングメインならノット部分がガイドの外に出ているためキャストの妨げにもなりません。唯一、カバーに落としていく際にやや引っ掛かることがあるというのが難点ですが、その代わり、ノット部分が目印となって、今ワームがどのレンジまで入っているのかが把握できますし、ラインに出るバイトも見やすくなりますよ。まさにウキのような感覚です。ちなみに、PEラインは半年持つといわれていますが、カバーにこすれやすいパワーフィネスの場合は３回くらいの釣行で巻き替えたほうがいいです。でもそのかわり、近距離のみでの釣りなので30ｍも巻いておけば充分だと思います。新しいラインのほうが滑りがよくてルアーをカバーに入れやすいですよ」

この日小林さんが用意したタックル９本のうち、実に７本のロッドにTU-01がセットされていた。今回はカバーしばりの取材だったが、記者が見ている限り普段の試合でもこのリールがタックルの大半を占めている。ちなみに、フロロ２Lbや極細PEを使用するスモール戦でもTU-01を使用する

Kobayashi's Tackle

①［パワーフィネス用（メインタックル）］
ロッド：バトラー USトレイル681MFS（ダイワ）
リール：TU-01（トライアングル）
ライン：キャストアウェイPE 1.5号（サンライン）
リーダー：グランドマックスFX 3.5号（シーガー）
※PEラインとリーダーはFGノットで結束

②［ライトパワーフィネス、メタルバイブ用］
ロッド：ブラックレーベル＋651ML／MHFS（ダイワ）
リール：TU-01（トライアングル）
ライン：キャストアウェイPE 1号（サンライン）
リーダー：グランドマックスFX3号（シーガー）

③［フットボールジグ用］
ロッド：スティーズ701MHFB-SVフランカー（ダイワ）
リール：スティーズリミテッドSV 105XHL（ダイワ）
ライン：シューター・FCスナイパー14Lb（サンライン）

かかるため、ライントラブルが少ない。とくにPEラインとの相性がよい。

　このように、まさにメリットだらけの夢のようなリールだ。あえてデメリットを挙げるなら、重量があること（280g）とドラグ性能が高性能なスピニングには劣るということぐらいか。しかし、基本ドラグフルロックのパワーフィネスではその性能は求められないし、長く硬いロッドと合わせる場合は、ある程度リールにウエイトがあるほうが手もとに重心がきて縦裁きのロッドワークがやりやすくなるだろう。

　使いやすい、使いにくいの感覚に個人差があることは百も承知だが、率直に言うと、「なぜこのリールをみんな使ってないんだ？」という感想を持った。それほどの衝撃を受けたリールだった。

相模湖・冬ルアー4選

HP3Dワッキー（OSP）

小林さんがパワーフィネス用に開発したストレートワーム。テールが二股に分かれており、カバー内でシェイクすると非常に複雑なアクションと波動を生む。食性はもちろん、冬にカバーをテリトリー化しているバスの威嚇バイトも引き出すことができる。

小林「スモラバではなくネコリグをメインで使うのは、単純にバイトが多いと感じるからです。ハイシーズンは強め、低水温期は弱めのシェイクが基準です。カラーはほぼほぼミミズ系カラーですが、近年使う人が増えてスレてきた感があるので、ほかのカラーも積極的に使うようにしています」

5inモデルにはNSSフック＃1/0に3.1 〜 5.3ｇシンカーを使用。ワームプロテクトチューブ（G7）で耐久性を高めている。4.3inモデルにはNSSフック＃1を合わせる。ふたつのサイズは光量や水の透明度で使い分ける。「ローライトor濁り5in」「晴れorクリア＝4.3in」といった具合だ

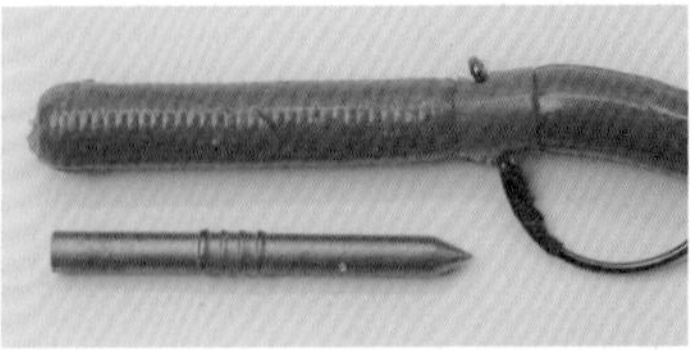

4ｇ前後のヘビーネイルシンカーを挿入すると、ご覧のようにフックより前方のボディー内にはすべてシンカーが通っている状態になるが問題なし。ヘビーシンカーはカバーの貫通力を高め、ディープを探りやすくするだけでなく、ワームのアクションを強くしてくれる

ヘビーシンカーを挿入したネコリグは、カバーへの侵入力が極めて高い。キャスト時はマット上に乗ってしまっても、シェイクすればほぼ「ぬるん」と入っていく。これはスモラバではできない芸当

ジグ03ハンツ11g＋ドライブビーバー4in（ともにOSP）

まだバスがシャロ―に差しやすい年内は、朝イチや夕方のいい時間帯にフットボールで岩盤やバンクをダウンヒルでねらう。有望スポットは水深２〜３mでテーブル上に張り出した岩盤

ジグ05タッガー５ｇ＋HPミノー 3.1in（ともにOSP）

ネコリグと双璧をなすパワーフィネスの定番ルアー。シルエットが小さいためネコリグよりもカバー最奥に届けやすいが、マットカバーを突き破る能力はネコリグに劣る。ネコリグがメインの小林さんのなかではサブ的な位置づけ

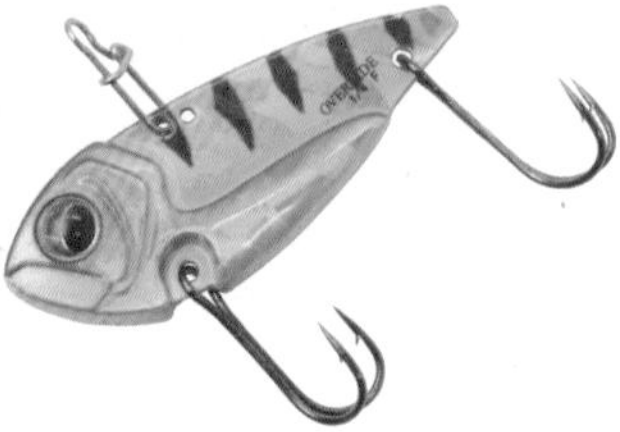

オーバーライド1/4oz（OSP）

年内は波消しなどのフローティングカバーに浮いている中層のバスをスライドフォールでねらう。バスが14m〜16mに落ちる厳寒期はバーチカルに落としてボトムのバスを食わせる

ミドスト最前線 フワフワリグ改め

“ホバスト”とは何か？

池原・七色貯水池で新しいメソッドが広まっているとの噂を聞いた。水温ヒトケタでも釣れる中層攻略法だという。クリアリザーバーで生まれた、超絶スローなミドストの新潮流。

山岡計文 Kazufumi Yamaoka

奈良県×池原貯水池

ミッドストローリング

HOVER STROLLING

山岡計文
（やまおか・かずふみ）

1981年奈良県下北山村出身・在住。少年時代から七色ダム・池原貯水池で腕を磨く。クリアリザーバーを得意とし、JB TOP50では2012年のさめうら湖戦で優勝、2017年エリート5優勝。過去３年連続で年間５位以内にランクインしている。近年は画期的なミドスト用プラグ「グリマー」を考案、全国的なヒットとなった

［山岡ガイドサービス］
http://www.ikehara-nanairo-guid.com/profile.html
Tel：090-1985-7622（7〜16時）

トボトスロープ
■奈良県吉野郡下北山村上池原小川原880　■定休日　■Tel：07468-5-2524　■http://www.toboto.or.jp/

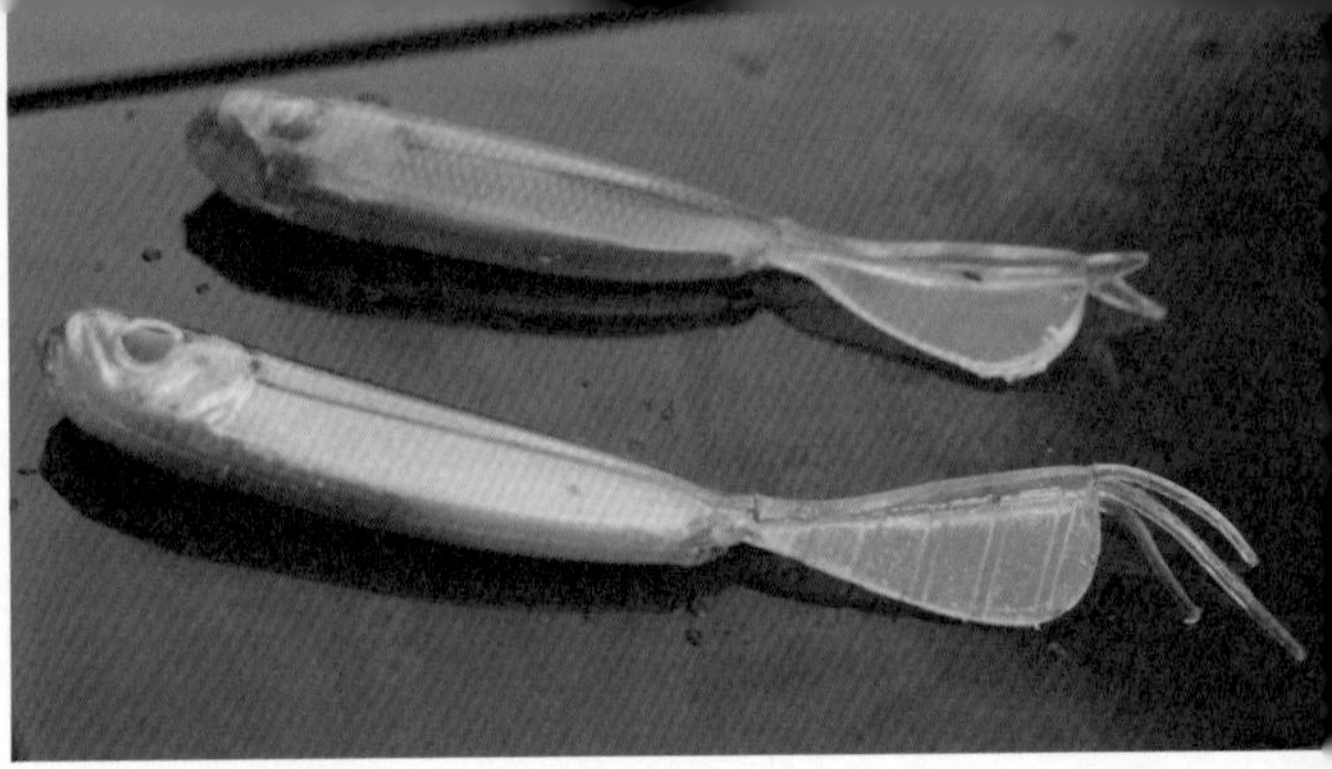

上は廃盤モデルの「スーパーフィンテール 2.7in」。ホバストを考案した堤治朗さんはこのワームを愛用しており、そのノウハウを取り入れつつリニューアルしたのがPDLスーパーホバリングフィッシュ 3in（下）だ。「フィンテールのなかにはテールにバリが残っているものがあって、それが効くらしいんですよ。今回のワームにもごく細いヒゲ状のしっぽを付けました」。旧モデルはテールの上部が太くなっていたが、ホバリングフィッシュは全体が薄い

ホバスト（≒フワフワリグ）の誕生

『Basser』2019年の6月号に掲載されたJBTOP50・七色貯水池戦のレポートの片隅に、見慣れないセッティングのリグが写っていたのをご存知だろうか。

ミドスト用ワームに、ジグヘッドからシンカーを除去したようなL字型のフックを薄く刺し、頭部にネイルシンカーを挿入したこのリグは「フワフワリグ」と名付けられていた。

「七色・池原界隈のアングラーのあいだで、ここ4〜5年ほどで広まったリグです。一般的なジグヘッドよりも軽いウエイトが使えて、フワフワ浮遊させながら超絶スローに操れるんですよ」

と語るのは地元の名手・山岡計文さん。

もともと山岡さんもごく軽いミドストがやりたいときはジグヘッドのヘッドを削って使っていたそうだが、強度が落ちるため1尾釣るたびに壊れてしまう。そんなとき、知人に教わったのがこの「フワフワリグ」だった。

「池原や七色のチャプターに出場されている堤治朗さんから、ヴェスパ（リューギ）のフックだけを利用してこういうリグを使っていると聞いて、やってみたらすごく効果的だったんです。それがTOP50のプロたちに

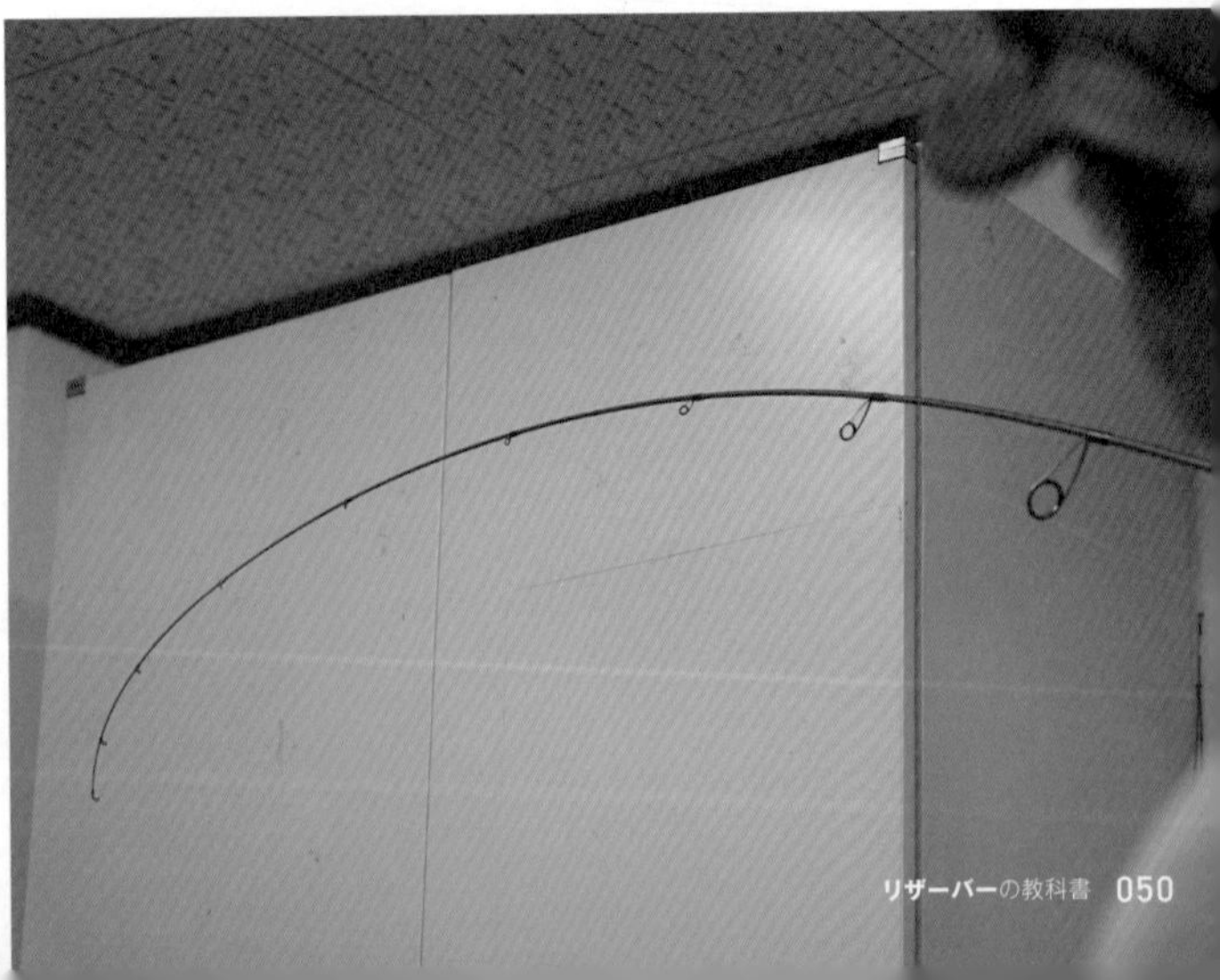

山岡さんが手掛けるホバスト専用ロッド「エイシス 61SULJ」。細かなシェイクを続けても疲れないティップの繊細さを、ソリッドではなくチューブラーで実現。バットは50〜60cm級に負けないパワーを備え、その両極端な要素をベリー部がスムーズに繋ぐ。「実はスモールマウスのダウンショット用としても優秀なんです。このロッドのおかげで、2019年は桧原湖戦で初めて表彰台に上がれました（笑）」

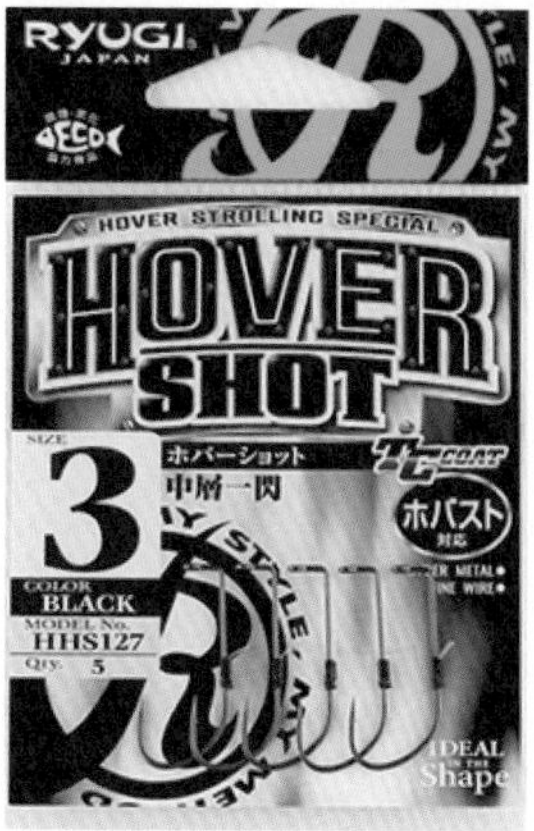

ホバスト用フックのホバーショット（リューギ）。フックポイントがやや内向きで、喉奥ではなく口の周りにフックアップさせやすい。3～4Lbラインでデカバスに呑まれるとラインブレイクの危険性が高くなるのだ。「アイの位置が高いので横方向の微振動アクションが出しやすく、ワームの姿勢も安定します。それを生かして巻きキャロにセットするのもいいですね」

も知れ渡ったのが2019年の七色戦でした」

こぞって使うアングラーが増えたこの試合で、山岡さんは準優勝（※メインルアーはフワフワではなかった）。威力を知った周囲のプロから「まだ公開しなくていいのでは？」と言われることさえあったという。

「特にシークレットなわけじゃないし、このへんのアングラーはとっくにみんな知ってましたので、ほかの地域の方方にも使ってもらえるように、専用アイテムを作ることにしたんです」

ただし名称がちょっとユルすぎる……、ということで「ホバスト（ホバー・ストローリング）」と改名。新たに専用のワーム、ロッド、フックを作っている。

ミドストを極めたプロをそこまで突き動かす「ホバスト」には、いったいどんなパワーがあるのだろうか。

ミドストとの違いは？

ホバー（HOVER）という単語には「羽ばたいて空中で停止する（＝ホバリング）」といった意味がある。ホバストを噛み砕いて説明するなら「ゆっくりフワフワ使えるミドスト」といった感じだろう。

しかし、ジグヘッドリグによるミドストでも、山岡さんはこれまで0.9g程度の軽いシンカーを普通に使ってきた。それでも充分にスローな釣りが可能に思えるのだが……。

「ジグヘッドリグのミドストと比べたとき、根本的に違うのかというと、それほどの差はないんです。ただ、ホバストはネイルシンカーを切って調節すれば0.3g、0.2g、0.1gといった劇的に軽いウエイト

PDLスーパーホバリングフィッシュ 3in

PDLスーパーリビングフィッシュ 4in

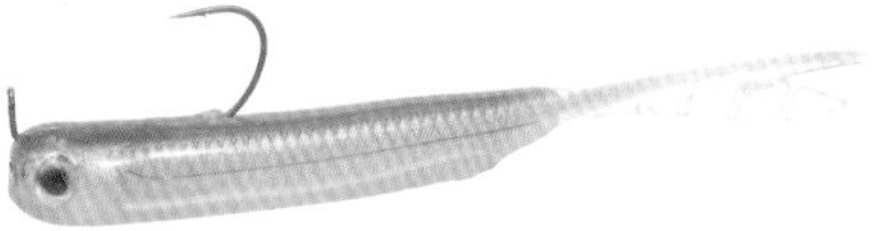

PDLスーパーリビングフィッシュ 3in

山岡さんがジグヘッドリグのミドストで多用するスーパーリビングフィッシュと比べて、スーパーホバリングフィッシュは体高があって浮力が強めに設定されているので、サスペンドに近い状態に設定しやすい。風があったり飛距離がほしいときはスーパーリビングフィッシュの4inも使う

市販のネイルシンカーは軽くても0.3g程度なので、それより軽くしたいときはペンチでカットしている。樹脂タングステンのモデル（写真はザップのネイルショット）なら割れずに切れる。糸オモリを使うアングラーもいる

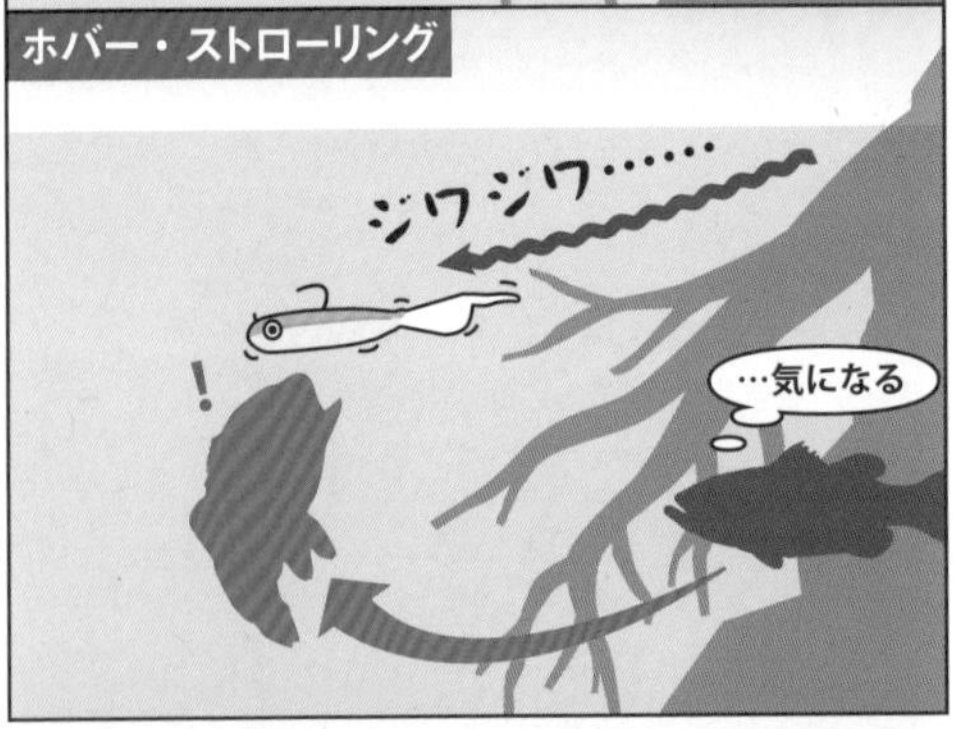

「そこにいるであろう魚を、極限までスローに誘って反応させる」のがホバストの真骨頂。たとえばリザーバーによくある大規模なレイダウンを探るとき、スピード感のあるリグではバスが出てこないまま素通りしてしまうことも多い。
一方、ホバストはサスペンドに近い状態でリグを漂わせつつ、同時にハイピッチなシェイクでアピールできる。「気づかせる・寄せる・焦らす・食わせる」という4つの働きを果たしてくれるのだ

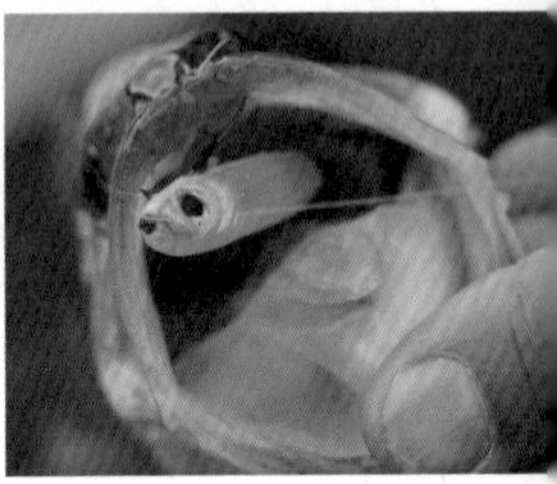

ジグヘッドリグを使ったミドストのアクションはボディーを左右に倒すロール主体。「ホバスト」のセッティングだとあまりボディーがロールせず、微振動で誘っていく

が使えます。じゃあ、なぜ軽くしたいのか？　浅いレンジで使うためではないんです。一定のレンジを、移動距離を極限まで抑えながらずっと漂わせることができるから、軽くしたいんです」

　なるべく移動させずに細かいアクションで誘い続けるという点では、表層でのピクピクや遅いアクションが得意なハネモノ系ルアーにも通じるところがある、と山岡さん。

「ルアーがスーッと通りすぎるだけで食う状態なら、スピードが速くてもいい。でも、それほどの活性がないときは『あ、行っちゃったな』で終わってしまいがち。そんなとき、ルアーがずーっと同じ場所に留まっていると『ん？……まだいるよ……まだいる……アイツだったら食えるかな』みたいな感じで、どこからともなくバスが寄って来てくれるんです」

　スローに漂わせるという点では、I字系の釣りに似たところもある。しかし、ホバストとの決定的な違いは「バスを寄せるアクション」の違いにある。

　横移動のスピードはデッドスローでありながら、細かくシェイクし続けているのでボディーの動くピッチは速い。だからこそ離れたレンジのバスに気づかせ、浮かせ、見切られずにバイトに持ち込みやすいのだという。

「ホバストは、七色や池原だけで効く釣りではないと思ってます。今年の早春、ティムコの大津清彰さんが神奈川県の相模湖で何度もいい釣りをしていて、ミドストがちょっとしたブームになりましたよ

ディープ側が水深20mあるワンド内の倒木でファーストヒット。「池原ダムでは冬に10mより深いレンジで50～60cm級が釣れますが、そういう場所の近くのシャローもいいスポットになりやすい。深場と行き来している魚もいると思います」

ねらうスポットとの距離感はこんな感じ。ひとまず「見えるモノを撃っていくだけ」と考えれば、ホバスト入門のハードルは意外と低い。ロッドは少し立て気味にして、ティップを細かく振る。できるかぎり細かくシェイクするつもりで。リールはたるんだぶんのラインを巻き取る。着水後からはカーブフォール気味の動きで、足もとに近づくにつれほとんどラインを巻かないまま一点シェイクに近い状態で誘うことになる

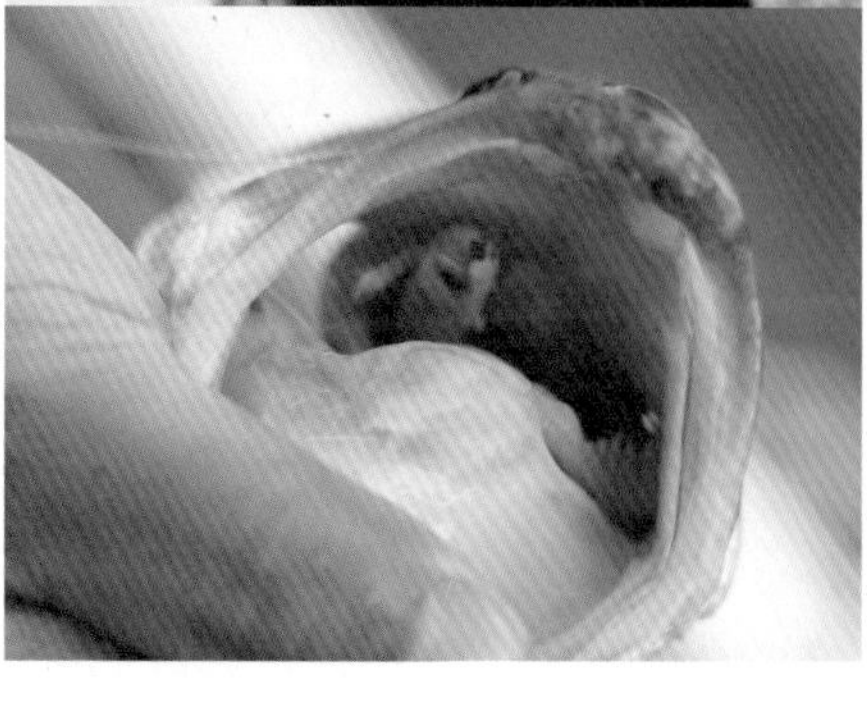

白川又川とのインターセクション下流側、崩落系のカバーで2連発！ 40cmクラスはPDLスーパーホバリングフィッシュ 3inを丸呑みにしていた。「ここはベンドのアウトサイドで、流れが当たって巻くところ。真冬でも反転流の生じるカバーは魚が入ってくることが多いです」

ね？　実はあのとき、開発中のホバスト用ワームも使ってたんです。『これって水中のチョウチンじゃないですか？』と大津さんが話していて、たしかにそういう要素もありますね」

　ラインをどこにも掛けないまま、まるでチョウチンのように、中層の一点で誘い続けることを可能にしたリグというわけか。ホバストの長所が少しずつ見えてきた。

ミドストが苦手でも問題ナシ！

　では「ホバスト」はいつ・どこで・どのように使うのが正解なのか？　それを実地で教わるため、11月上旬の池原貯水池に浮いた。

　山岡さんのホームグラウンドである七色貯水池も選択肢にあったが、この秋の大雨の名残で、上流（池原ダム）から濁った水が注ぎ込んでいる状態。ホバストには向かないと判断したのだった。

「ワームをじっくり見せて食わせるタイプの釣りなので、視界の利かないコンディションは苦手。冬にありがちなクリアアップする状況のほうが効果的です」

　というわけでやってきた池原貯水池も晩秋にしてはかなり水位が高く、平時よりはうっすらと濁りが感じられる。まずはボートを降ろしたトボトスロープからエレキを踏み、そのすぐそばにあるレイダウンへ入った。

　セットしたのはPDLスーパーホバリングフィッシュ3in。頭部に0.3gのネイルシンカーを入れてアプローチし始めた。ピッチングでカバー撃ちする程度の距離を取って、レイダウンの周囲やその脇のバンク際へキャスト。

　ゆっくりと沈むリグに対し、ティップを細かく振ってハイピッチなシェイクを開始。通常のミドストのロッドワークが「ホワンホワンホワン」だとすれば、ホバストは「ビビビビビ」なテイストだ。

「ジグヘッドを使うミドストはワームをロールさせやすいんですけど、このリグはフックの軸よりも下方にウエイトが来るので、動きが安定しやすい。つまりロールは弱めになる。代わりに、ボディーを

カラーセレクトは３系統。見やすい色／地味な色／その中間のフラッシング系に分けてローテーションする。味系を使いつつ視認性が欲しいときは、背中にマーカーを塗るのもいい

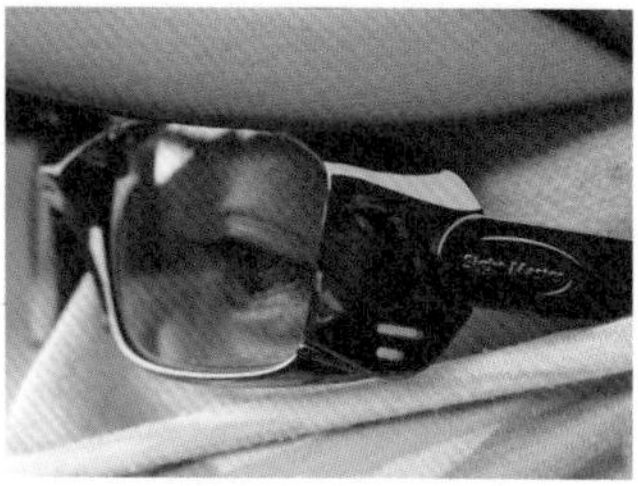

「リザーバーではシェード内を見ることが多いし、冬は日陰が増えるので明るいレンズを使った偏光グラスを使うほうがいいです」。出番が多いのはサイトマスターのイーズグリーン。ほかにラスターオレンジやライトローズもルアーを浮かび上がらせてくれるが、白濁気味だと水の色が浮き上がってしまうので注意

［PDLスーパーホバリングフィッシュ3in用］
ロッド：フェンウィックエイシス61SULJ
リール：ヴァンキッシュ 2500S
ライン：エクスレッド3Lb

［PDLスーパーリビングフィッシュ4in用］
ロッド：フェンウィック リンクス62SLP+J
リール：ヴァンキッシュ 2500F3
ライン：ソルトライン・スーパーライトPE0.4号＋エクスレッド4Lb

［PDLスーパーリビングフィッシュ3in用］
ロッド：フェンウィックエイシス64SULJ "Mid Strolling Special"
リール：ヴァンキッシュ 2500S
ライン：エクスレッド3Lb

［グリマー6用］
ロッド：フェンウィックエイシス66SLJ "Mid Strolling Special"
リール：ヴァンキッシュ 2500S
ライン：エクスレッド4Lb

［ピクピク＆瀕死リグ用］
ロッド：フェンウィックエイシス70SLP+J
リール：ヴァンキッシュ 2500S
ライン：ソルトライン・スーパーライトPE0.4号＋エクスレッド4Lb

※ロッドはティムコ、リールはシマノ、ラインは東レ・モノフィラメント

微振動させるようなアクションが出せます。池原や七色のバスはミドストのロールをさんざん見せられているので、このちょっとした違いで見切られにくくなったりします」

厳密にいうならば、ロールより微振動のほうが必ず釣れるとは断言できない。そのあたりはケース・バイ・ケースで、山岡さんも両方を使い分けている。ただし、この手の

水温10℃までは表層で釣れる！

移動距離を抑えて焦らす、という意味ではノーシンカーの「ピクピク」もホバストに近い釣りだ。12月中でも水温10℃までなら表層で反応させられるので、ホバストでも見切るときにローテーションしてみたい。もうひとつの表層攻略法がマイラーミノーの「瀕死リグ」で、I字引き＋ステイ＋イレギュラーダートが演出できる

備後川上流の崩落にて、ホバストでロクマル級が複数浮いてきた。ピクピクを試すと鼻先まで急接近した

PDLスーパーシャッドシェイプ4in（ティムコ）

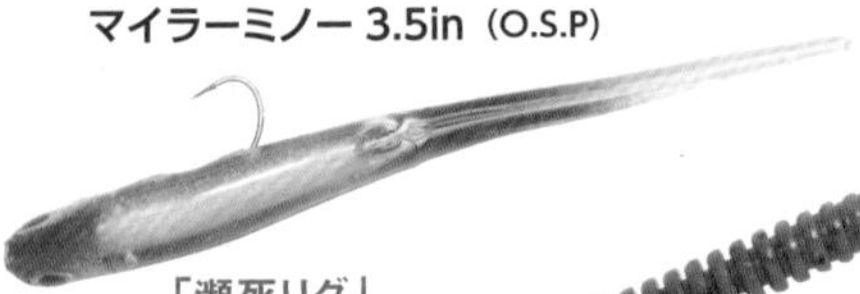

マイラーミノー 3.5in（O.S.P）

「瀕死リグ」

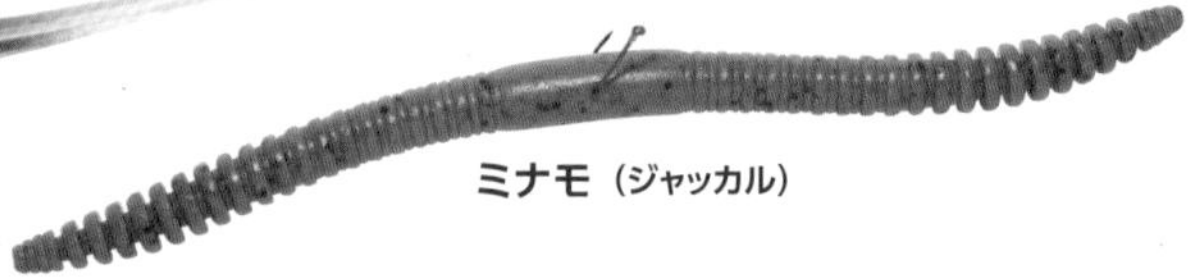

ミナモ（ジャッカル）

釣りに初めて取り組むアングラーにとっては、「きれいにロールしているかどうか？」に煩わされずにすむホバストのほうが入門しやすく、理解しやすいのでは、と山岡さんは言う。

「ミドストが苦手な人って、ワームがちゃんと動いているのかどうか不安でやりきれなかったりしますよね。でも、ホバストは細かくシェイクさえしていればそれで大丈夫。そもそも見える範囲で使うことが大半なので、リグをコントロールしやすいんです」

ランガン×超絶スローのメリハリ

印象的だったのは、釣りの「遅さ」とは真逆に移動のペースがかなり「速かった」ことだ。

山岡「一級スポットだけを撃っていく感じでやってます。超絶スローな釣りだから、ダラダラと続くストレッチをサーチするようなときには使いません。そういうシチュエーションでは『線の釣り』であるミドストのほうが向いてます」

基本的には目に見える変化（レイダウン、崩落、インレットまわりなど）を撃っていくだけ。もちろん冬でもバスが差すようなシャローを探しながらスポットを選ぶ必要はあるが、ルアーも対象物もすべて目視できる釣りなので、スローなわりに集中力が持続しやすい。このあたりも、バイトの少ない低水温期の釣りとしては重要なポイントのひとつだろう。

山岡「一定のレンジを漂わせる感覚がつかめてきたら、リグをレイダウンの枝に沿って微妙に上下動させたりして、変化を舐めるようにコントロールしてみてください」

使っているフックはホバスト用に作っているホバーショット。ガードのないオープンな状態なのでもちろんカバーの奥へ撃ち込むことはできないが、山岡さんは想像以上にタイトな攻め方をしていた。とにかくフワフワしているので、カバーにつかず離れずの状態で操作しやすいのだ。

冬のシャローといえば最近はパワーフィネスでカバーをねらうのが定番化しつつあるが、そのバリエーションのひとつとして「カバーの際で、内側にいる魚をおびき出して食わせる釣り」とイメージしてもわかりやすい。

山岡「ワームが見えるか見えないかのギリギリの層で動かしていると、不意に水中でギラッと光って、次の瞬間ギューッとロッドが絞り込まれる。これが楽しいんです（笑）」

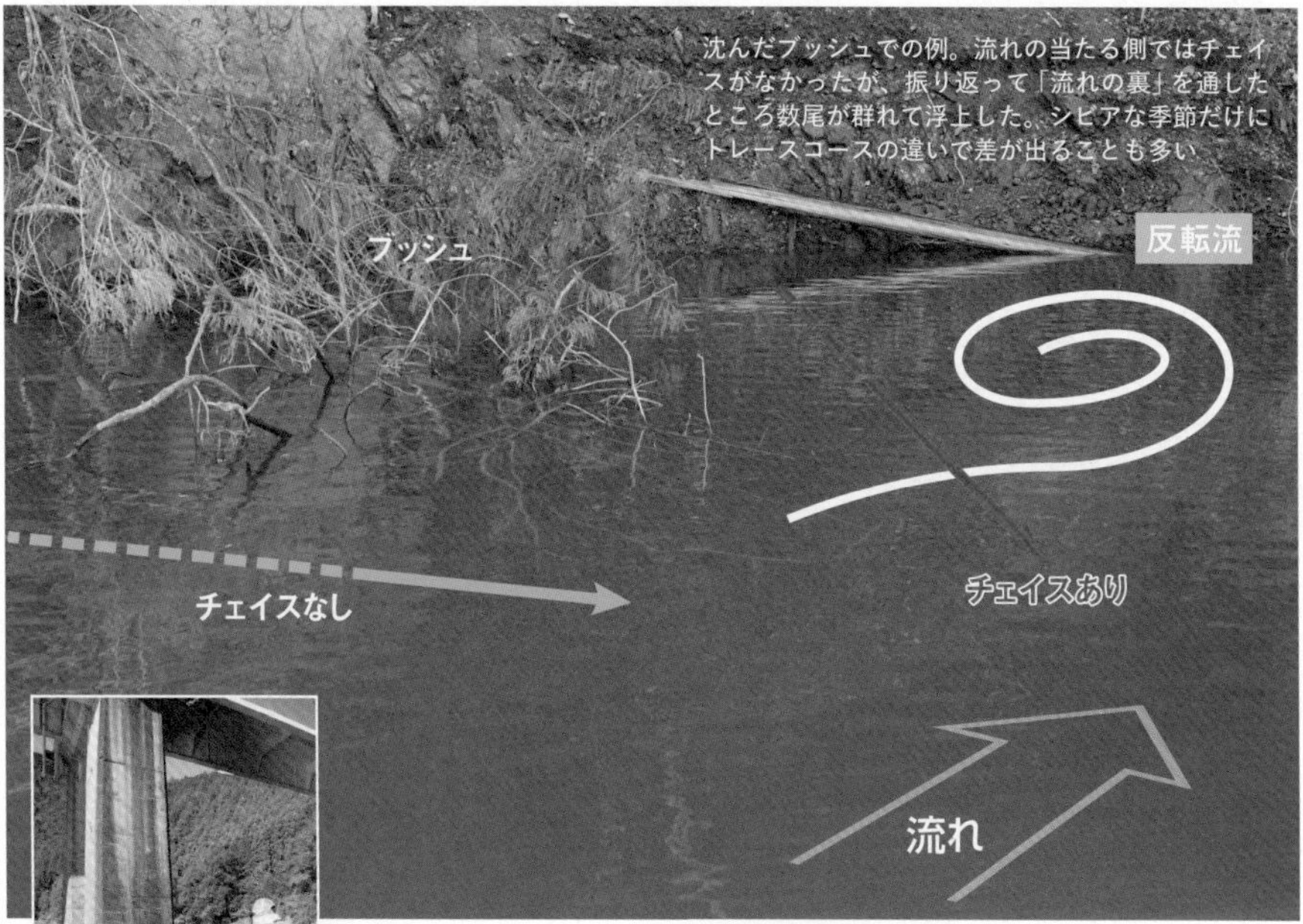

ブッシュ
反転流
チェイスなし
チェイスあり
流れ

沈んだブッシュでの例。流れの当たる側ではチェイスがなかったが、振り返って「流れの裏」を通したところ数尾が群れて浮上した。シビアな季節だけにトレースコースの違いで差が出ることも多い

減水してカバーが減ったときは橋脚や立ち木などの縦ストをねらってみたい

岩盤の張り出しやエグレなども見逃せないスポット

ホバストでねらうべき冬のスポット

今回は11月の取材だったのでメインレイク沿いを中心に「流れの当たるアウトサイドのカバー」「インレット絡みやクリークの奥」「ベイトのいるスポット」を回っていった。真冬になると水の安定する深いワンド内で、なかでも日中に温まりやすいスポットなどがよくなってくる。

山岡「なぜ冬でもシャローで釣れるのかというと、シンプルにエサがいるからでしょうね。池原ならフナやウグイ、アマゴなどのトラウト系も多い。たしかに環境は厳しいけれど、水温が落ちるとエサの動きも鈍ってくるから、コンディションのいい魚にとっては捕食しやすい場所なのかもしれません」

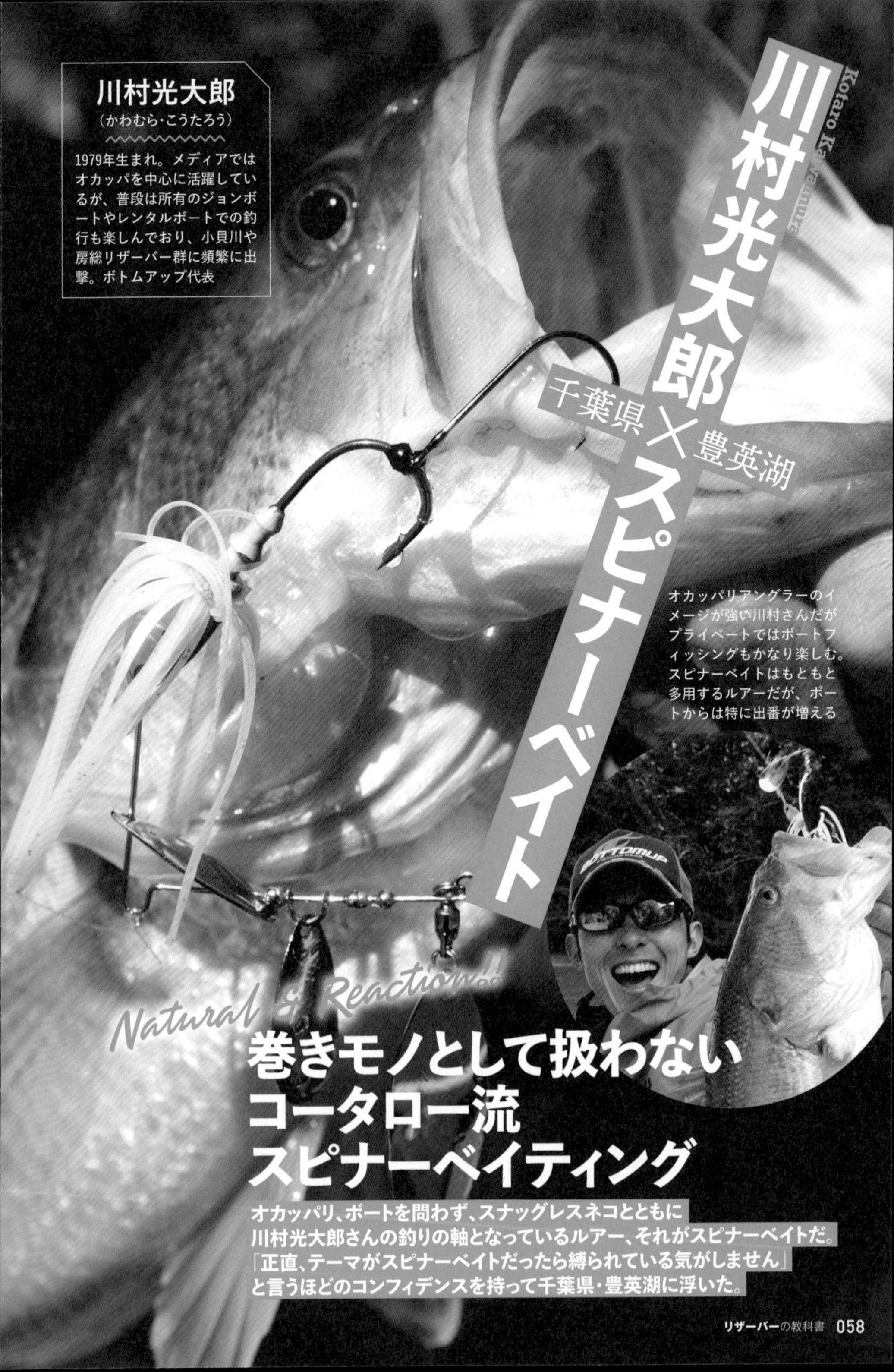

川村光大郎×スピナーベイト

Kotaro Kawamura

千葉県×豊英湖

川村光大郎
（かわむら・こうたろう）

1979年生まれ。メディアではオカッパを中心に活躍しているが、普段は所有のジョンボートやレンタルボートでの釣行も楽しんでおり、小貝川や房総リザーバー群に頻繁に出撃。ボトムアップ代表

オカッパリアングラーのイメージが強い川村さんだがプライベートではボートフィッシングもかなり楽しむ。スピナーベイトはもともと多用するルアーだが、ボートからは特に出番が増える

Natural & Reaction!!

巻きモノとして扱わない コータロー流 スピナーベイティング

オカッパリ、ボートを問わず、スナッグレスネコとともに川村光大郎さんの釣りの軸となっているルアー、それがスピナーベイトだ。「正直、テーマがスピナーベイトだったら縛られている気がしません」と言うほどのコンフィデンスを持って千葉県・豊英湖に浮いた。

2018年3月12日の豊英湖は、
4日前に降った雨の濁りが
全域にまん延していた……

豊英つり舟センター

豊英湖唯一のレンタルボート店。もともとはヘラブナファンへのレンタルのみだったが、バスアングラーへのレンタルを解禁した。ボートはすべて要・船舶免許。船外機の使用やエレキの２機掛けは禁止。マイボートの持ち込みも禁止されている。

■千葉県君津市豊英499-8　■木曜定休
■TEL：0439-38-2558
■http://seeker.ne.jp/i/toyofusa.html

川村光太郎のスピナーベイト観

スピナーベイトをテーマにした「縛り」の取材を申し込むと、「了解しました！　いや～、釣りに行ける！　嬉し～」と川村さん。「オカッパリでもボートでも、どっちでも！　ボートだったら小貝川に行けば絶対に釣れますよ」。

マイボートがないと釣りができない小貝川では参考にできる読者が少ないだろうと、今回はレンタルボートが充実している千葉県・房総リザーバー群のひとつ、豊英湖に浮いてもらうことにした。それはいいとして、気になったのは川村さんがやけに自信満々だったことだ。巻きモノの一種であるスピナーベイトで縛られるというのにこの自信はいったい……。

一般的に、スピナーベイトはアグレッシブな状態のバスに有効とされるルアーだ。けれど、事前に釣行日を決める取材では、当日の湖や魚のコンディションを選ぶことができない。それ以前に、3月上旬の房総リザーバー群の水温は10℃前後と、春とはいえまだバスの適水温にはほど遠い。スピナーベイトで釣れるのか？　実際、この取材の4日前に同じ豊英湖で「ガチンコバトル」なる記者たちの内輪トーナメントを行なったのだが、3艇6名で誰ひとりとして巻いて釣ることはできなかった。

「そもそも僕は、スピナーベイトを巻きモノとして使うことはかなり稀です。感覚としてはジグやワームに近い。着水点からフリーフォールで真下に落としたり、その場で誘ったりはできないけれど、代わりにスピナーベイトにはフラッシングや波動といった機能があります。スピナーベイトは、目の前に瞬間的に現われたときに、バスが最も思わず口を使ってしまいやすいルアー。だからこの縛りには無理がないと思えるんです」

川村さんは、スピナーベイトの巻きモノとしての万能性

「この濁りはさすがにスピナベよりもクランク。もっと言えばカバーをジグで撃ちたい状況（汗）」と川村さん。やや強引なルアーセレクトだが、それでもビーブル3/8ozでバイトを得た

に魅力を感じているわけではない。もう一段上だ。巻きモノや撃ちモノを区別しない、ルアー全般のなかで突出した万能性。より多様な状態のバスに口を使わせてしまえるからこそ、今回の釣行にも絶対の自信があった。

「ネコリグとスピナーベイトは僕のなかでそういう位置付けのルアーです。晴天無風でも食わせられるし、サイトフィッシングでも非常に有効。これがクランクなどのプラグ系になるとそうはいきません。風や流れの有無、天候や時間帯も選びます。スピナーベイトに関しても、普通に投げて巻いてくる使い方だけに限定すると同じことが言えてしまうのですが、ピッチングを交えてジグやワームのように扱うことで、釣れるバスの状態の幅が一気に広がるんです」

いろいろ余裕ナシ……

取材を段取りした時点では余裕綽々だった川村さんだが、迎えた当日はいろいろヤバかった。前日はザ・キープキャスト（名古屋で開催されるルアーフィッシングのフェスティバル）の最終日だったのだが、名古屋からの帰りの新幹線が遅れに遅れたのである。元から体調不良だったところに寝不足が重なって川村さん

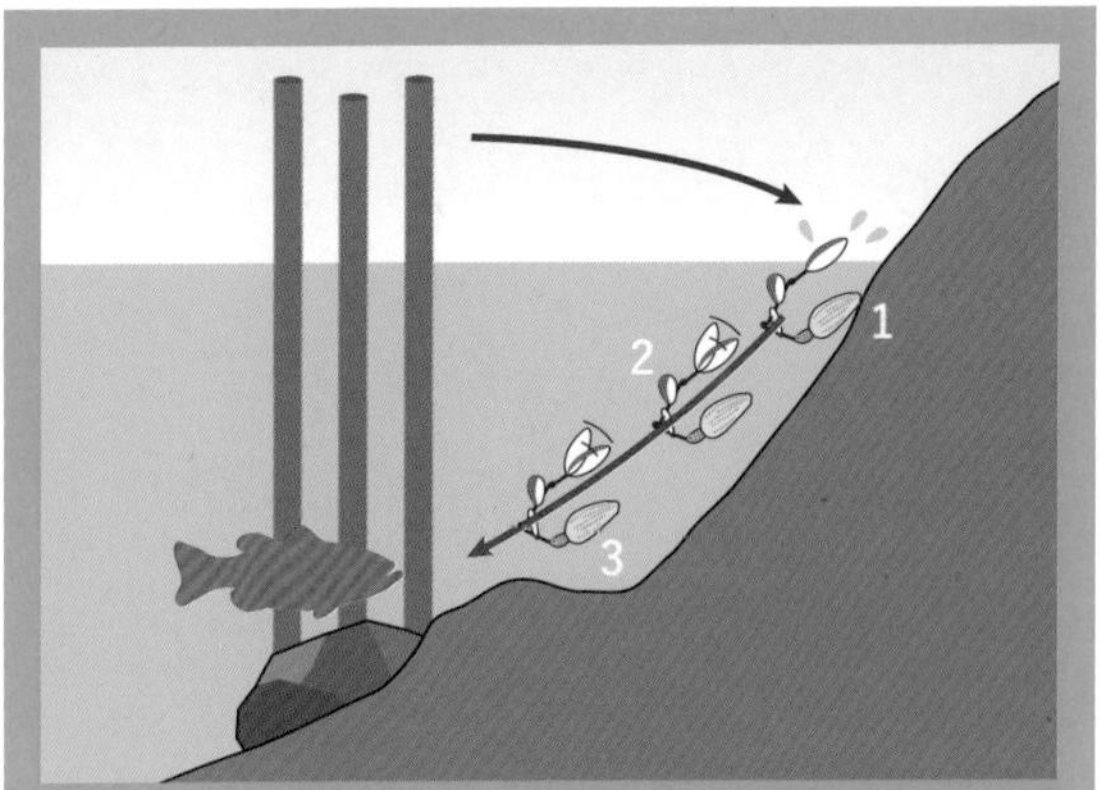

1 岸際へ正確にキャスト。着水音は可能なかぎり抑える。ブレードが水と空気をはらんで入水したときの「ちゃらぽろん♪」「しょぼろりん♪」といった音がベストだが、ねらって毎回出すことはできない

2 前後のブレードをキレイに回す。ルアーの軌道としてはカーブフォール。「1」の着水直後から「2」へ、ブレードが水を掴んでスイム姿勢が安定するまでの一瞬がひとつの勝負どころ。スピナーベイト全体の姿勢変化、着水時に広がっていたスカートが後方になびいてすぼまることによる形状変化、ブレードが回りだすことによる波動の発生、ランダムな方向へのフラッシングなど、バスの不意を打って思わず口を使わせてしまう要素がこの瞬間に凝縮されている

3 ボトムへ向けてカーブフォール。見えバスに対しては特に、この「スピナーベイトをボトムに向かって泳がせること」が反応を引き出すうえで重要になる。この軌道でバスの口もとを通すのが「スピナベサイト」。バスが見えていない場合、カーブフォールさせる距離は状況によりけりだが、スピナーベイトを岸際に入れたときのひとつの目安として、川村さんの場合は「ハンドル3回転以内」でバイトを得ていることが多い。2m以内のカーブフォールでその1投の決着がつくことが多い、手返しのいい釣りだ

TNトレーラーフック＃1を装着。カーブスローロールで反応させたバスは、スピナーベイトが泳ぐ速度に合わせて追尾しつつハムッとすることがある。さらに、この濁りでバスが食い損ねることも考えられるので、念のため

はダウン寸前。1尾釣ったら早あがりしたいところだが、その1尾がなかなか釣れてくれない。

原因は、湖全体にまん延した強烈な濁りだった。雨の直後ならバックウォーターが火を噴いてむしろ楽な展開になるところだが、この濁りを発生させた大雨が降ったのは4日前のことだった。それから落ち着きと水の透明度を回復したバックウォーターはもぬけの殻で、流下した濁りは中下流域の湖面をメリハリなくべったりと覆っていた。

川村さんは、泥の粒子が沈殿しやすい、入り口がすぼまったワンド奥のシャローにねらいを定めてスピナーベイトを撃ち込んでいったが、当日は濁りに加えて晴天かつまったくの無風というパーフェク

カーブスローロールはキャスト精度と手数を重視した近・中距離用のテクニック。この日は濁りがバスの視界を妨げていたので、川村は岸との距離を普段よりもさらに詰めていた。「濁ったら細かく、数多く撃つ」のはカバージグなどの釣りにも通ずる基本だ

Basserとコータローとスピナーベイト

上／2006年11月の小貝川で行なった本誌取材。このときもカーブスローロールがテーマだった。10年以上にわたって効き続けているテクニックということ
中／2016年7月の西湖、オカッパリオールスター・ザ・キャノンボール2日目。前日ノーフィッシュだったが、この日はスピナベサイトを軸に単日トップスコアをマーク！
下／2017年5月の小野川（霞ヶ浦の流入河川）。テスト中だったビーブルでタマヅメに3連打！

置いたら立ちそうな
ほど腹パンパン！

49cm・2kg!!
不意の打ち合いに
勝ったのはコータロー！

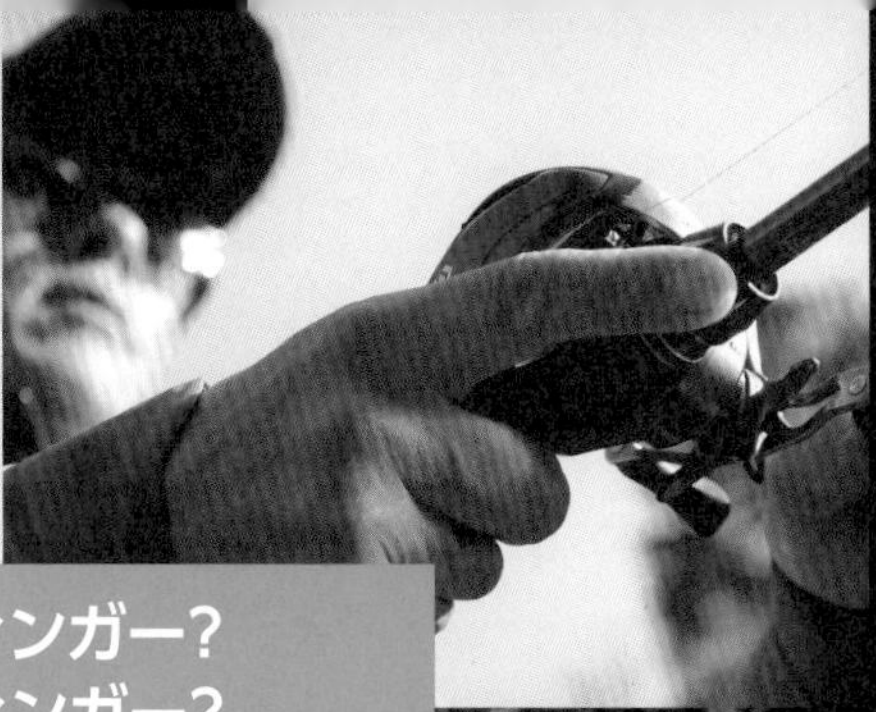

ワンフィンガー？ ツーフィンガー？

近距離でカーブスローロールを行なう場合、キャストしたスピナーベイトが飛行中にリールを持ち直すのは現実的ではない。ワンフィンガーで投げたらワンフィンガーで巻き、ツーで投げたらツーで巻くことになる。「僕の場合、ワンフィンガーのほうがキャスト精度は高いけれど、フッキングが決まりにくい。ツーフィンガーはしっかりパーミングできているぶんアワセは決まりやすいけれど、キャスト精度が落ちる。一長一短の現状を打開すべく、ツーフィンガーのキャスト精度を磨いているところです」

スピナーベイトのうま味を引き出す コツと道具立て

トなお花見日和。もしもスピナーベイトを「巻いて釣る」のがテーマだったら、デコっていても不思議ではなかったように思う。

　そんななかで写真のビッグバスが飛び出したのは、川村さんのねらいどおり小さなワンドの奥……、ではなくその外のワンドマウス部、ボディーウォーターに面した岬状のスポットだった。

　スピナーベイトを30㎝も沈めればブレードのフラッシングさえ完全に見えなくなるほどの濁り。そのなかで川村さんはバイトの瞬間を目撃した。スーパーシャローレンジでのこの一撃は、前のページでイラスト解説しているように、着水直後からの勝負どころでバスの不意を打った結果だ。

「食ってくるなら奥まったところだと思っていたので、完ッ全に油断してました。アワセも不充分だったからヤバかった。トレーラーフック付けといてよかった～」

リアクション効果を感じるが、バスの食い方はナチュラル

　サイトフィッシングでバスのスピナーベイトに対する劇的な反応を何度も目にし、このテクニックで数え切れないバスを釣ってきた川村さんは、

「自分の目で見て、そのうま味を知ってしまっているので、バスが見えていてもいなくても、スピナーベイトを普通に巻いて使うことはほとんどしなくなってしまいました」と話す。

「バスが見えていない状況でのカーブスローロールでも水中で同じことが起こっていると思うんですけど、このテクニックに対する反応を見ていると、バスの食い方が自然なんですよね。目の前に不意に本物の小魚が現われたら、きっとこういうふうに食うだろうな、っていう。

　スピナベサイトの説明する

ロッド：エアエッジ6101MB・E
　　　　スティーズ661MHRB-XTQマシンガンキャストタイプⅡ
　　　　ブラックレーベル＋6101MRB
リール：スティーズSV TW7.1L（1016SV-HL）
ライン：スティーズフロロ・タイプモンスター 13Lb

※ロッドは、正確にキャストしやすく、バイトを弾きにくくも太軸のシングルフックをしっかり貫通させることができるミディアムパワーのレギュラーテーパー。リールは、トラブルなく安定したキャストが続けられるSV機で、ストライクゾーンを過ぎたら回収するため適度なハイギアモデル。ラインは、オカッパリでバーサタイルタックルとして組む場合は12Lb。すべてダイワ

ヘッドとスカートだけでなく、ブレードカラーにも着目してローテーションしよう。マッディーウォーターやローライト時のゴールドと、クリアウォーターや晴天無風時のガンメタは必須。加えて「コパーブレードの必要性も感じています」と川村さん

とき、僕はリアクションという言葉をよく使います。ブレードのフラッシングで……、目の前に不意に現われたスピナーベイトに対して思わず……、というふうに。事実そういう要素はあるのですが、それだけでは説明しきれない。オカッパリでバスを見つけた瞬間、パッと投げたらパクッと食う。目の前にいるバスからあんな反応を引き出すのはライトリグでも難しいのに、そのライトリグに反応しないバスほどスピナーベイトには反応させやすい傾向がある。目の前でスピナーベイトに食うときのバスからは、アングラーのプレッシャー（自分の存在）も何もかもぶっ飛んでいるように見えます。あのシーンを目撃してしまうと、普段の使い方もカーブスローロールが中心にならざるを得ません」

着水直後からブレードを回すためにタックルを持ち替えずに巻いてみよう

①スピナーベイトをピッチング。着水直後からカーブスローロールするには弾道を低く抑える必要がある
②ルアーをリリースした手を速やかにリールのハンドルへ
③ノブに指を掛けた状態で着水を待つ
④着水と同時にクラッチを戻す（ラインテンションを張る）。 カーブスローロールでバイトを量産するコツは、着水の瞬間からブレードを回すこと。近距離でリズムよく一連の動作を繰り返すためには、キャストと逆の手でリールのハンドルを回す必要がある。右キャストなら左ハンドル、左キャストなら右ハンドルのリールを選ぶ

スピナーベイトの自重で手前へ引き込む

最後に、文章では伝えにくいが、カーブスローロール時のリーリングの感覚について聞いた。本質が同じ（違いはバスが見えているかいないか）であるスピナベサイトにも共通する内容だ。

「リーリングでラインを突っ張らせずに、ふわふわと巻いています。フリーフォールではなくカーブフォールなのでラインにテンションが掛かってはいます。自重で沈んでいくスピナーベイトをリーリングで手前へ引き込んでくる感

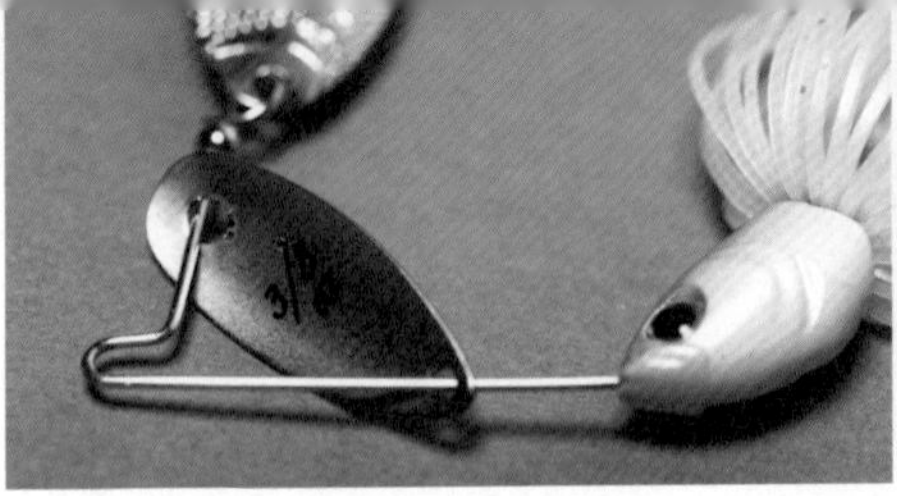

横方向の微振動を発生する
第3のブレード「スプリッター」

タイイングしたスカートの内側があらかじめカットされた状態で販売されている。スカートの張りや本数とともに、スプリッターの微振動で最も艶めかしくゆらめくようにカットにまでこだわった。フックには抵抗値を下げるフッ素コートが施されている

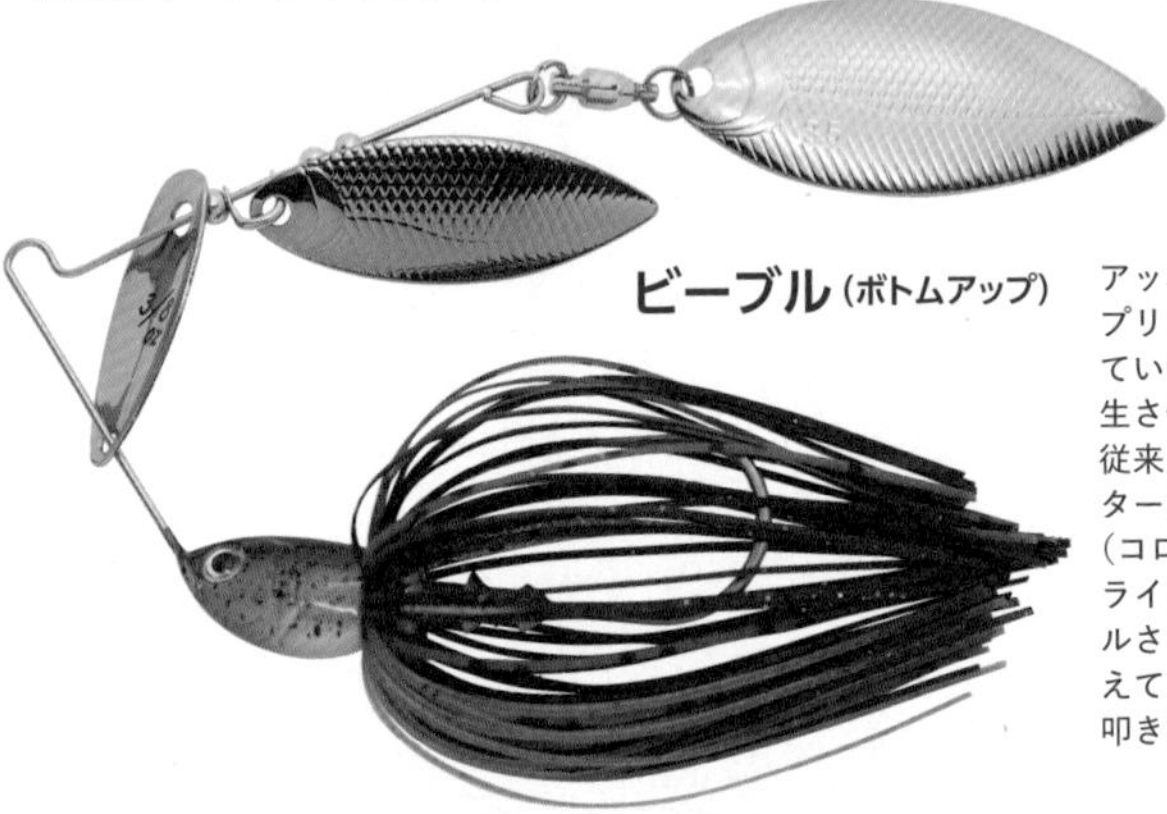

ビーブル（ボトムアップ）

アッパーアームとロワーアームをまたぐようにスプリッターという3枚目のブレードがセットされている。このパーツの機能はタイトウィグルを発生させること。シャフトのたわみによる縦揺れは従来のスピナーベイトにも発生するが、スプリッターによる細かな横揺れはビーブル独自の機能だ（コロラドブレードのワイドな横揺れとも異なる）。ライブリーな微振動は小魚を想起させるナチュラルさでありながら、しっかりした引き感も兼ね備えている。クリア、マッディーを問わず好釣果を叩き出している

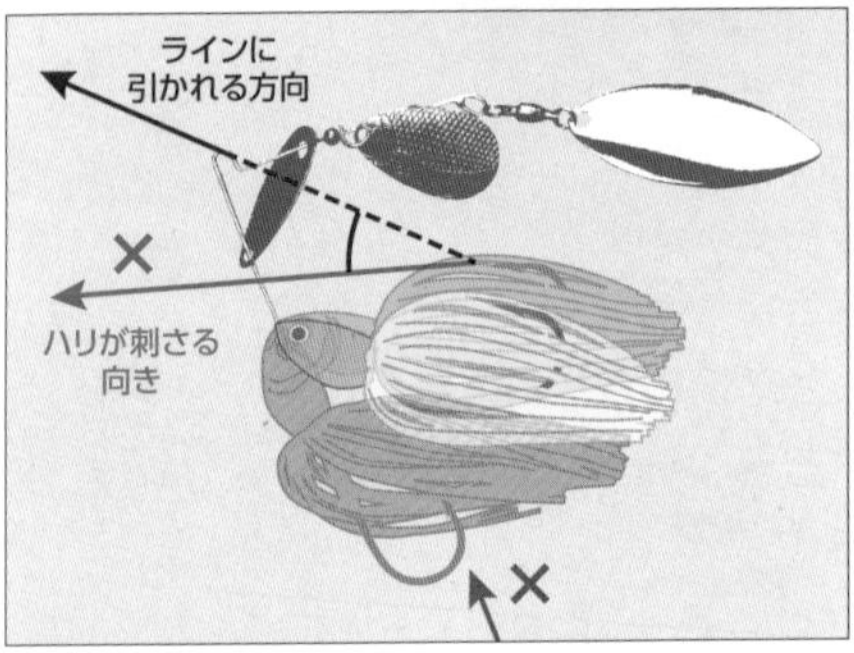

赤……いわゆる「立ち泳ぎ」。スカートは後方へなびくため、フックがスカートの外にむき出しになる
青……ロワーアームをヘッドの付け根で曲げることで簡易的にスイム姿勢を水平に近づけた状態。「ラインに引かれる方向」と「ハリが刺さる向き」のズレが大きい。これは「立ち泳ぎ」でも起こる

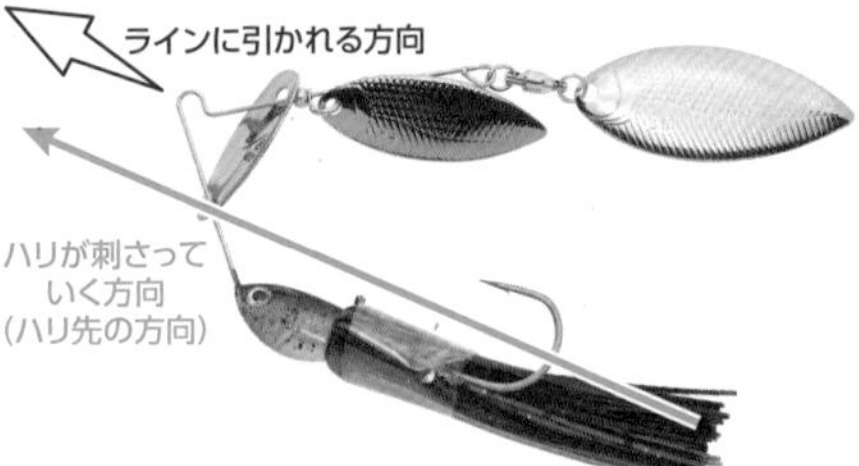

【ナチュラルかつフッキングがいいスイム姿勢】

泳いでいるビーブルを真横から見たときの姿勢。「ラインに引かれる方向」は、アングラーとスピナーベイトとの距離や、ロッドを立てるか寝かせるかによって変わってくるが、「ハリが刺さっていく方向」とおおむね一致している。実際にフッキングするときはワイヤーがたわんでふたつのベクトルが速やかに重なる。スイム姿勢のナチュラルさとフッキング効率のバランスから、若干上向きのスイム姿勢を採用。フックはスカートの中に隠れる

じ、ですね」

　というと、I字系や回転I字系（シンキングダブルプロップ）を巻くときのような感じだろうか。S字系でいえば、軌道が最も大きくS字を描くように巻くときのラインの張り具合……とか？　たるんだラインを回収するような……？

「近いものはあると思います。特に回転I字系は、ルアー本体はゆっくり移動しているのにプロップは超高速でせわしなく回転していますよね。カーブスローロール時のスピナーベイトも、本体の動きは自重によるカーブフォールなのでゆっくり、だけどブレードは高速回転しているというギャップで食わせることに特化したテクニックです。そこを意識して、ブレードの回転レスポンスがいいスピナーベイトで試してみてください」

Kiyoaki Ohtsu

大津清彰×野良ネズミ

千葉県 豊英湖

大津清彰
（おおつ・きよあき）

1979年生まれ。東京都出身、埼玉県在住。ティムコ勤務。バスの胃の内容物を調査して、釣りにフィードバックする、ストマック調査隊の隊長。利根川のTBCトーナメントやH1グランプリに参戦。「痛ックル精鋭部隊」の隊長としても活動。

この日も高速ドッグウォークで大小のバスに水面を割らせることに成功した。最盛期ともなると、その釣れっぷりは無慈悲ともいえるほどになる

無慈悲に釣るための18の質問

水面直下のドッグウォークで弱いバイトも掛けられる野良ネズミの基本メソッド

エラストマー素材とツルリとした形状でスキッピングしやすく、
独特のドッグウォークを演じ、水面直下に浮いて弱いバイトもフッキングする
画期的なアイテムとして近年話題を集めているのが「野良ネズミ」だ。
この釣りの第一人者である大津清彰さんが、
新緑の豊英湖で実釣とストマック調査も行なった。

上／野良ネズミ
下／野良ネズミマグナム

野良ネズミはボディーの下側と上側が同じ向きに反った曲面になっている。水面を滑りやすくするためと、アワセたときに決まった方向に曲がってハリ先を出すため

近頃、房総半島を中心とした各地のダム湖で話題を集めている釣りがある。それが野良ネズミだ。

虫パターン、水面ピクピク、中空フロッグなどと効く時期やシチュエーションが重なる部分もあるが、確実にそれらとは異なる効果が得られ、最盛期ともなれば「無慈悲と思える」くらい連発すると評判の釣りだ。気にはなっているけれど、まだ挑戦したことがないという読者のために、この釣りに詳しい大津清彰さんに18の疑問をぶつけてみた。

Q1 そもそも野良ネズミとはどんなルアーか?

大津　もともとは、出るけど乗らない中空フロッグに腹が立って、なんとかしようと思ったのが始まりです。中空フロッグをいじってみたけど、答えは見つからず、エラストマー素材にたどりついて開発が始まりました。

バスには、エビ、ゴリなどを食っているバスと、ベイトフィッシュ（小魚）を食っているバスがいます。エビゴリ食いのバスは、エサを吸い込む力が弱い。それで充分食えるから、弱い吸い方をします。一方、ベイトフィッシュを食うバスは吸う力と勢いが強い。

そして、エビ食いのバスが、中空フロッグに出ると、吸う力が弱いので「出たけど乗らない」という例の現象になる

ハリ先が出る仕組み

野良ネズミは、アワセたときのつぶれ方（曲がり方）とハリ先の出方が計算されている。腹のスリットが開いて、ボディーが曲がり、ハリ先が出て口の中にフッキングする

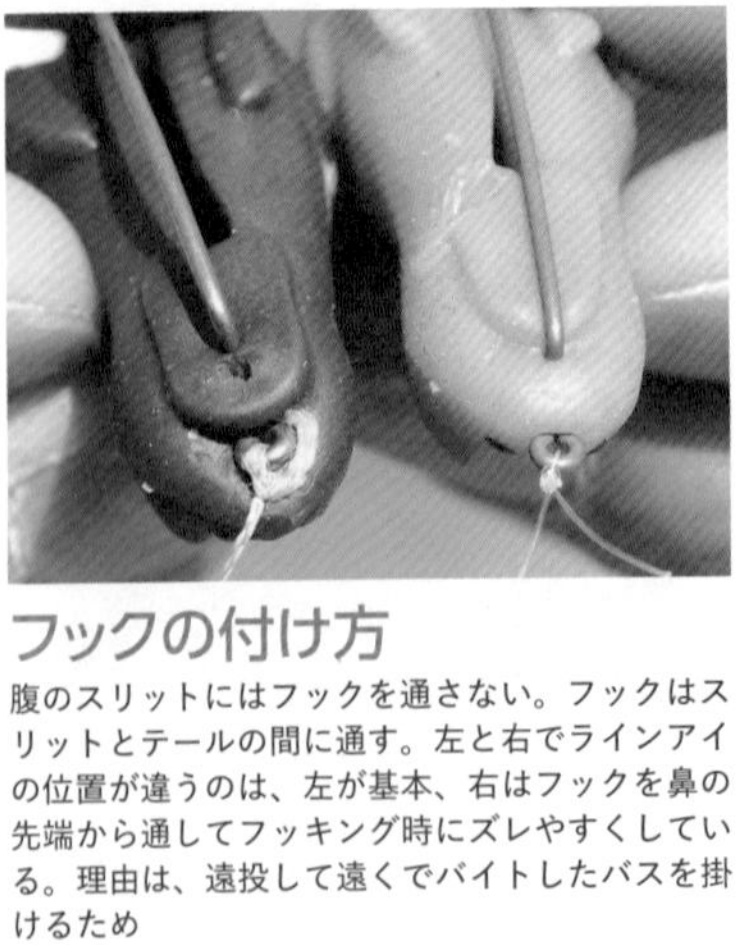

フックの付け方

腹のスリットにはフックを通さない。フックはスリットとテールの間に通す。左と右でラインアイの位置が違うのは、左が基本、右はフックを鼻の先端から通してフッキング時にズレやすくしている。理由は、遠投して遠くでバイトしたバスを掛けるため

スピニングタックルを多用する。メインはPE2号直結での接近戦の釣り。オープンウォーターでは飛距離を重視してPE0.6号＋フロロカーボンリーダーで挑む

わけです。

つまり、吸う力が弱いエビゴリ食いのバスに、中空フロッグを吸い込ませるのは難しいんですよ。中空フロッグはベイトフィッシュ食いで、吸う力と勢いが強いバスに向いていると思います。

吸う力が弱いエビゴリ食いのバスに、水面でルアーを吸い込ませる方法のひとつが、エラストマー素材のルアーを水面下に浮かせることでした。それが野良ネズミです。

野良ネズミはエラストマー素材と、なめらかな形状によって、スキッピングしやすいルアーになっています。誰でも練習すれば、オーバーハングの奥にスキッピングで入れられると思います。

Q2 房総のダム湖で、野良ネズミが効く時期や状況は？

大津　房総のダム湖は四季を通じてトップの釣りをする人がいますが、釣りやすいという意味で、野良ネズミが効くのは5月から9月でしょう。

基本的に水深1m以内のシャローレンジにバスがいれば、野良ネズミを使える状況です。

PE2号に野良ネズミを直結して、スキッピングでオーバーハングの奥に入れる

春から秋にかけて、シャローレンジにエビ、ブルーギル、虫がいるし、パックウォーターにオイカワもいます。それらがいる春〜秋は野良ネズミが効きます。

　メインは産卵後〜梅雨の時期です。産卵後のバスは、シャローレンジに浮いてエサを食い始めます。そこで効くのが水面で使うルアーです。秋になりエビやブルーギルが沈んで、シャローに生命感がなくなると、野良ネズミに限らずトップの釣りが下火になっていきます。

Q3 どのようなタックルで野良ネズミを使っていますか？

大津　近距離用（接近戦用）と遠距離用（遠投用）の2セットを使っています。そして、野良ネズミマグナムをベイトタックルで使います。

Q4 野良ネズミはどのようなキャストをするのが基本ですか？

大津　房総のダム湖は岸際にいるバスのストライクゾーンが狭い、ルアーを追う距離が長くはないと感じます。なので、正確なキャストが必要です。それは実際の釣りで経験していくしかないです。

　スキッピングでオーバーハングやカバーの奥に入れるときは、スピニングタックルでもベイトタックルでも、座って低い位置からキャストすると、ロッドの振りと水面が平行になるので非常にキャストしやすいです。

　野良ネズミはスキップする

大津さんの使用タックル

①［野良ネズミ・遠投用］
ロッド：エイシス70SLP＋J（フェンウィック）
リール：2500番
ライン：PE0.6号
リーダー：フロロカーボン8〜10Lb、ファイヤーノットでラインに直結
フック：ダブルエッジ＃1/0（リューギ）

※ロッドはオープンウォーターで遠投するので7ftを使う。オカッパリで野良ネズミを使うときに遠投できるタックルは絶対に必要。遠距離なのでアワセはリールを巻きながらロッドを曲げる巻きアワセで掛ける。巻きアワセなのでドラグはガチガチには締めていない。ラインが切れない範囲でなるべく締める。フックは遠距離でのバイトを掛けるために細軸のダブルエッジを使う。野良ネズミに欠かせないフックだ。リーダーは短いほうがドッグウォークさせやすいがルアー交換のたびに短くなるので１ｍくらい結ぶ。

②［野良ネズミ・接近戦用］
ロッド：リンクス63SLJ（フェンウィック）
リール：2500番
ライン：PE2号
フック：キロフックハイパー＃1（デコイ）
インフィニ＃1（リューギ）

※ロッドはマイルドなファストテーパーで正確なキャストがしやすい。ネコリグ、ダウンショットリグ、シャッドにも適している。リールは一般的な2500番台。ロッドとリーリングの組み合わせでドッグウォークさせる。接近戦でラインはPE2号を使うので、ドラグはガチガチに締めて、力強いフッキングをガツンと決める。PE2号を使うメリットは根掛かりからの脱出が簡単なこと。PE2号でラインブレイクした経験はない。PEとルアーはパロマーノットで結ぶ。

③［野良ネズミマグナム用］
ロッド：リンクス68CMJ（フェンウィック）
リール：メタニウムMg（シマノ）
ライン：PE5号
フック：ワーム316＃3/0（がまかつ）

※野良ネズミマグナムはベイトタックル用。ロッドがMパワーなのは正確なキャストをするために投げやすさを優先させた結果。野良ネズミマグナムもフッキングしやすく設計されているので、PEラインの場合はMパワーのロッドでガッチリフッキングできる。このロッドはスピナーベイトやチャターベイト、撃つ釣りにも適している。リールは個人的にPEライン担当にしている１台。ラインとフックはパロマーノットで結ぶ。ブレーキ設定は、野良ネズミのスキッピング性能が高いので、普段どおりで変更はしない。サミングでコントロールする。

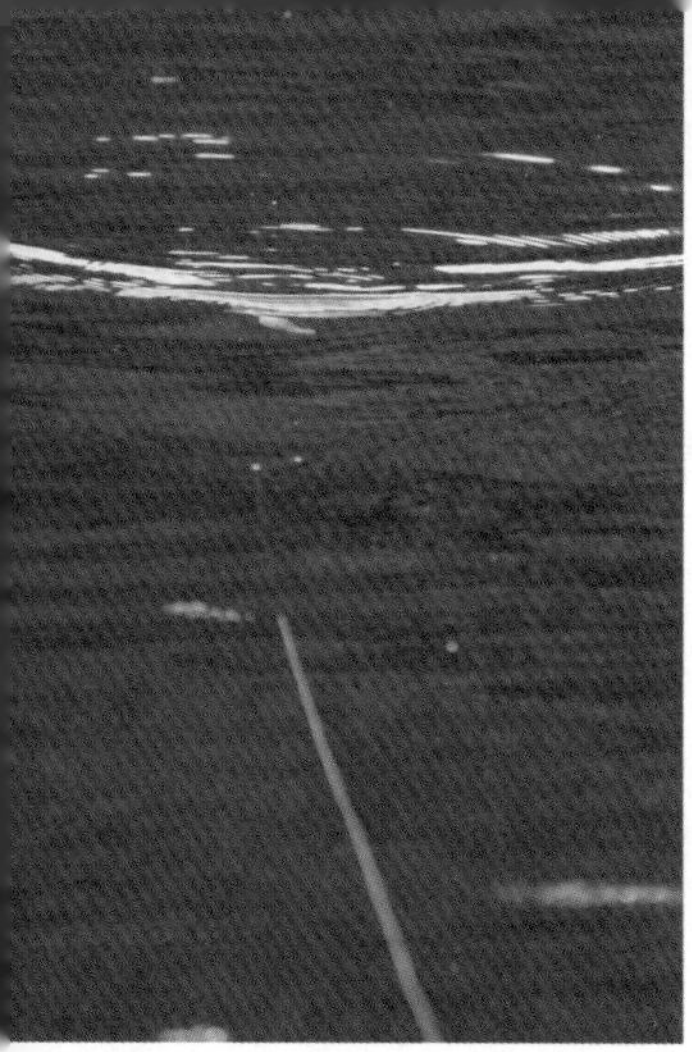

野良ネズミはノンストップで高速ドッグウォークさせるのが基本

ように作ってあり、スピニングタックルはバックラッシュがないので、ルアーを入れたい場所を見て、低い弾道になるようにロッドを振り抜いてみてください。やっていくうちに慣れてできるようになると思います。

Q5 アクションの基本とバリエーションは？

大津　野良ネズミの基本は、ノンストップの高速ドッグウォークです。短い移動距離のなかで数多くターンさせることがバイトを増やすコツです。バスはドッグウォークの幻惑効果に逆らえず食ってしまうのだと思います。

ロッドを細かくシェイクする操作と、リーリングの連動でドッグウォークさせるのですが、実際にやってみて練習するしかないです。接近戦の場合は、サオ先を下にしてアクションさせています。遠投した場合は、ロッドを立ててアクションさせています。

バリエーションとしては、産卵後でバスにダッシュ力がない時期（4〜5月）は、ドッグウォークの途中で止めを入れたりします。ただし、バスが回復して動きが活発になると、止めてルアーをじっくり見せると見破られるので、ノンストップのドッグウォークでルアーを見切らせないことが大事です。

房総のダム湖の場合は、岸際にキャストして沖に3mくらいドッグウォークさせたら回収します。

Q6 野良ネズミは、バスの目の前に通すイメージなのか、離れた位置にいるバスを引き寄せるイメージなのか？

大津　基本は岸際やカバーに潜むバスの目の前でドッグウォークして、リアクションで反応させるイメージです。特に房総のダム湖の岸際で、エビ、ゴリ、虫を食べるバスをねらうときは、バスの目の前を通すようにイメージしています。

離れた場所にいるバスを引き寄せるケースとしては、消波ブロック帯の上でドッグウォークして、下から引き寄せて食わせる、などです。また、ベイトフィッシュ食いのバスは、遠くから引き寄せてバイトさせるイメージで釣りをすることもあります。

どちらの場合も、水面に絡む枝や植物、浮きゴミなどを通したほうがバスもバイトしやすいです。

Q7 浮きゴミや、浮き竹の引き方（奥から通すか、手前でよいのか）は？

大津　できるだけ最奥に入れて、浮きゴミの上を乗り越えて、手前のオープンウォーターに出してからもドッグウォークさせます。それをやるためにPE2号を使ってます。

特にプレッシャーが高いダム湖では、ほかの人がキャストしない奥の奥に入れたほうがチャンスはあると思います。それができるのが野良ネズミ

浮きゴミや浮き竹などのカバーは一番奥まで入れてカバーの上を引く

です。

　手前だけとか、奥だけ探るならほかの釣り方（チョウチン釣法など）をしたほうがいいです。

Q8
ブッシュカバー、ヒシモ、ハスなど、巻かれるとやっかいな場所ではどうするのか？


大津　カバーが絡む場所も、PE2号の接近戦用のスピニングタックルで対応できます。カバーに巻かれる可能性がある場合は、フックをキロフックハイパー1番からインフィニの1番に変えます。

　僕が使うロッドのパワー表記はMLパワーでも、バットが強いので、フックを掛けて、ラインがPE2号であればまずバレることはないですね。カバーの奥で掛けたバスを手前に寄せるのはベイトタックルでも無理なことがあるので、自分から取りに行くようにしています。

　もちろん、PE5号のベイトタックルで使う野良ネズミマグナムなら、ほとんどのヘビーカバーを探ることができます。

Q9
野良ネズミと中空フロッグを比べたとき、浮き方の違いによるメリット・デメリットはどのようなものですか？

接近戦でオーバーハングエリアをチェックしていくと次々にロッドが曲がった

豊英湖のストマック調査

大津さんと言えばバスアングラーには珍しく、フライフィッシャーのように釣った魚の胃の内容物を調べるストマック調査の実践者としても知られる。東京水産大学（現・東京海洋大学）釣り研究同好会に籍を置き、会長を務めた経歴をもち、卒業論文のテーマは、並木さんから引き継いだ「精進湖におけるブラックバスの釣獲調査」。

この日も豊英湖で、野良ネズミで釣ったバスの胃袋の内容物を調査してみた。

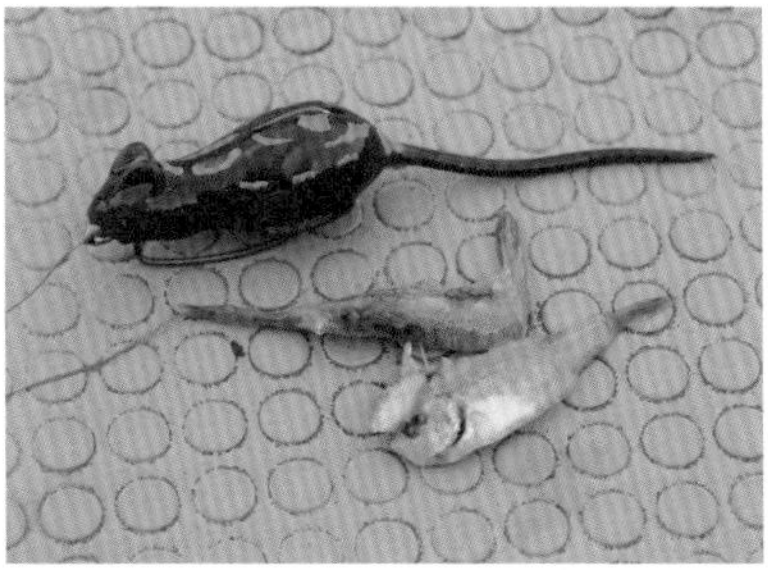

●エビとブルーギルと虫
「房総半島のダム湖では、エビと子ギルを同時に食っていることが普通にある。生き延びるためになんでもいいから浅いところにいる物を食う結果、エビ、ゴリ、虫食いになる」と大津さん

バスの稚魚か？　取材日の豊英湖は岸近くを流していると、バスの稚魚の大群がいくつも見えた。産卵が上手くいっているという事かもしれない

エビ。「房総のダム湖ではエビ食いしているバスが多い。取材日の豊英湖はシャローのボサがかぶっている場所にエビが生息していた。痩せたバスが多いことから、生き延びるために食えるなら何でも食うという姿勢が伝わる」と大津さん

5月上旬に冷え込みが数日続いたあとの豊英ダムは水温15〜16℃。バスのコンディションとしては完全とは言えなかったが、それでも野良ネズミのノンストップドッグウォークに果敢にバイトを繰り返した。梅雨時ともなればダッシュ力が増してますます面白くなる

大津　おおまかに説明すると、野良ネズミは水面より下に浮きます。中空フロッグは水面より上に浮きます。この差は大きいです。

バスは水ごとエサを吸い込む魚なので、水面より下に浮く物のほうが、吸う力が弱くても口内に入りやすいです。しかし、ルアー全体をバスに見られてしまいます。この点で、水面より上に浮く中空フロッグのほうが、バスから見えにくいので、バスを騙しやすいわけです。しかし、エビやゴリやカエルを食っているバスに、中空フロッグを吸い込ませるのは難しいです。だから、出るけど掛からないのです。

●野良ネズミ

水面下に浮くことのメリットは、エビやゴリを食う吸い込む力が弱いバスでも吸い込みやすいこと。デメリットは、バスからルアー全体が見られ

取材日は接近戦の日だった。産卵行動を終えたデカいメスがどこにいるのか、最後までわからなかった

るので見切られやすいことです。それを補うために、野良ネズミは高速ドッグウォークでルアーを動かし続けて、見切られないようにします。

●中空フロッグ

水面の上に浮くことのメリットは、ルアーの姿が水面であいまいになり見切られにくいことです。

デメリットは弱い力だと吸い込みにくいことです。それを補うために、中空フロッグはバスに「本気食い」させるアクションを演出したり、そもそも吸う力が強いベイトフィッシュ食いのバスをねらいます。ちなみに、野良ネズミはベイトフィッシュ食いのバスにも効きます。

Q10 野良ネズミをドッグウォーク中にチェイスが見えたらどうするのか？

大津　産卵後でバスのダッシュ力が弱い時期（4月、5月）はドッグウォークの途中で止めると、見に来たバスが食うことがあります。でも、季節が進んでバスが活発になりダッシュ力が回復すると、動きを止めると見切られるので、チェイスが見えてもそのままノンストップでドッグウォークを続けたほうがいいです。食うやつは食います！

Q11 カラーはどのように使い分けるのか？

大津　派手なカラーを使ってください。白系のハツカネズミカイ、オレンジ系のカヤネズミカイなどです。ドクネズミのように背中にピンクの派手な模様が入っているカラーもあります。

野良ネズミは水面下に浮いてドッグウォークさせるので、地味なカラーだとドッグウォークができているのかわかりません。ロッド操作とリーリングのコンビネーションでドッグウォークができるようになってほしいので、見やすい派手なカラーをおすすめします。

SOUTHER

Q12 野良ネズミを引くスピードをどう考えますか?

大津　単にスピードが速いか遅いかということではなく、野良ネズミの性能を引き出して、バイトさせるためには、短い移動距離のなかで、なるべく多く左右にターンさせる（ドッグウォークさせる）ことがコツです。

Q13 リトリーブの後半から、ピックアップするまでの心構えは?

大津　これは足もとでバイトすることへの対応ですね。房総のダム湖で、ボートで野良ネズミを使うときは、岸から3mくらい引いたら回収して次のキャストです。たとえば、利根川とか旧吉野川、バスがベイトフィッシュを食っている場所では、ルアーが手前まで来てバイトすることもあります。

オカッパリでは、足もとまでドッグウォークさせたほうがいいですね。

僕は仕事でよく大江川に行きますが、三面護岸のエリアもあるので、足もとまでドッグウォークさせます。ただし、足もとでバイトすると、バスも反転できない、人間も間合いが近すぎて、スッポ抜けることが多いです。できれば足もとではバイトしてほしくないです。

Q14 バイトの出方は?

大津　房総のダム湖では、エビやブルーギルや虫を食うバス（吸う力が弱い）が多いので、ドッグウォーク中に「モコッ！」と出る弱めのバイトが多いです。

産卵後のダッシュ力がない時期は、野良ネズミがスッと消える弱々しいバイトが多いです。特にオーバーハングの下で動かしているときは、地味なカラーだと弱いバイトがまったく見えないことがあります。

ただし、素材がエラストマーで食感がいいのと、バスは動き続ける物を離さないで食い込んでいく性質があるので、バイトに気づかなくても、ドッグウォークを続けていれば、バスが野良ネズミを離すことはほぼないです。やがて人間が気づいてフッキングできるので大丈夫です。ほかのフィールドでベイトフィッシュ食いのバスをねらう場合は、ドッグウォーク中に激しい出方をします。

Q15 アワセの方法。どの時点でアワセの動作をしてもよいと判断しますか?

大津　トップウォーターの釣りなので、バイトして即アワセはしないです。接近戦の場合は野良ネズミが消えて（バスの口内に入って）、バスが反転したら全力フッキングでアワせます。

遠投して遠くでバイトしたときは、巻きアワセです。バイトがあったら、リールで急いでイトフケを巻き取って、ラインが一直線になったときにロッドを曲げて、さらに巻いてアワせます。

Q16 カスタマイズやチューニングはしますか?

大津　チューニングではなく、

5月中旬の豊英ダムで、野良ネズミだけを使って、25～42cmを6尾キャッチ。チェイスやミスバイトもあった。5月末から梅雨にかけて野良ネズミの釣りが旬になるだろう

野良ネズミを再利用する方法があります。

野良ネズミ1匹で、バスを20尾くらい釣る耐久性があると思います。でも、尻尾が切れたりしてダメになる物もあります。ダメになった野良ネズミは、ラバーを差し込む虫チューンをして、虫系ルアーとして使えます。野良ネズミは、オフセットフックのおさまりがいい形状なので、虫化すると凄く使いやすいです。補修は火であぶって着けるか、瞬間接着剤を使います。

Q17

野良ネズミ＝ルアーを水面で泳がせるメソッドだとすると、野良ネズミがない場合、ほかのルアーは何を使いますか。同じねらいの釣りができるルアーは？

大津　房総のダム湖で、野良ネズミが効く時期と、水面ピクピク釣法が効く時期は、けっこう重なってます。スーパーリビングフィッシュ（浮くワーム）にマスバリをチョン掛けにして、水面でシェイクしながら引いてくる釣りをやるかもしれません。ただし、かなりスローな釣りになります。

そのほかスティックベイトをトゥイッチする釣りもありますが、野良ネズミのように高速のドッグウォークはできません。

やはり野良ネズミは中空フロッグをなんとかしようとして誕生したルアーなので、小型の中空フロッグが釣りとして近いかもしれないです。

Q18

野良ネズミの釣りで気をつけるべき点はなんですか？

大津　PEラインのスピニングタックルを使う釣りが流行ってますよね。PEラインとスピニングロッドの組み合わせは、ティップ（サオ先）を折りやすいので気をつけてください。

魚をランディングして、焦っているときに、サオ先にPEラインが絡んでいて、気づかないうちに、負荷がかかって折れることが多いです。

ほかにも、サオ先にPEラインが絡んでしまっていることに気づかず、リールで巻き込んで折ってしまうことも多いです。

野良ネズミを操作するスピニングロッドは、いわゆるパワーフィネス系のスピニングロッドよりも、軟らかいロッドを使うので特に注意が必要です。とにかくロッドにPEラインが絡んでないか、常にチェックしてください。

サンデーアングラー必読!

濁りとキャロの関係を考える

「いい濁りが入ってます!! こういうときはカバーですね!」

そんな投稿をSNSで見かけても、自分が釣りに行けるのは次の週末。

濁りはだんだん消えてわかりやすいセオリーも威力半減。

「濁りの抜けはじめ」の準備、ちゃんとできてますか?

神奈川県 津久井湖

Shunsuke Kanai 金井俊介×キャロライナリグ

金井俊介
(かない・しゅんすけ)

1980年東京都生まれ。津久井湖や相模湖をホームとするアングラーで、NBCチャプターでの入賞・優勝多数。現在はチャプター東京の会長を務めている。ガイド業も営んでおり、津久井湖では業者のみに許可されているエンジン船(アルミ or バスボート)でノウハウを学ぶことができる

津久井湖は夏に水位を下げ、冬に満水になるのが基本路線。したがってハイシーズン中はバンク沿いのカバーがそれほど多くない。濁った直後は「インレット+浮きゴミ+カバー」の絡むスポットを探す

相模湖から流れ出る水を津久井湖へ落としている「沼本ダム」。大雨のあとなどはここから大量の濁り水や流木が入ってくる

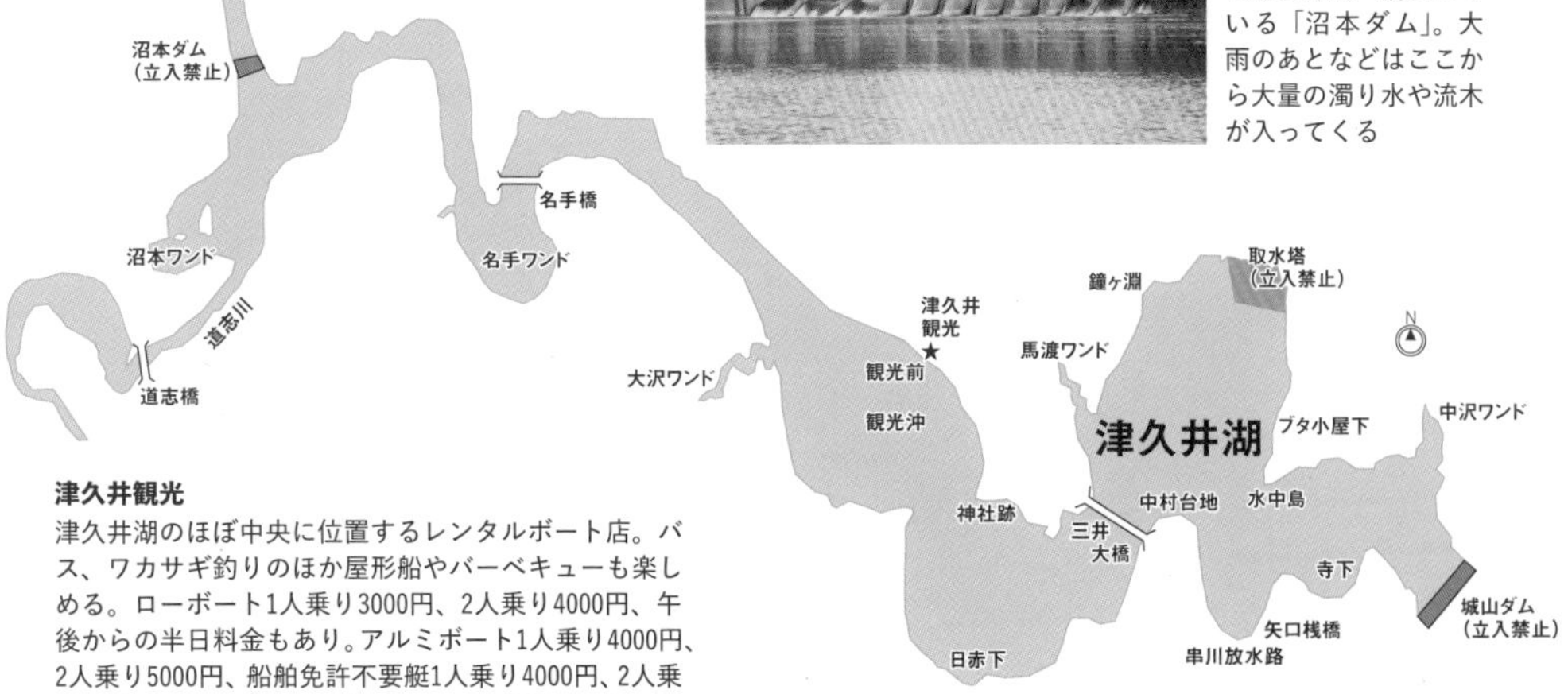

沼本ダム
(立入禁止)
名手橋
沼本ワンド
名手ワンド
道志川
道志橋
大沢ワンド
津久井
観光
観光前
観光沖
鐘ヶ淵
取水塔
(立入禁止)
馬渡ワンド
N
津久井湖
ブタ小屋下
中沢ワンド
神社跡
三井
大橋
中村台地
水中島
寺下
城山ダム
(立入禁止)
矢口桟橋
串川放水路
日赤下

津久井観光

津久井湖のほぼ中央に位置するレンタルボート店。バス、ワカサギ釣りのほか屋形船やバーベキューも楽しめる。ローボート1人乗り3000円、2人乗り4000円、午後からの半日料金もあり。アルミボート1人乗り4000円、2人乗り5000円、船舶免許不要艇1人乗り4000円、2人乗り5000円。レンタルフットコンエレキ4000円、レンタルバッテリー 1000円。

■神奈川県相模原市緑区三井58-1　■定休　木曜日
■TEL：042-784-1741　■http://tsukuikankou.com

「濁り＝カバー」は正しいが……？

　津久井湖は神奈川県相模原市に位置するダム湖である。昭和40年に完成し、高度成長期から現在に至るまで首都圏の水源のひとつになってきた。

　バスの釣り場としても歴史は長い。近年は圏央道が整備されたことで都内だけでなく埼玉や神奈川南部からも足を運びやすくなった。

　また、〝難攻不落のタフレイク〟といったイメージが先行しがちだが、意外にバスの個体数は多い。冬になれば良型のワカサギが釣れるし、アユやハスなどベイトフィッシュの種類も多い。非常に豊潤なフィールドなのだ。

　そんな津久井湖の中央に位置するボート店「津久井観光」のスタッフであり、プロガイドとしても活動しているのが金井俊介さんだ。文字どおり一年を通じてこのフィールドを観察しているので、湖のクセや特性を十二分に把握している。

金井「津久井湖のすぐ上流に相模湖がありますよね。似たようなロケーションに思われるかもしれませんが、違う点もたくさんあります。特に感じるのは〝濁り〟が入ったときのパターンの継続性。たとえば相模湖は、大雨が降った直後は濁りの恩恵があるけれ

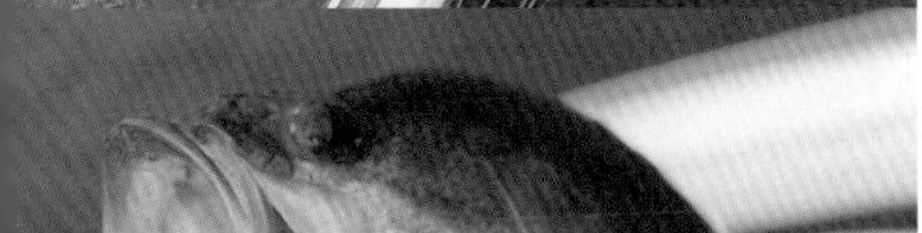

開始1分、ファーストキャストでまさかのヒット。ドライブビーバー 3inは小粒でバイトを出しやすい

湖水を循環させ、アオコの発生を抑制するためのエアレーション（曝気装置）が津久井湖には何ヵ所か設置されている。「通常はカレントを発生させるのでエアレーションの当たる岩盤が釣れたりもするんですが、台風直撃などの際はいったん停止したあと、中層の濁った冷たい水を巻き上げてしまうのでマイナス要因になることも」

ど、長続きしないんですよ。それに比べて津久井湖は〝濁り〟の影響が長く続く。バスも〝濁り〟を考慮に入れたパターンで釣れ続くことが多いんです」と金井さん。

津久井湖は上流に道志川というバックウォーターがあるが、そこからの流入に加え、相模湖からの水が落ちてくる「沼本ダム」からもかなりの水が入ってくる。ここと最下流の「城山ダム」の2ヵ所のダムに挟まれた構造になっているわけだ。

そのため人為的に水位が操作されることが多く、増減水も激しい。2018年の5月には、大減水した状態から2日間でおよそ11mもの水位上昇があった。

「いちばん強烈に濁るのは、台風などに備えて計画減水で水位を下げたあと、大雨が降って相模湖からの濁った水が落ちてきたタイミングです。ルアーを水中に入れて10〜15cmくらいで見えなくなるほど濁ったら、カバー撃ち一択ですね」

濁りは徐々に沈殿していくので、バンク沿いのシャローカバーほど先に水がよくなっていく。そこにきれいな水のインレットや、浮きゴミが絡んでいたらなおさら好条件。

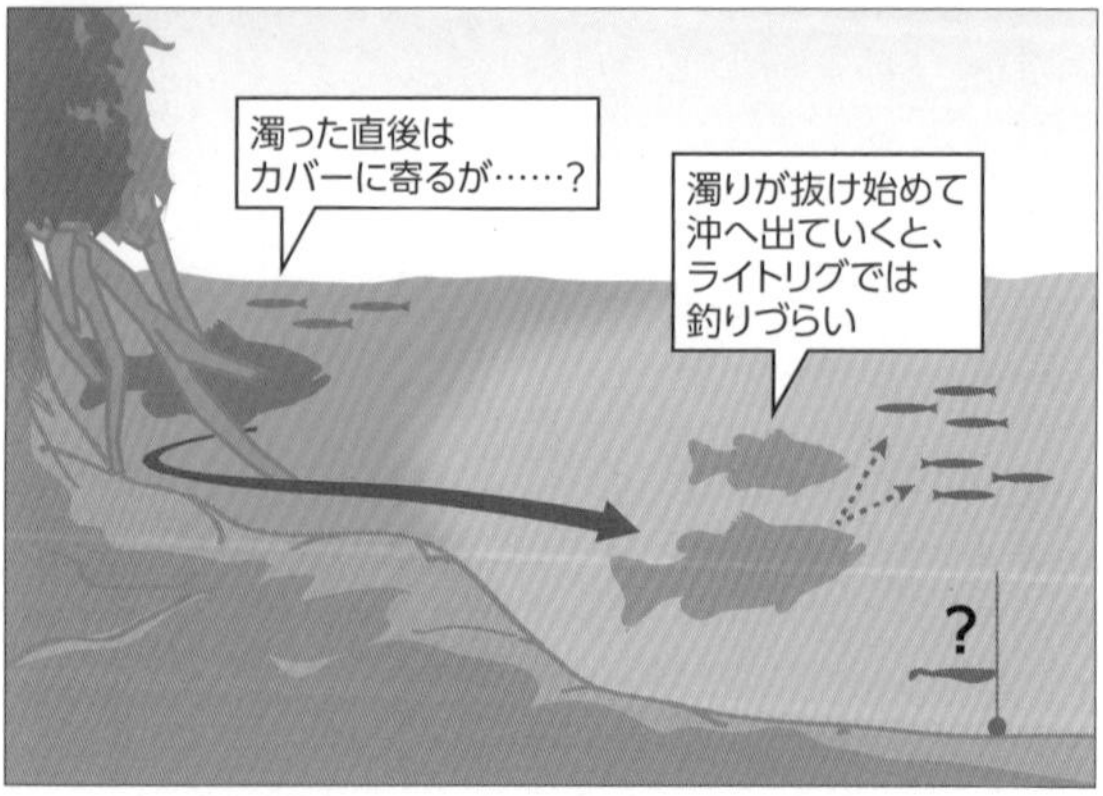
濁った直後は
カバーに寄るが……?
濁りが抜け始めて
沖へ出ていくと、
ライトリグでは
釣りづらい
?

ロッドは長めのものがキャロに適している。目安は6ft8in～7ft程度。ロングキャストして離れた距離でフッキングすることも多いので、短いとアワセのストロークが足りなくなる。「ミディアムヘビーくらいの先調子で、バットパワーが強いもの。なおかつ感度がいいタイプが向いています」

キャロを引くストロークの長さは、ボトムの状態によりけり。特段大きな変化がなければ引けるところまで引く。スタンプなど障害物を感じたら、ロッドをあおったりせず、丁寧にほぐすようにクリアしていく

バスだけでなく、ベイトフィッシュも濁った水より平常時に近いきれいな水に集まってくる。

とはいえ、「濁ったらカバー」というセオリーが、そういつまでも続くわけではない。湖全体の水質が回復するにつれ、ベイトフィッシュもバスも、シャローカバーに依存する必要性が薄くなるからだ。

「透明度が50～60㎝だと、津久井湖ではまだかなり濁った状態に見えますが、魚探を見ているとベイトフィッシュは意外と沖の水深4～5ｍに集まっていたりするんです。ところが、そういうスポットでダウンショットなど定番のライトリグを投げてもバイトが出ないことがあります。シャローでも沖でも釣れず、八方塞がりになってしまう。そんなときに効くのがキャロなんです」

なぜ「キャロ」を選ぶのか……？

カバー撃ちやライトリグなど「普通の釣り」に比べて、キャロライナリグは好みの分かれるタイプの釣りではないだろうか。少なくとも津久井湖のようなリザーバーでは、ボートにキャロのタックルを積む人のほうが少ないだろう。

ところが今回の取材時に金井さんが持ち込んだタックル8本のうち、実に4本がキャロライナリグ用だった。あらかじめ「キャロを取材させてください」と頼んだわけではなく、これがいつものスタイル。「キャロマニアですからね（笑）」と言う金井さんに、まずはこのリグの長所を挙げてもらった。

①効率がいい。ズル引きで広範囲にサーチしつつ、変化を見つけたらスローにも誘える

②ワームのナチュラルな動きを阻害せずに太めのラインが使えるので、オダやスタンプ周りでも安心

③横の動きが出しやすい。ベイトフィッシュを意識しているバスに効果的

④ボリュームのあるワームをセットしても使いやすい

今回のテーマである「濁り」に関連して、注目してほしいのは④である。

一般的なスピニングのダウンショットリグでは2～3inのワームを合わせることが多いが、「濁りの抜け始め」というタイミングにおいては、それでは単純にアピール不足になりがちだと金井さんは言うのだ。

「隣のアングラーがダウンショットでバイトすらないのに、キャロを投げているこっちの

この日のアタリはドライブビーバー 3inだった。金井さんは発売直後のこのワームを使って前月のトーナメントでも優勝している

船だけ釣れる、といった経験を何度もしています。ライトリグでは弱すぎて、ディープクランクでは強すぎる。4in前後のワームを使ったキャロはその中ぐらいの存在感で、ほどよくバスにアピールできるんだと思います」

同じサイズのワームを使ったヘビダンやネコリグ、フットボールジグなどでも、もちろん似たような効果はあるだろう。ただし前ページの①～③を同時にカバーできるわけではないから、当たり前の話だが、キャロの代役を果たしてくれるリグはほかに存在しないのだ。

キャロの威力とデメリットは……？

ここからは実際のフィールドで金井さんがどのようにキャロを活用しているのか、見ていこう。

レンタルボートの朝の業務を終えた8時にスロースタート。モーニングバイトは期待薄かと思われたが、なんと1投目からバイトが出た。場所はボート店の真正面、通称「観光前」のフラットだ。

「ここは春の大減水の間に生えた草木がそのあとの増水で沈んで、しばらくウイードエリアのような状態になっていました。今はもうずいぶん枯れてしまったので当初ほどのパワーはないですけどね。これからも、台風後などで水が増えると、冠水した植物にはバスがすぐに入ってきます」

フラットの沖側にはメインチャンネルが通っており、年間を通じて魚影が多いエリアだという。水深2m前後に沈んでいるオダの周囲をねらっているので、シンカーは4.6gを使った。さらに深くなれば14g、逆にバンク寄りの浅いフラットを探るならスピニングで2.6g程度のライトキャロに変える。

同じスポットで、15分もせずに2尾目が反応。記者がバックシートから見ていてもわかるほど明確にラインが走った。

「バイトの出方は独特で、激しくひったくっていくことも

濁った直後は……「カバー撃ち」

ゼロワンジグ7g+ドライブクロー3in

アピール重視のセッティング

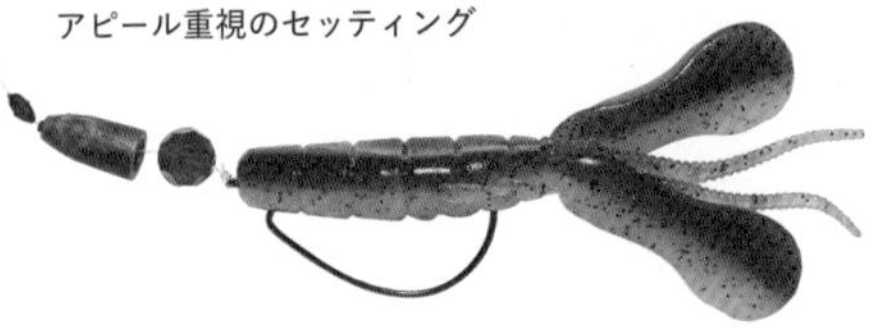

ドライブビーバー 3.5in+ワーム322#1/0

（7gテキサスリグ）アピール重視のセッティング

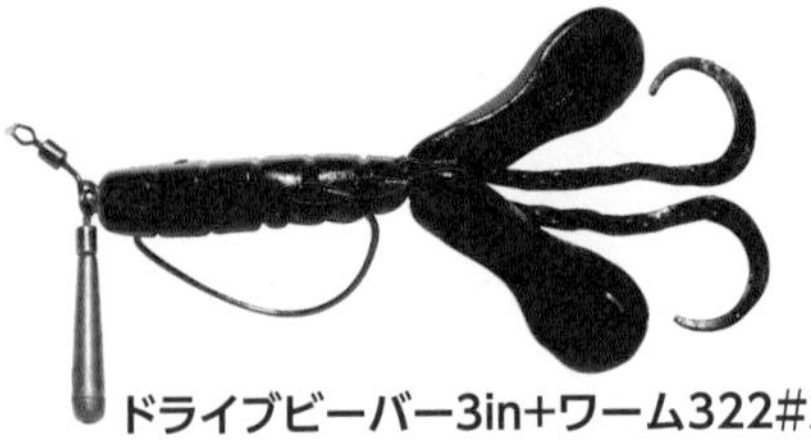

ドライブビーバー3in+ワーム322#2

（2.7gリーダーレスダウンショット）
ワーム本来のアクションを活かしやすいのがコレ

ハイピッチャー MAX1/2oz

カバー「撃ち」ではないが、濁ったシャローで実績大

濁りが抜けてきたら……「キャロライナリグ」

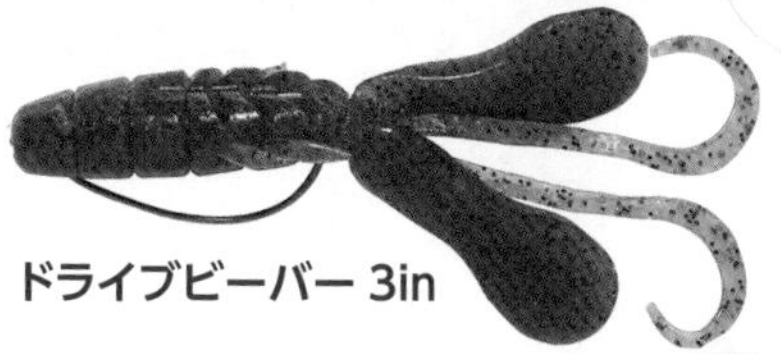

ドライブビーバー 3in

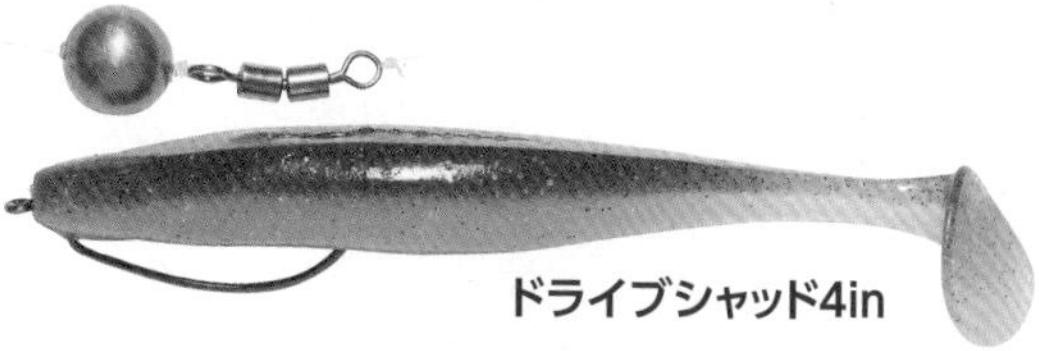

ドライブシャッド4in

ドライブビーバー 3.5in

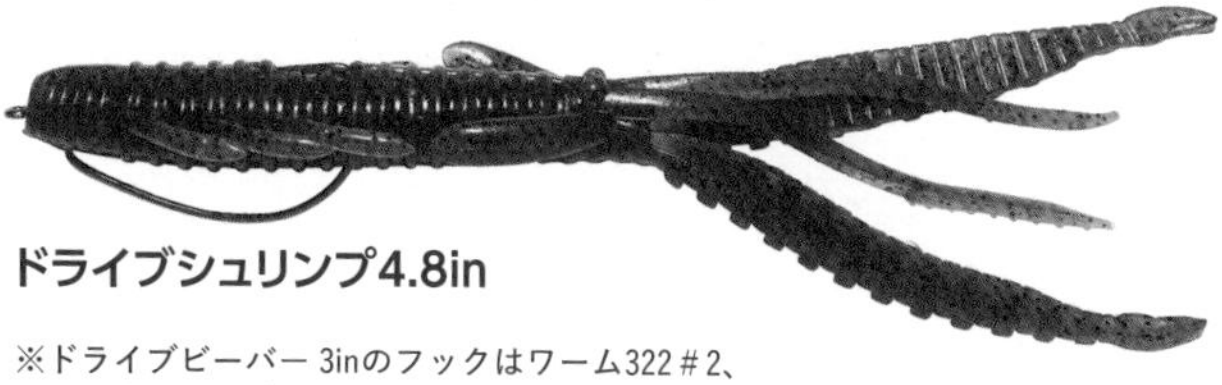

ドライブシュリンプ4.8in

※ドライブビーバー 3inのフックはワーム322＃2、ほかはすべて＃1/0

バスがベイトフィッシュを追っていればドライブシャッド4inをメインにすることが多い。「このサイズが出る前は4.5inを使っていました。45cm以上を選びやすい反面、アベレージサイズは混じりにくい。3.5inだと30cm台ばかりになる。4inなら40～50cm級をターゲットにできる感覚があります」。ドライブビーバーでバイトがあるのに乗らないようなときは、全長こそ大きくなるがアクションが控えめなドライブシュリンプに変えてみる

HPシャッドテール2.5in+ワーム321#6
HPシャッドテール3.1in+ワーム322#1

※以上、ワームはO.S.P、フックはがまかつ

浅いレンジではスピニングでライトキャロも使う。「その年のワカサギの生育状況によって、HPシャッドテールは微妙に効くサイズが変わります。11～12cmの良型が多ければ3.1inのほうが反応がいい。ダウンショットでも同じです」。リーダーにはトルネード鮎水中糸0.6号（サンライン）を使用

シンカーはおもに丸型（タングステンラウンドショット）を使用。金井さんが津久井湖で使うのは重くても14ｇまで。「リーダーはメインラインと同じものを使って、50～60cmほど取っています」

あれば、『コツッ』と小さくアタッてのそーっと重くなったり。いずれの場合もしっかり送り込んで、体勢を整えてからしっかりアワせないとスッポ抜けます」

　このあともバイトが続いて、小一時間で3尾をキャッチ。ワームはいずれもドライブビーバー3inだった。

「ルアーサイズを落とすとサイズが選びづらくなりますね(笑)。ローテーションの軸になるのはドライブシャッド4inです。エビ系を意識しているとドライブビーバーが効きやすいこともあるので、どちらも試します」

　この日はベイトフィッシュ(ワカサギ)のレンジが10mより深く、バスのポジションとリンクしていないようす。ドライブシャッドには反応せず、ビーバーにバイトが集中した。

　このあとは通称「4番」や

Kanai's Tackle

[ドライブシャッド4in用]
ロッド：フェンウィック・エイシスACES68CMHJ（ティムコ）
リール：T 3 1016SHL-TW（ダイワ）
ライン：シューター・FCスナイパー 12Lb（サンライン）

[ドライブビーバー 3.5in・ドライブシュリンプ4.8in用]
ロッド：フェンウィック・ゴールデンウイングGW610CMHP＋J（ティムコ）
リール：メタニウムmg7（シマノ）
ライン：シューター・FCスナイパー 12Lb（サンライン）

[ドライブビーバー 3in用]
ロッド：フェンウィック・エイシスACES70CLP+J（ティムコ）
リール：アルデバランBFS XG（シマノ）
ライン：シューター 7Lb（サンライン）

[HPシャッドテール2.5・同3.1in用]
ロッド：フェンウィック・エイシスACES70SLP+J（ティムコ）
リール：ルビアス2506（ダイワ）
ライン：シューター 3Lb（サンライン）
リーダー：トルネード鮎水中糸0.6号（サンライン）

神社跡、名手橋周辺をチェックして沼本ワンドまで遡上。使うのはフラットだけでなく、岩盤や岬にキャストしてダウンヒルで探る場面もあった。レイダウンや立ち木のように根掛かりが激しいスポット以外なら、シャローからディープまでカバーできて対応範囲の広いリグであることがわかった。

「丸型のシンカーを使えば岩の割れ目などにもスタックしづらい。ボトムの感知力も高いリグなので、『こっちのコースだけ起伏があるな』と把握してからダウンショットに切り替える、みたいな使い方も有効です」

デメリットもある。特に重めのシンカーを使う場合は、ボトムにゴリゴリと強く接触するのでプレッシャーを掛けやすい。ピンスポットや大場所では何度もリグを通さないように意識することも大事だ。トーナメントではあえてほかのリグを投げて場を休ませたり、あえて本命のコースを外して捨てキャストを混ぜたりもしているという。

「濁りがどんどん抜けてクリアアップしていくにつれ、ダウンショットのほうが効くようになります。……が、やっぱり僕はキャロで釣りたいと思ってしまう。〝ゴゴゴッ！〟というこのリグ特有のバイトがやみつきになるんです。ガイドのお客さんには『釣れなくてもいいからキャロをやりたい』と言う人がいるくらい（笑）。ラインを3回結ばないといけないし、セットするのが少し面倒ですけど、ハマるとそれくらい楽しい釣りです」

この日、4尾目のバイトは本湖の「中村台地」にて。沖にあるブレイクショルダー付近の水深4～5mで、スタンプに絡めて丁寧に引いているとバイトが出た

Kazuhito Habu

羽生和人
千葉県×戸面原湖
虫ルアー

羽生和人
（はぶ・かずひと）

1982年生まれ。東京都出身、在住。房総リザーバーをホームに、厳寒期を含むオールシーズン安定した釣果を叩き出す。虫ルアーやネコリグを用いたパワーフィネス、ディープレンジのダウンショット、夏場のフィーディングフィッシュ、そしてサイトフィッシングなど、房総リザーバーで好釣果を上げるための釣りを幅広く高次元にこなす。

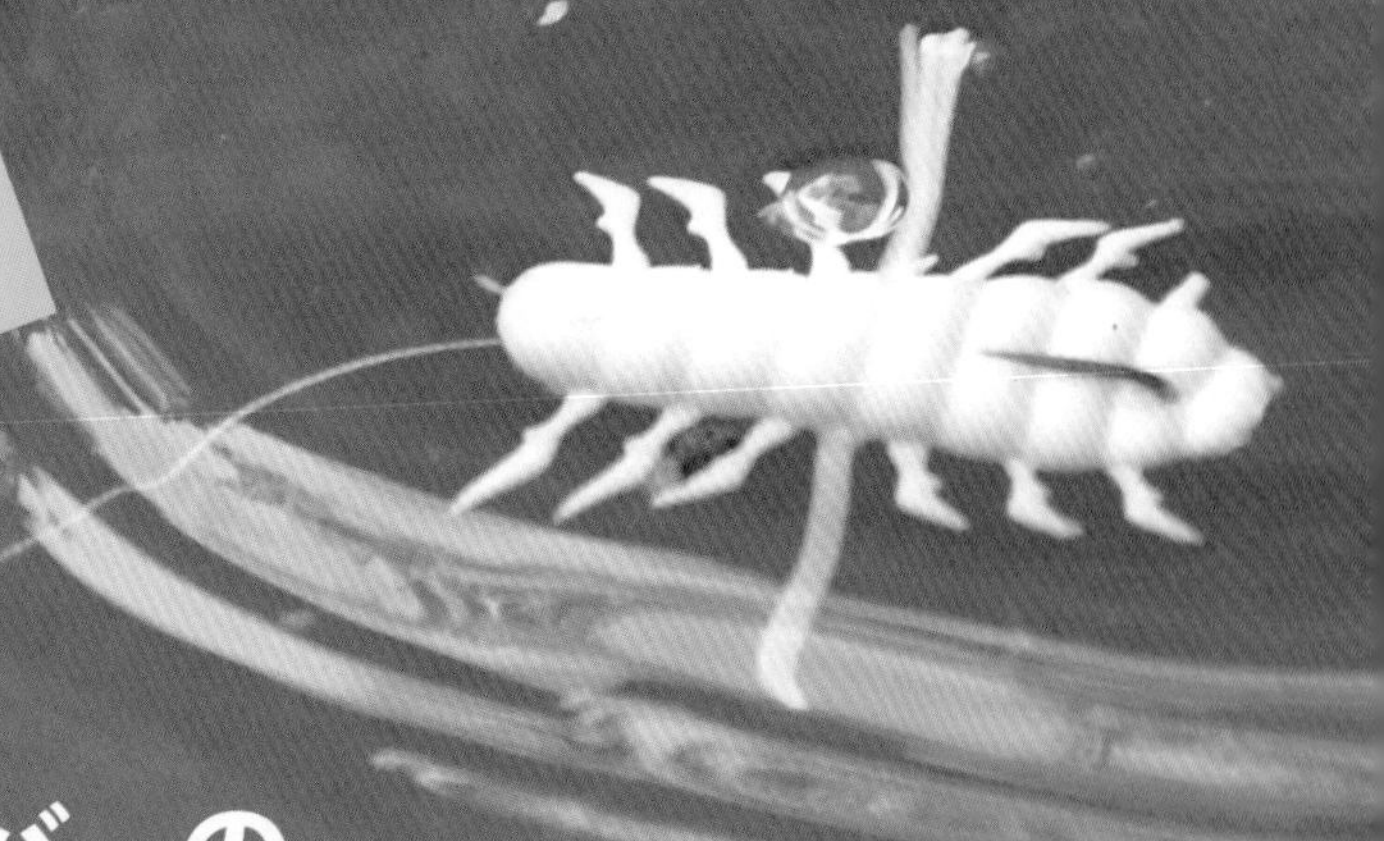

わずか1.2inのボディーサイズながら、ドッグウォークで強く水を動かすブーン。カエルとバス密度の濃い房総リザーバーなら、食わせに長けたサーチベイトとして機能する

高水温期だけじゃない！
房総リザーバーのサーチベイトは虫ルアーがマッチ

房総リザーバーの凄腕として知られる羽生和人さんにとって、欠かすことができないサーチベイトとして重宝しているのが虫ルアーだ。ハイスコアを叩き出す源とも言えるテクニックを解説してもらった。

戸面原ボートセンター
戸面原湖唯一のレンタルボート店。もともとはヘラブナファンのみへのレンタルだったが、2017年にバスアングラーへのレンタルを解禁した。12ftローボートのみでふたり乗りは禁止。１日3000円。バスは25艇がボートの上限なので、事前予約がオススメ。

■千葉県富津市豊岡2874-1　■木曜定休
■Tel：0439-68-1587　■http://www17.plala.or.jp/tozurahara/

房総リザーバーにはアカガエルだけでなく、小型のアマガエルなども数多く生息。これらがバスの重要なベイトになっているという

photograph by Kousuke Nakanishi

房総リザーバーの環境が虫にマッチ

エンジンのプロスタッフとしてロッドやルアーの開発を行なっている羽生和人さんは、小森嗣彦さんを師とし、長年亀山湖を中心とした房総リザーバー群で腕を磨いてきたスーパーロコアングラーだ。

そんな羽生さんはエンジンのYouTube 公式チャンネルにて『房総コア』というコーナーを担当している。その動画の中で頻出するのが虫ルアーの釣りだ。しかも、高水温期のルアーのイメージが強い虫ルアーを、早春や初冬といった水温が10℃を切るような季節にも使い、結果を出している。

さらにその使い方にも注目したい。リザーバーにおける虫ルアーは、サイトフィッシングやチョウチンなど、バスが見えている状況や「ここぞ」というピンスポットで使われることが多いのに対して羽生さんは、まるで巻きモノを使っているときのようなエレキのスピードでボートを流し、次々と岩盤際やカバーに『ブーン』をキャストしていく。そしてストライクゾーン内を高速ドッグウォークさせて回収し、また次のキャスト。使い方が完全にサーチベイトのそれなのである。

羽生「房総のリザーバーはカエルが非常に多いのが特徴です。早春のアカガエルパターンが有名ですが、春に限らず夏も、そして初冬までカエルの鳴き声が聞こえます。特に亀山湖、三島湖、戸面原湖はそうですね。

ブーンでイミテートするベイトは、房総においては基本カエルなんですよ。カエル＝フロッグのイメージがあると思いますが、大型のアカガエル以外にも、サイズの小さいアマガエルやモリアオガエルもたくさんいるので、ブーンのサイズでしっかりマッチザベイトになります。

房総のバスがこれらのカエルを常食しているのは間違いありません。捕食されるシーンも見たことがありますし、何よりローライトコンディションなどで多くのカエルが鳴いている日は、水面のルアーへの反応が極端によくなりますからね」

1.2inボディーが放つアピール力

ブーンのボディーサイズは1.2in（約30㎜）。これをサーチベイトとして使うにあたって気になるのは、「いくら小型ガエルのマッチザベイトとはいえ、アピール力不足ではないか？」ということ。しかし、このブーンにはサイズ感以上のアピール力が備わっている。

まずはフロントカップに注目。ここが水を受ける（＝押す）ことで移動距離が抑えられ、短いストライクゾーン内で何度もドッグウォークさせることが可能になる。ボディーが水の上を滑らず、水を孕みながら動かす感覚だ。もちろん、強めのアクションを加

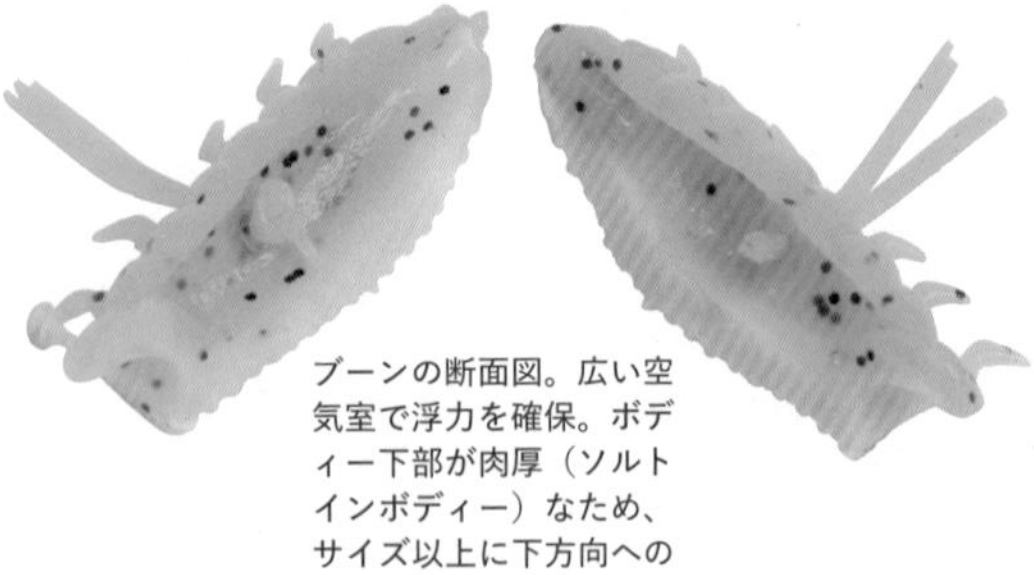

ブーンの断面図。広い空気室で浮力を確保。ボディー下部が肉厚（ソルトインボディー）なため、サイズ以上に下方向への水押しが強い

カエルの楽園を求めてバックウォーターを上る。次第に「ゲコゲコ」とせわしないない音が聞こえてきた

ブーンでねらうのは浮き草、岩盤やインレット、ブッシュカバー、オーバーハングなどのあらゆるカバー。パワーのあるPEラインとスナッグレス性能の高いワームの組み合わせなら、ほとんどのスポットを臆せず撃てる

カバーの最奥で枝越しにバスが掛かっても、無理に抜き上げようとはしない。ラインテンションを緩めないように注意しながらボートでカバーに近づき、ハンドランディングする

えればポップ音や飛沫を上げることもできる。

また、広い空気室で浮力がしっかりと確保されていながら、ボディー下部は肉厚なソルトイン構造で、薄い浮きゴミ程度であればしっかりと下方向に水を押しながらゴミをかき分けて引いてくることができる。

羽生「下は3mレンジ、横は半径1.5mの範囲までのバスに気付かせて、食わすことができる感覚です。また、そもそも房総リザーバーは魚が多く、しかもカエルや虫、ミミズも多いことから上方向を意識しているバスが多いので、ブーンの存在にバスが気付きやすい状況が整っているのです」

時期とエリア

虫ルアーが有効な時期はいつか。そしてどんなエリアで虫ルアーがオススメか聞いた。

羽生「さっきまではカエルの話をしていましたが、名前と見た目からして、もちろん虫ワームとしても使えます（笑）。

なので、有効な時期はカエルと虫がいる期間。そうなると、房総リザーバーの場合、厳寒期を除いた3〜12月はイケます。その期間はずっとカエル的に使えて、虫は5〜9月が盛期ですね。

エリアに関しては、まずバスのシーズナルな動きを優先して考え、それにエサが絡む

戸面原湖の最上流部。カエルが鳴く楽園で食ってきた40cmクラス

ようなところがいいですね。

たとえば今回の取材のタイミングである夏場はもちろん、秋口でも水温はまだまだ高いので必然的にバックウォーターにあたる上流が強い。しかもそのようなエリアには虫もカエルも多いのでなおさら期待値が上がります。

上流以外では、インレットが絡む岩盤やブッシュ。そして外敵から身を守るシェルターであり、シェードを形成する浮きゴミなどですね。これらの要素が複合しているところほど一級スポットになり得ます」

3種のアクション

羽生さんはブーンを使う際、3つのアクションを状況によって使い分ける。

①ドッグウォーク
プアな岩盤やブッシュなど

サイドキャストが基本。ダブルハンドで素早くロッドを振る。スキッピングをする際も、ルアーが勢い余って岩盤に激突するくらいの勢いでいい（それが捕食のスイッチにもなる）

チョウチンは一点で誘えるだけでなく、厚みのあるマットを連打することで突き破れるというメリットもある

ロッドを構えている位置が異なるが、実はどちらもルアーアクションはドッグウォーク。右が通常の位置。左はラインによる水切りを避けるためのロッドポジション

を流しながら素早くサーチするとき。また、虫ではなくカエルをイミテートするときもドッグウォークを多用する。見切らせないために止めることはしない。

キャストは両手でロッドを持ち、素早くかつ力強く振り抜くサイドハンドキャスト。鋭い弾道でカバー最奥や岩盤際を攻め、スキッピングも多用する。

ロッドを下に構え、ラインスラックを弾くように小刻みに動かせば、簡単に首を左右に振ってくれる。

②シェイク

1点でモジモジさせるシェイクではなく、ロッドを上方向に構えて、リーリングしながら引いてくるアクション。ロッドを上方向に構えているためラインは水面から浮いた状態になるが、この状態でも

羽生さんの使用タックル

［チョウチン用］
ロッド：スペルバウンドコアSCS-66-1/2ML-ST
リール：ツインパワー 2500HGS
ライン：PE1.5号

［ドッグウォーク用］
ロッド：スペルバウンドコア・プロトタイプ
リール：ロキサーニ2500SH
ライン：PE1号

［デカブーン用］
ロッド：スペルバウンドコアSCC-63-1/2XH-ST
リール：スティーズA TW1016XHL
ライン：PE3号

Tackle

スピニング、ベイトロッドを問わずラインはPEがマスト。リーダーは組まずに直結する。ブーン用のタックルは２セット用意し、チョウチン用（ロッド硬め、ライン太め）とドッグウォーク用（ロッド軟らかめ、ライン細め）を使い分ける。

羽生「光の届かないオーバーハングやカバーの下で操作することが多い釣りなので、ラインは視認性の高いカラーを好んで使います。ルアーのカラーに関しては、意識するベイトによっても変わってきます。カエルは腹が白いのでホワイト系。虫ならグリパン系を多用します」

❶

❷

❸

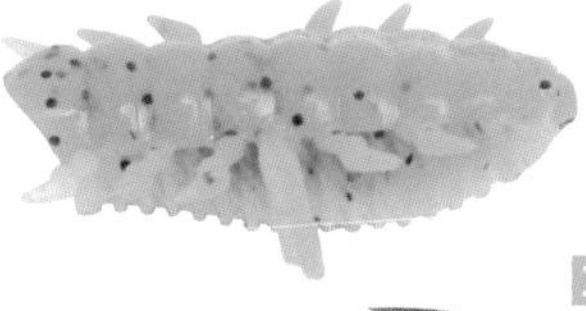

Hook

ブーンはボディー幅が広い。フックとボディーのクリアランスを取るためかなりゲイプが広いネコリグオフセット＃１を使用

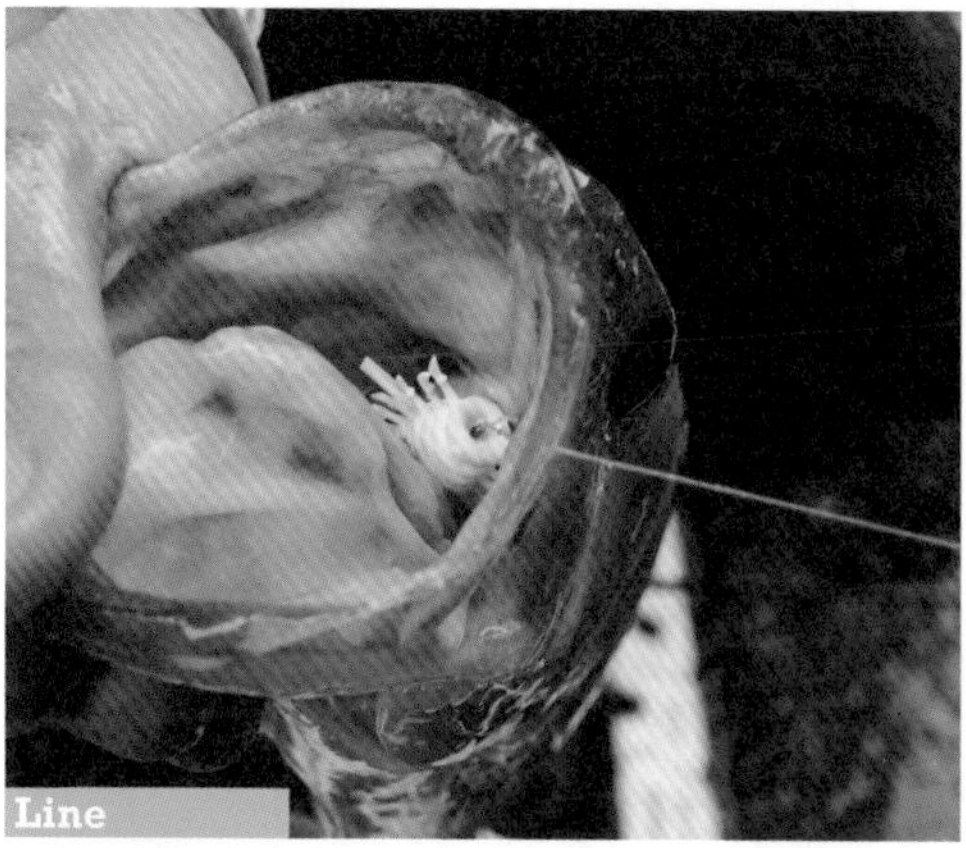

Line

ラインの敵はカバーだけではない。吸い込まれやすいルアーゆえ、このようにバスの歯がラインに擦れる状態にもなりやすい。バスのサイズに関わらず、最低でも１号以上のPEラインで臨みたい

ブーン3兄弟

❶ブーン
食わせ力とサーチ力を兼ね備えた虫ルアー。3〜12月であれば、羽生さんはこのルアーからキャストをはじめることが多い

❷ブーンチン
沈むタイプの虫ルアー。ブーンよりも自重があるため、枝などにラインが干渉したチョウチン状態でも水面までルアーを落としやすい

❸デカブーン
その名のとおり、ブーンの大型版。より大型のカエルを演じたいとき、アピール力を上げて深いレンジからバスを引っ張りたいときに使用

一点シェイクでじっくり粘る釣りというイメージもある虫ルアーの釣りだが、羽生さんは非常にテンポよくスピーディーに探っていき、次々にナイスフィッシュを水面に導き、気持ちよくロッドを曲げていく

オーバーハングの奥から流れ込むインレットの最奥にキャストを決めてキャッチ。食わせ能力が高いルアーなので、ここぞというところに最高のアプローチが決まれば高確率で答えが返ってくる

ブーンは左右に首を振る。

羽生「同じドッグウォークのアクションなのに、なぜロッドの構えを上にするのか。それはPEラインによる水切りを発生させたくないからです。〝野良ネズミ〟などの流行もあって、ここ最近はラインの水切りを嫌っている感覚があります。ブーンは喫水が深く低重心なので、ロッドを下に構えなくてもドッグウォークさせることができるんです」

また、通称「アオヤロウ」などの浮きゴミの上を引く際もこのロッドワークを使う。浮きゴミが絡むとドッグウォークから首を上下に振る縦方向のアクションに切り替わり、下方向にしっかりと水を押すことでマットカバーに潜むバスにもアピールできる。

③チョウチン

チョウチンは「ここにはいるだろう」という期待値の高いカバーやスポットで、ドッグウォークに反応がなかったときに試す。また、バスがカエルではなく虫を明確に意識

結局この日は午前中でふた桁釣果の大漁。房総リザーバーにおけるブーンのカエルパターンの威力を見せつけられた

羽生さんのチョウチンテクニックはBasserオフィシャルウェブサイト「siteB」にて！

チョウチンテクニックについてsiteBにて詳しく紹介。siteB担当記者のアライが羽生先生にチョウチンの極意を教わっているほか動画も交えているのでアクションの入れ方やバイトの出方、アワセのタイミングなども分かりやすい。

タックル編　実践編

しているときもチョウチンのほうに反応がよくなる。

羽生「厚めのアオヤロウの上で誘うときも、なるべくチョウチンを使います。横方向に引くだけではルアーが上を滑るだけになってしまうマットも、チョウチンで叩き続ければ突き破って誘うことができるからです。ブーン（浮く虫）でもできますが、この釣りに関しては、より自重がある『ブーンチン』のほうがやりやすいですね」

今回実釣取材を行なったのは千葉県の戸面原湖。比較的反応を得やすいフィールドとされるが、バスアングラーへの解禁直後から比べると、釣果は落ち着いてきたように思われる。

そんななか、羽生さんはブーンオンリーで昼前にツ抜け（10尾以上）を達成。すべてブラインドのドッグウォーク＆チョウチンで、サイトフィッシングは一切していない。

夏が終わっても、虫ルアーでサーチするこの釣りはまだまだ楽しめる。PEラインを巻いたスピニングタックルを手に、房総リザーバーに繰り出してみよう。

水を押すハネ 水を切るペラ

川島勉の遊び心と絵空事

川島勉 Tsutomu Kawashima

千葉県×三島湖

クローラー&プロップ

川島勉
（かわしま・つとむ）

1969年生まれ、千葉県在住。房総リザーバーを代表するロコアングラーのひとり。カワシマイキーやシザーコーム、ガンタレルなどルアー作りにも才能を発揮。最近はH-1グランプリにも参戦し、アマチュアたちの目の上のたんこぶとして大暴れ中。

重くて強い「ポンパドール」のハネ

ここ10年ほどの間にすっかり市民権を獲得した「ハネモノ系」ルアー。かつては遊び要素の強いアイテムとみなされることも多かったが、今ではプロトーナメントで戦略の一端を担うことも珍しくない。

ボリュームのあるボディーに金属パーツというキャッチーなルックスに加え、巻くだけで容易に「釣れそうな動き」が出せるのも人気の理由だろう。

そんなハネモノ系のなかで、

ハネ

発売以来安定した人気を誇るのが「ポンパドール」シリーズ。川島勉さんの力作だ。

「ハネモノにはいろんなタイプがありますけど、ポンパドールを作る際に意図したのは『水押しの強さ』。肝心なのはボディーサイズよりも『ハネ』。ステンレス製の重たいハネがしっかりと水を叩くようになってます」

　オリジナルサイズのほかに「ジュニア」「マイクロ」の合計3種類がラインナップされていて、少しずつ味付けが違う。ブン投げて、ポコポコ音を立てながらテンポよく探るならオリジナル。

「バスが表層付近にいるならどこで使ってもOKなんですけど、まずは水深1～2mの浅い場所で巻いてみてください。ボトムに沈みモノがあって、オイカワなんかが追われていたら最高。ピンスポットをねらうより、遠くに投げて、できるだけ長い距離を引くのがポンパドールの基本です」

　ひとまわり小さいポンパドールJr.は、よりスローに巻いても泳ぐセッティング。オリジナルよりも水押しが弱く、移動距離を抑えて波紋を出す「点シェイク」などの小技を効かせやすい。

「最小サイズのマイクロポンパドールは『虫ルアー』のような位置づけです。止めておいてもバックリ食ってくれるサイズ感。コンパクトなほうが安定して反応が得やすいし、数を釣るならコレ」

　そして、シリーズ第4段が「メガポンパドール」。オリジナルの倍以上のボリュームを誇る57g・120㎜のメガトンパンチだ。

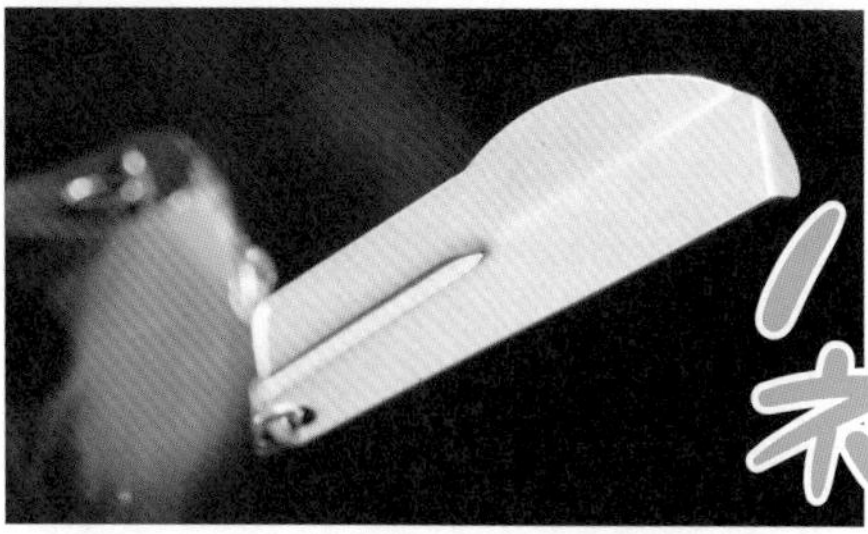

ポンパドール・シリーズには「強く水を叩くこと」を意図したステンレス製のハネが装着されている。ステンレスは同サイズのアルミの2倍以上の質量があり、耐久性にも優れている

巻いて使うことが前提のポンパドール（左）のハネはやや狭い角度。しっかり水を押すようにヘッドも凹ませてある。スローリトリーブや点シェイクを多用するポンパドールJr.（右）はハネの角度を広げ、ヘッドも水を受け流す形状

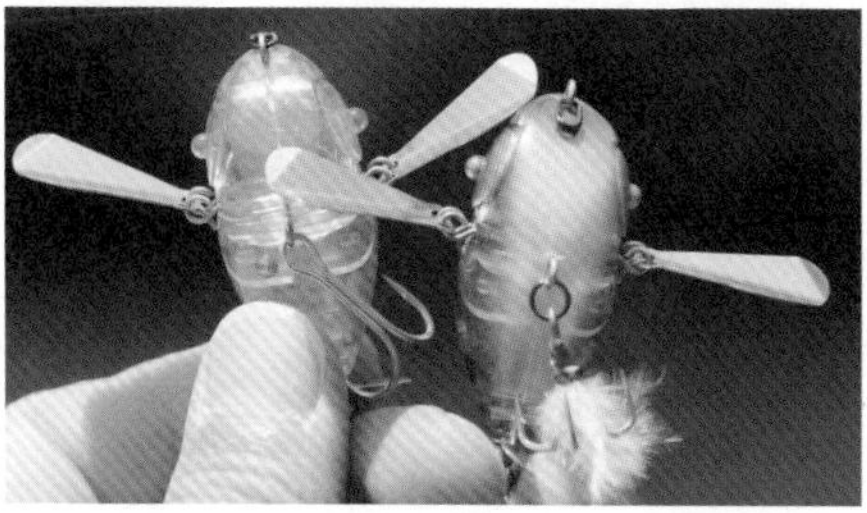

マイクロポンパドールは巻いても小気味よく泳ぐ。ジャッカル製品だとデラバズ的なイメージ。左はダブルフックに変えたもの、移動距離を押さえてシェイクするときはハネを開くチューン（右）もあり

アレンジ力しだいの「チョップカット」

　川島さんが監修したもうひとつの表層系が「チョップカット」。フロントに大きめのペラを装着したシングルタイプのプロップベイトである。

　ポンパドールとは対照的に、ピンスポットでの操作が得意なアイテムだ。

「このタイプの特徴は、第一に移動距離の短さです。ドッグウォークによってネチネチ

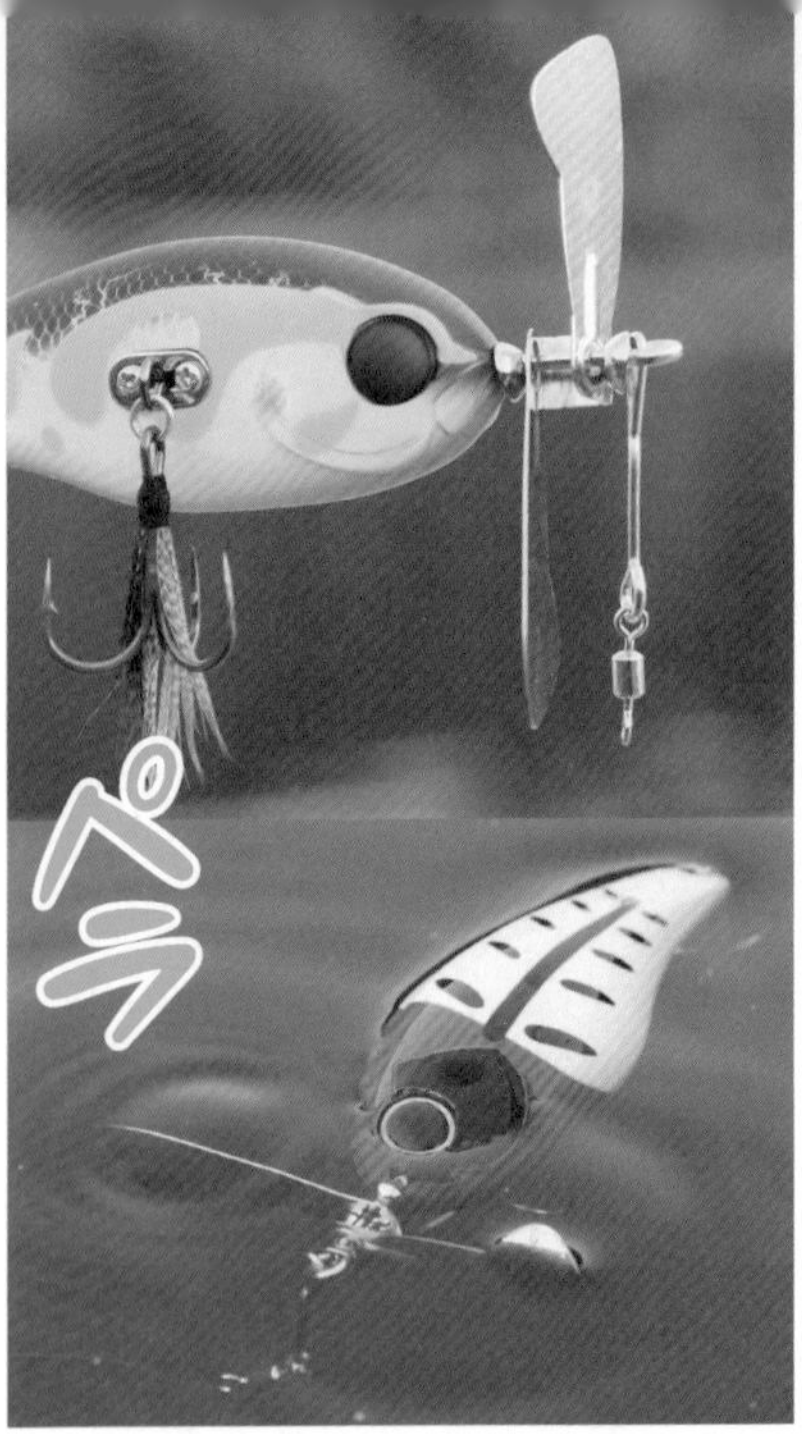

チョップカットのステンレスペラは「段違い・左右非対称」が特徴。片側がわずかに長い（重い）が、水中では浮力とのバランスでペラが水平になる。トゥイッチして止めると、ペラがワンテンポ遅れて「……くるりんぱ」と回るアクションが出る。「食ったときに『カシャッ』と金属音が出るのも好き（笑）」

チョップカットをタダ巻きすると、ボディーを揺らしながら「ポロポロポロ……」とサウンドを発する。バズベイトぐらいの速巻きでもOK。なお、操作方法のバリエーションはジャッカルのYouTube動画がわかりやすい

と首振りさせやすい。それと、アクションの強弱によっていろんなサウンドが出せるように作ってあります」

　その名のとおり「水をチョップして切る」のがこのルアーにおける金属製ペラの役目。

　たとえばドッグウォークができるペンシルベイトであれば「逃げているベイトフィッシュ」を模しやすく、どちらかといえば捕食対象としてバイトを誘発するのが得意。

　一方のチョップカットはナチュラルに操作することもできるし、アクションを強めればスプラッシュと金属音によってリアクション効果が高まる。使い手によって工夫のしがいがあるアイテムなのだ。

「ボディーバランスが左右非対称なのは、そういうデザインのほうが愛着が持てるんじゃないかなと（笑）。『ぜったいに魚を獲る!』ためのルアーじゃないというか。こういうので釣りたい、釣れたら楽しい、というのを優先した、オモチャ感のあるトップウォータープラグです」

　とは言いながら機能面も充実。タダ巻きではバズベイト並みのスピード感で水面をかき混ぜながらサーチできる。オーバーハングの奥に入れて2〜3回トゥイッチ、その後はシェードの端までリトリーブといった複合的なアプローチも得意だ。

点と線のバリエーション

　川島さんは実際のフィールドで「ハネとペラ」をどう使い分けるのか。2018年の5月中旬、千葉県の三島湖に浮いた。

　雲ひとつない夜明け直後の気温は18℃。少し肌寒い。

「水面に出やすいのはもっとジメジメした天気なんですよね〜。大きめのガチャガチャしたトップで釣るなら、本当は梅雨入りからあとのほうがいい。5月の朝はいい思いをした記憶がない（笑）」

　水の中はポストスポーン真っ只中。すでに産まれた稚魚、それを守るオス、あるいはペアリング中のカップルも。いろんな状態のバスが入り混じるこのタイミングは、

「小さくて虫っぽいものを水面で止めてスローに誘うのが王道です」

　ところが最初に投げ始めたのはメガポンパドール。メインチャネルが直撃している広瀬の崩落帯をねらう。水深は10m近くあり、かなり夏っぽいスポットで、可能性が少ないこともわかっているが……
　それでも手を出してしまうのが川島さん。デカいメスを獲るならこういう場所だろうと、遠投して、トレースコースの途中で崩落を通過させるアプローチを試みる。
「バスもギルも浮いてない。下のレンジにはいると思うんだけど。スポーニングエリア

❶チョップカット　❷ボイルトリガー（ワカサギやオイカワにフィーディングする魚をねらう。クイックなドッグウォークで）❸ニチニチフロイジー（ボディー前方がハード、後方がソフト素材のハネモノ。デッドスローアクションが秀逸）　❹マイクロポンパドール（今回はベリーのフックを2サイズ上げて使用。強めのトゥイッチでワカサギフィーディングパターンにも使う）　❺ポンパドールJr.　❻ポンパドール　❼ダッジ（レイドジャパン。ボディーサイズのわりにアクションは弱め。バスがフィネス寄りの状況で効く）❽ウォッシャークローラー・フカフカ（ノリーズ。ピンスポットで「トン、トン」とヘッドバンギングさせる）　❾メガポンパドール
※表記のないものはすべてジャッカル製

[本湖方面]
立入禁止
三ツ沢
房総スカイライン
三島湖
ガードレール下
鯨島
鯨島大橋
段々畑
410
豚小屋下
ともゑ
別荘下
長瀞
房総ロッヂ
ねおつ沢
長トロ
渡辺釣船店
川又
ほうの台
長倉
広瀬川
奥米橋
夢の島
三島大橋
宿原橋
石井釣船店
湯の沢
くどれ
大鹿倉橋
サンゴ沢
夫婦橋
0
200m
[夫婦方面]
寺下
オシュー沢
[宿原方面]
がぶち
旅名橋
鳥小屋下
水道管
下原
410
豊英ダム

が隣接している場所に行きましょう」

　ということで「鯨島」へ。川筋がぐるりと島を取り囲んでカレントが発生しづらく、産卵に適したシャローがある。全域が浮きゴミだらけでポンパドールを引きづらいため、チョップカットにローテーション。「ラバージグみたいなイメージ」と言いながらカバーを撃っていった。

　首振りさせたあと、ボディーは止まっているのにペラが「……クルン」と惰性で回る。この時間差攻撃が面白い。

「そもそもドッグウォークができない、という人もけっこ

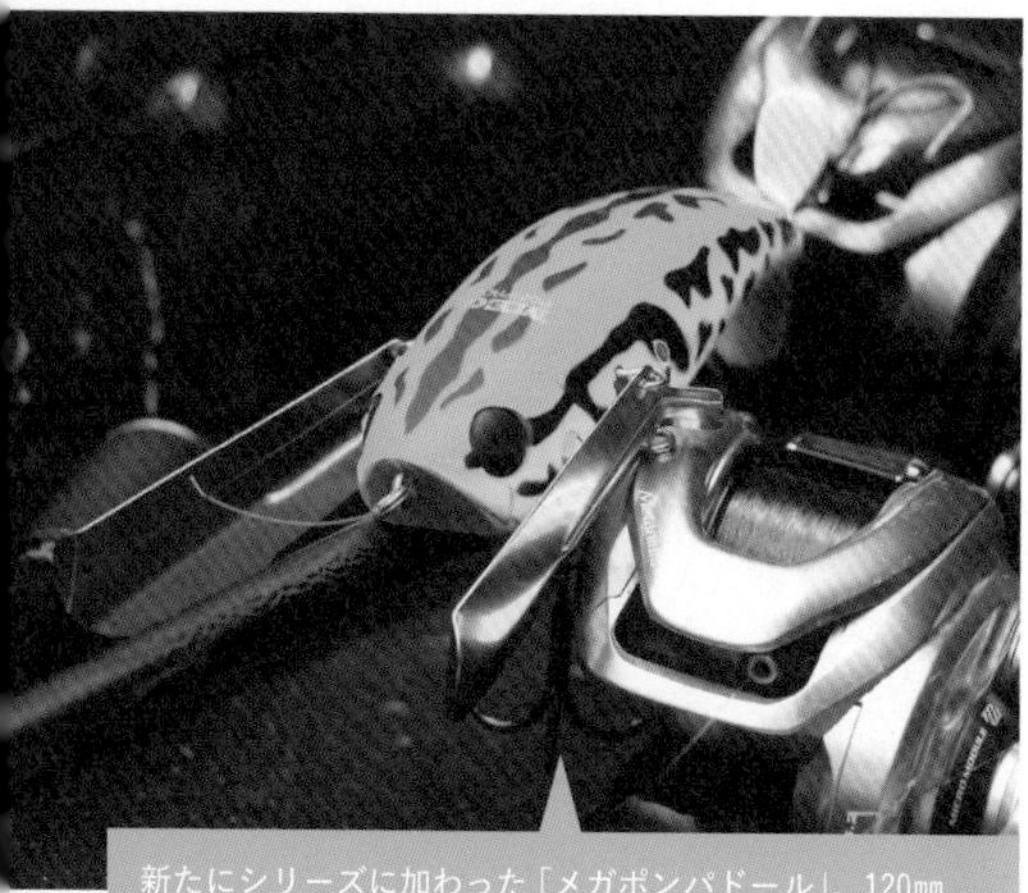

新たにシリーズに加わった「メガポンパドール」。120㎜、57ｇのボディーもさることながら、巨大化したハネによる強烈な水押しが特徴だ。「ポンパドールJr.よりもさらにゆっくり引ける設計ですが、亀山湖ではデッドスローだと意外に見切られる印象がある。ハネが『たぽたぽたぽ……』と気持ちいい音を立てるくらいのスピードで巻いたときにいちばん釣れてます。もちろん小さいルアーでもデカバスは釣れるんだけど、サイズを選びたいなら最初からこっちを投げたほうが、という発想に最近は偏りがち（笑）」

この日はロープ＋漂着物、崩落、馬の背など水深のある沖のスポットでメガポンパドールを多用した。「重い羽根がペシペシ水を叩く感じが出てる。デカバス釣るんなら、このサイズでこの水の叩きぐあいでしょ、と。表層にバスが見えなくても、自分の身長ぐらいの深さにいれば魚を引っぱれると思う。透明度が高ければ3mくらい下でも」

①［ボイルトリガー用］
ロッド：ポイズンアドレナ266Ｌ（ジャッカル）
リール：18ステラC2500SHG（シマノ）
ライン：キャストアウェイＰＥ0.8号+シューター・FCスナイパー 10Lb（サンライン）

②［メガポンパドール用］
ロッド：ポイズンアドレナ172Hまたはポイズングロリアス169XH-SB（ジャッカル）
リール：メタニウムDC（シマノ）
ライン：シューター・デファイアー・アルミーロ17Lb（サンライン）

③［チョップカット用］
ロッド：ポイズンアドレナ163M（ジャッカル）
リール：メタニウムMGL（シマノ）
ライン：シューター・デファイアー・アルミーロ15Lb（サンライン）

④［マイクロポンパドール用］
ロッド：ポイズングロリアス162L-BFS（ジャッカル）
リール：16アルデバランBFS-XG（シマノ）
ライン：シューター・マシンガンキャスト８Lb（サンライン）

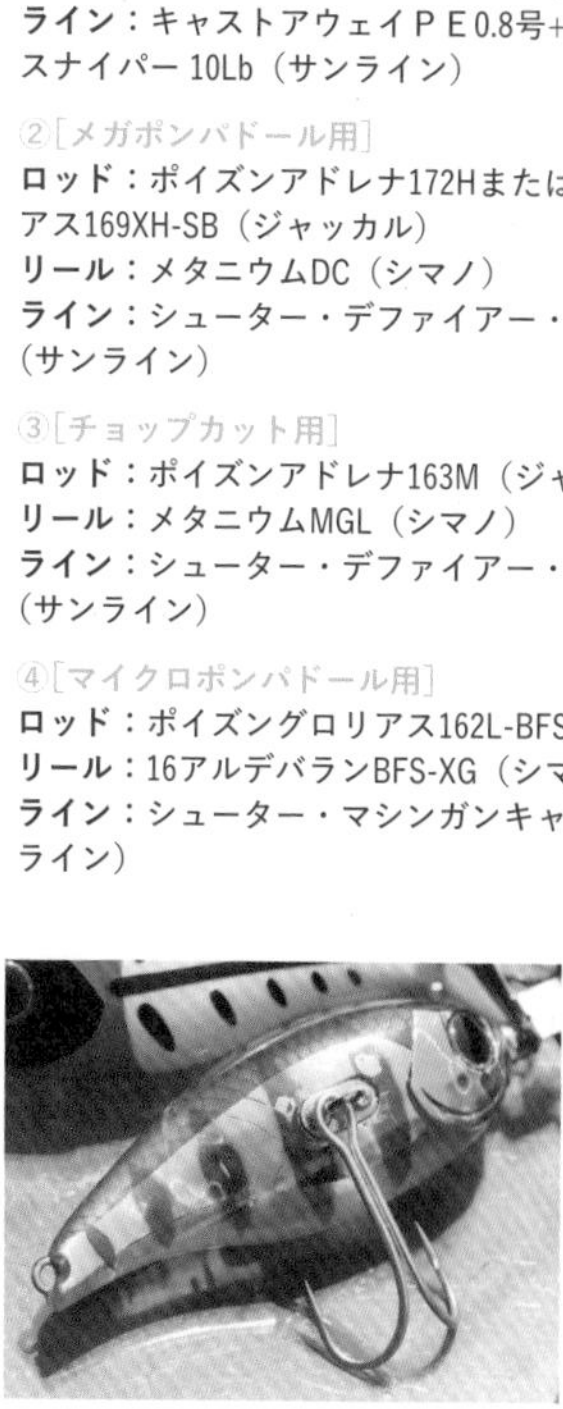

カバーに絡めて使うならダブルフックに変えるのもいい。バランスは少し変わるがアクションに支障なし。フッキングもそこまで悪くはならない

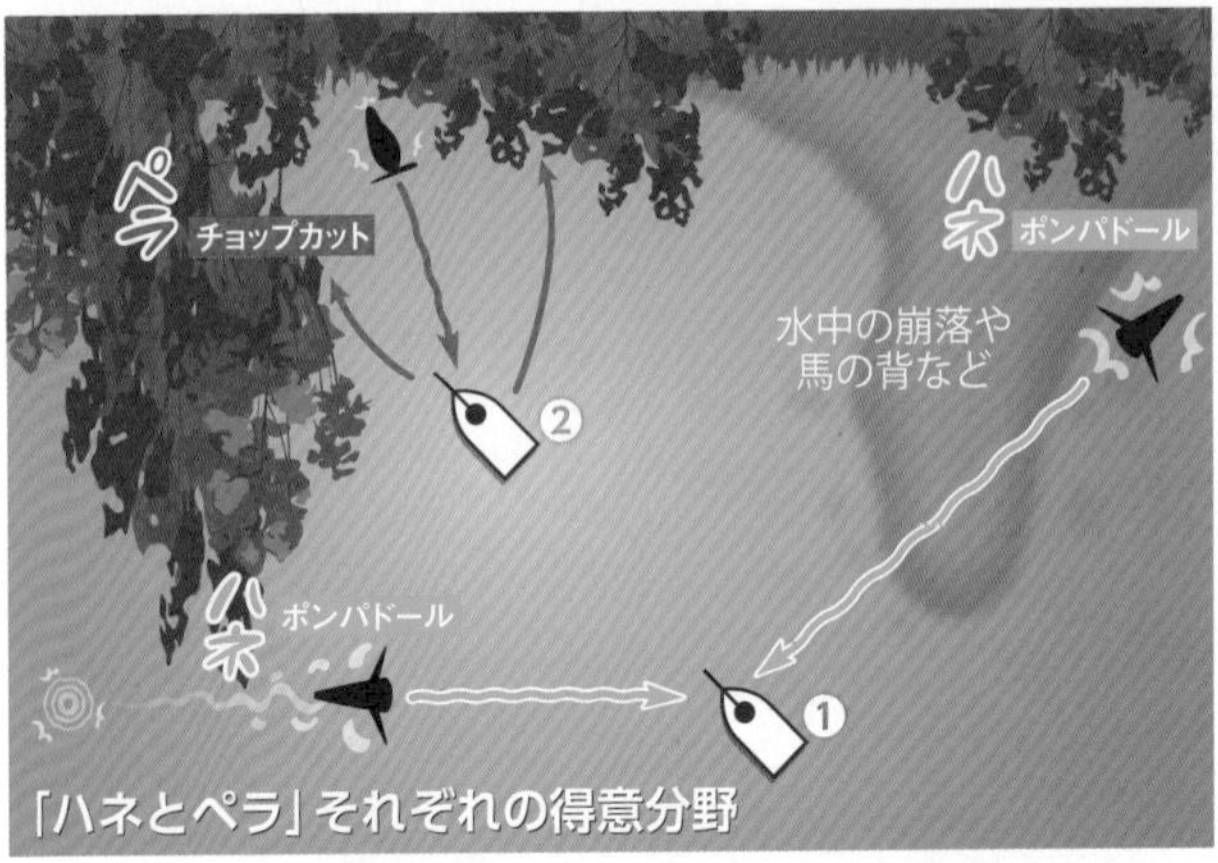

「ハネとペラ」それぞれの得意分野

①ポンパドールは「線」で探るのが基本。バスがいるであろうスポットの向こう側に投げ、できるだけ長い距離を引きたい。通過させながら気づかせて浮上→バイトさせるイメージ。デカい魚ほど遠くからアプローチしないと食わない
②移動距離の少ないドッグウォークができるチョップカットは接近戦が得意。ただし①のような場所で巻いて使うこともある。なお、ポンパドールJr.やマイクロポンパドールは②のようなアプローチもこなせる

24g・82㎜のチョップカットはオーバーハング下にも投げ込みやすいウエイト設定。夏はこういったシチュエーションで使うケースが増える

ういると思うんです。まずは短め（6～6.3ftぐらい）の軽いロッドを選ぶこと。あと、ティップを下に向けて動かそうとすると、ラインの大半が水面に接しているので首振りにブレーキがかかる。ロッドを水平か、少し立て気味に構えて、チョンと動かしたらすぐラインをたるませるのがコツです」

マイクロからメガへの振り幅

本湖（夏っぽいトコ）→鯨島（スポーニングエリア）に続いては、バックウォーターの「夫婦筋」へ。バンク際の障害物にはほとんど触らず、沖のハンプや崩落などをねらう。ほかのボートが通過するようなコースにメガポンパドールを投げ込むのだ。

「沖のストラクチャーに浮いているサイズのいいメスを釣

左奥のバンクで発見したビッグフィッシュを1投で食わせた（前ページの魚）。疑いもなく丸呑み。サイトで食わせるならマイクロポンパドールは必須だろう

りたい。みんなが投げるようなスポットから少し『ズラす』ほうが、コンディションのいいデカイ魚がねらえる……はず。バイトは少ないし、絵空事かもしれませんが（笑）」

　デカいルアーをバンバン投げているだけのように見えるが、ボートの行き来が途絶えるタイミングを意識したり、他人が見過ごしそうなショボいスポットをあえて撃つなど、元トーナメンターらしい気配りが随所に感じられた。しかしバイトが出ない。

「こういうのでドカンと出ると楽しいけど、とりあえず1尾釣ろうかな」

　最上流で折り返して、マイクロポンパドールに変更。8Lbナイロンのタックルで浮きゴミを探ると、すぐにチェイスがあった。やはりこういう釣りが手堅いようだ。

　そのまま川筋を下っていくと「ボフッ」と重々しいボイルの音。黒いシルエットが岩盤際で揺れている。一瞬、コイかと思ったが、

「……いや、バスだ！」

　魚の少し沖側を通るようにコース取りして投げ、水面に向けたティップで細かくラインを叩く。すると、再び浮上した魚影はマイクロポンパドールをためらいなく吸い込んだ。

　そうしてキャッチしたのが55㎝。「とりあえず1尾」のつ

夫婦筋の上流域でボイルに遭遇、マイクロポンパドールで鮮やかに食わせたのは55㎝のビッグフィッシュだった。

「運がよかった」と本人は言うが、朝イチに入ったボートがすべて出ていったあと、エリアを独占できるベストなタイミング(午前9時〜)で遡上した川島さんの作戦勝ち

房総ロッヂ

ともゑボートと石井釣舟店の中間に位置し、別荘下やだ段々畑、夢の島へ向かう川筋へ向かうのにも便利なボート店。大型の無料駐車場を備えている。レンタルボート代は１人乗り3000円、2人乗り4000円。1人乗り限定の12ftローボートに加え、2人乗りも2艇あり。

■千葉県君津市正木454-2　■不定休　■TEL：0439-38-2815
■ツイッター　https://twitter.com/u9llwiymoqejack

三ツ沢でメガポンパドールに出た35cm。「春は水温が上がったほうがトップで釣りやすい。オーバーハングの下に浮いたりするから」という予告どおりの1尾だった。同じエリアでチョップカットも試したが、やや風が当たっており「メガ」級のアピール力が必要だった

もりが、とんだ見込み違いだったわけだ。

これで吹っ切れた（？）川島さんは、本来やりたかった「絵空事」に邁進。本湖エリアのロープ、崩落、流木周りに何度も入り直すが、やはり季節を先取りしすぎていたらしい。結果的にバイトがあったのは「スポーニングエリア隣接」に該当する三ツ沢エリア（2バイト1フィッシュ）だけだった。

「なぜ魚がこんなルアーに反応するのかは、よくわかりません（笑）。よく目立ってゆっくり動いてるから、食べやすそうな相手だと思うのかな？『ノロノロ動いて、バカだな〜』って（笑）。デカいルアーを人と違う場所にばっかり投げてると、バイトは少ないし普通にデコるんですけど、それでもやっちゃう。自分の思い描いたとおりに釣りたいんです」

夕方の三ツ沢でも立ち木からデカバスが飛び出した！……が、ジャンプ一発でアディオス。獲っていれば本日2本目のゴーマルだった（涙）

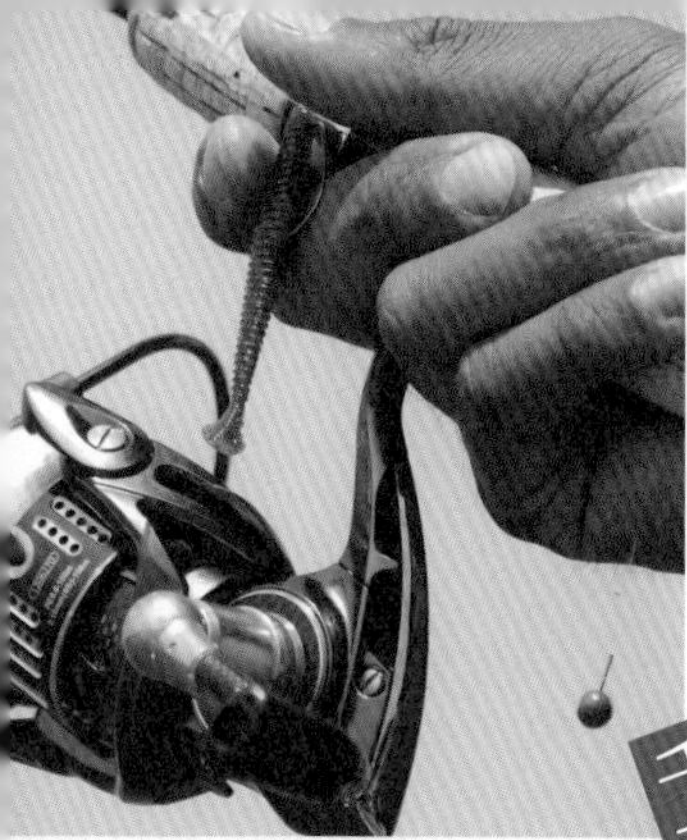

数々のタイトルを獲得してきた原動力がこのダウンショットリグ＝レッグワームリグ。まさにマネーベイトだ

Basserオールスタークラシックの優勝に欠かせなかった1300ｇは、2日目の１投目にレッグワームリグでキャッチした

小森嗣彦×ダウンショットリグ 千葉県 亀山湖

Tsuguhiko Komori

小森嗣彦
（こもり・つぐひこ）

1974年生まれ。2009年、2010年、2012年JBTOP50シリーズチャンピオン、2012年、2018年Basserオールスタークラシック優勝など輝かしい戦績を誇る現代トーナメントシーンの最高峰に長く君臨。その釣りを支える屋台骨がダウンショットリグ＝レッグワームリグだ。

亀山湖で効く釣りは全国の釣り場で効く
“レッグワームリグ”はなぜ釣れるのか!?

JB TOP50で3度の年間タイトル獲得、
そして2012年、2018年のオールスタークラシック優勝。
現在、国内最強のトーナメントアングラーの
ひとりである小森嗣彦さんが
愛してやまないダウンショットリグ＝レッグワームリグ。
「トーナメントで釣る魚の7割はこのリグです」
とまで言い切るほどの信頼と実績の裏側には何があるのか。

1月中旬の亀山湖の朝マヅメ。フィーディングモードのバスをねらい、シャローフラットでレッグワームリグのミドストを行なうの図

ソフトベイトとフックの品番まで絞り込まれた〝代名詞〟

JBTOP50で年間タイトルを3回獲得（2009、2010、2012年）。TOP50霞ヶ浦水系戦連覇（2009、2010年）、Basserオールスタークラシック優勝2回（2012年、2018年）、準優勝2回。小森嗣彦さんの輝かしい戦績の一部だが、このすべてに濃厚に絡んでいるルアーと釣り方がある。

それが2.5inレッグワームのダウンショットリグ（フックはオフセットフック#3）だ。小森さんは「トーナメントで釣る魚の7割はこのリグです」と言う。

そんな小森さんが2.5inレッグワームを試合で投入し始めたのは2007年。それから10年以上にわたり、その威力がまったく衰えていない……どころか、むしろ切れ味が磨かれているように感じさせるのもすごいところだ。

「いたって普通のダウンショットリグなんですけど（笑）、僕の中ではそれくらい特別な存在ということです。普通、ダウンショットリグといえばシンカーを何かに引っ掛けて一点シェイクする〝点〟の動きが基本です。ただしレッグワームリグではそれ以外の使い方も重要視しています。このリグの本分はスピードにあり、特に横方向に速いテンポで引く〝線〟のアクションが大基本です。ほかにも、フォールやステイ、中層スイミングなど、使える幅が非常に広いのでサーチベイトに求める条件を完璧に満たしています」

サーチベイトといえば多くのアングラーはクランクやスピナーベイトなどファストムービングルアーを思い浮かべるだろう。しかし小森さんは「これらのルアーはフィールドコンディションやバスの活性、サイズを選ぶ。安定して

越冬場となるワンド内で、水深10mにある立ち木の脇にレッグワームを通す。立ち木への根掛かり対策としてショートキャストでアプローチし、ボトムを感じながらシェイクして横移動させる。ドラッギングでは立ち木の枝にラインが干渉する確率が高く釣りにならない

12月中旬。水深10mラインをドラッギングで流す。GPSにあらかじめ入力されたコースを辿る。魚探の扱いに長け情報量が豊富な小森さんと、横に動かしたときに真価を発揮するレッグワームリグの特徴がガッチリ噛み合うパターンだ。冬季の亀山湖では、キャスティングと比べ効率で勝るドラッギングでレッグワームリグを操ることがほとんど

冬の亀山ではアタリの出方は大きく分けて「ファーストフォール後にラインを張ったら重い」、「シェイク中にグーッと重くなる」、「シェイクを止めた瞬間に重くなる」、「シェイクからズル引きに移行した瞬間に重くなる」の４通り。いずれの場合もロッドストロークを長めにとり、スイープにアワセる

トキタボート

10ftの免許不要艇から3人乗りが可能な14ftまでのレンタルボートを取り揃えている。ハンドコンエレキとバッテリー、ライフジャケットもレンタル可能。荷物が多い場合も、桟橋まで電動リフトで台車ごと運べるのでとっても楽チン。

■千葉県君津市川俣33-10　■定休　第2、4木曜（祝日は営業）
■TEL：0439-39-3010　■http://www.tokitaboat.com/

2012年のBasserオールスタークラシックでは利根川の支流である根木名川のハードボトムをレッグワームリグで釣るパターンがメイン。強風だったため、シェイクなしのズル引きで確実にボトムを捉え、ハードボトムを察知したらシェイクしてステイさせておくと深いバイトが出たという。低活性のバスに対応したアクション

バイト数が多いわけではないため、ベストな選択肢ではない。サーチベイトはバイトを得やすいものでないと」と考える。

　あらゆるフィールド、状況でレッグワームリグを投入する小森さんにとって、このリグはバスの居場所を探すだけではなく、状態も教えてくれる。同じリグを操り続けるからこそ、バイトが出る場所やバイトの深さ、タイミングを過去のデータと比較することができる。TOP50は3日間の長丁場だ。同じコンディションが続くことはむしろ珍しいフォーマットにあって小森さんが他を圧倒しているのは、レッグワームリグによってその日の状況を迅速に把握し、アジャストしているからに他ならない。

　そして、レッグワームリグはサーチベイトとして優秀なだけではない。小森さんが試合本番でバスを釣るのもまたこのリグなのである。

「テンポが速いからこそ、口を使ってくれるバスに出会える確率が高い。そのうえ、レッグワームが非常に優秀なソフトベイトだという要因が大きいですね」

レッグワームが釣れる理由は次の項で触れるとして、ここで重要なのは小森さんがこだわるレッグワームを動かすスピードだ。「1回のシェイクでシンカーが3～5㎝動くイメージ」と小森さん。これは一般的なライトリグのテンポと比べると非常に速い。

レッグワームが釣れる理由

　レッグワームをデザインした河辺（裕和）さんは天才ですと敬意を払いながら小森さんはこう分析する。

「釣れる理由は多々あります。まずはテールの『スクリューアクション』でしょう。シェイクしたときに、シャッドテールが上下左右に360度動いて水を掻き回す。このときに出る微妙な波動が本物の小魚のヒレが出す波動と同じなんでしょう。半径5mの範囲のバスを寄せるアピール力も、地味すぎず、派手すぎず絶妙な頃合いです。『ボディーは上下に動かない』のも超重要です。レッグワームはシェイクしながら引いてくると、左右にロールはするけど上下にバウンドしない。この特徴も本物の小魚と一緒なんです。たとえばフラットで横移動させると、水平移動する小魚に化けてくれます。どんなフィールドでもマッチ・ザ・ベイトできる絶妙な大きさも見逃せません。テナガエビ、ヨシノボリ、ワカサギ、オイカワ……、ありとあらゆるエサになります」

　左右対称のボディー形状のためアクションの偏りが出にくくイトヨレも少ない。ちなみにボディーのリブは若干ながらエアをホールドするので、高比重なゲーリーマテリアルにしてはフォールスピードが

レッグワームリグのアクションバリエーション

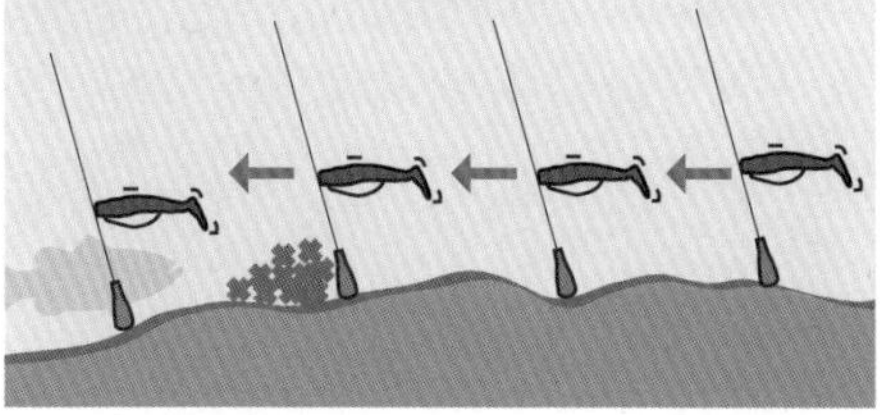

❶シェイク＋横移動

基本であり、レッグワームリグの本来の持ち味が最も活きる使用法といえる。シンカーをボトムに着けた状態をキープしながら、シェイクしつつリグを横移動させる。レッグワームがロールしながら横に水平移動するので、本物の小魚チックな動きになる。シャローフラット、ディープフラット、ハードボトム、オダ周りなど、シチュエーションを問わず活躍する。シェイクは大振りで、「シェイク１回でシンカーが３～５cm動くイメージ」とのこと。リーリングは、リグが手前に寄ることで生まれるラインスラックを回収することを意識する。

注意すべきなのはブレイクを釣るとき。ブレイクに対して平行にキャストすることで、一投の中で水深が変わらないようにするべき。アップヒルやダウンヒルになると、レッグワームに上下の動きが加わるためニセモノっぽくなってしまう。

また、リグを引いてくる途中にシンカーが何かに引っ掛かれば、その場でステイを入れたり一点シェイクすることもある（そのまま動かし続けることも多い）。ただし、一点シェイクやロングステイに特化してバイトをねらうときは浮力が強いストレート系ソフトベイトのほうが適していると小森。

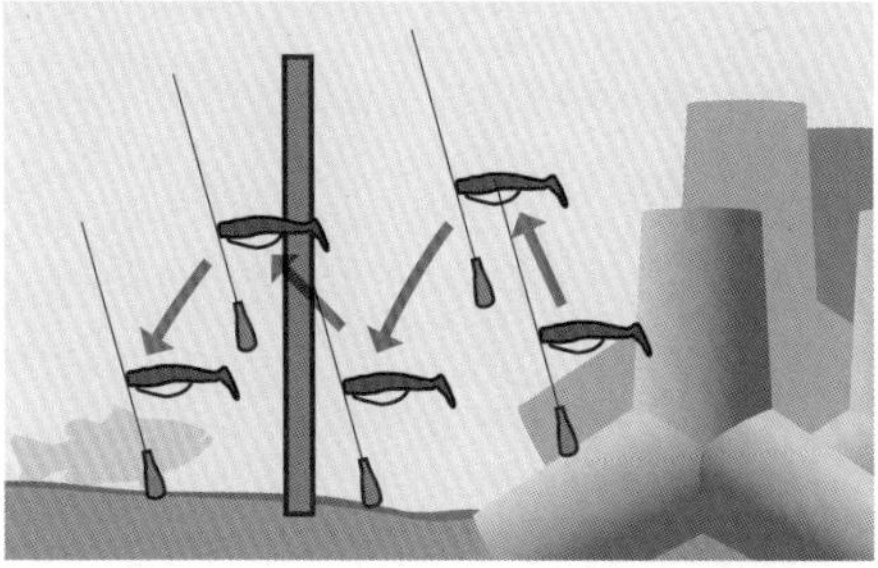

❷リフト&フォール・ボトム

消波ブロックのエッジや、杭、シャローカバー際などのピンスポットを釣るときはこのアクション。着水後はフリーフォールで着底させ、その後ロッドをタタタン！　とシェイクしながらリフトし、その後フリーフォール。リグがカバーから離れるまで繰り返す。バスがカバーにタイトについているときは回数少なめ（時にはリフト＆フォール１回）で、離れているときは多め。イメージとしてはテキサスリグやラバージグによるカバー撃ちに近く、リアクションバイトを誘発する力が強い。プラによりバスの居場所を絞れている試合本番で出番が多い。２度のオールスター準優勝はこのアクションによるもの。ちなみに「半径５ｍの範囲のバスを寄せる」という考えに従い、撃つのは５ｍ間隔が基本

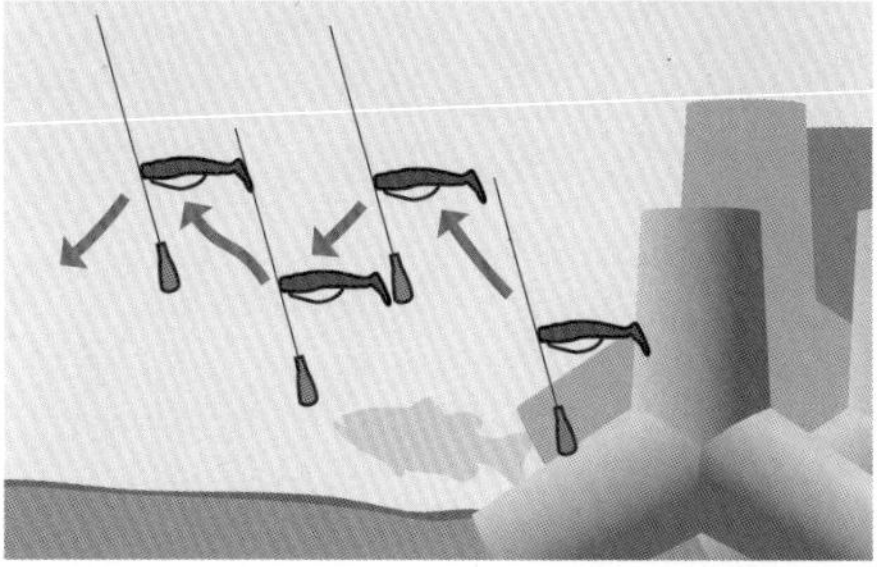

❸リフト&フォール・中層

同じストラクチャー＆カバーをねらう場合でも、沖でボイルがあったり、見えバスがいたりするときはバスが浮いていると判断してこちらのアクションに切り替える。②との違いは、リフト＆フォール時にシンカーをボトムに着けないこと。

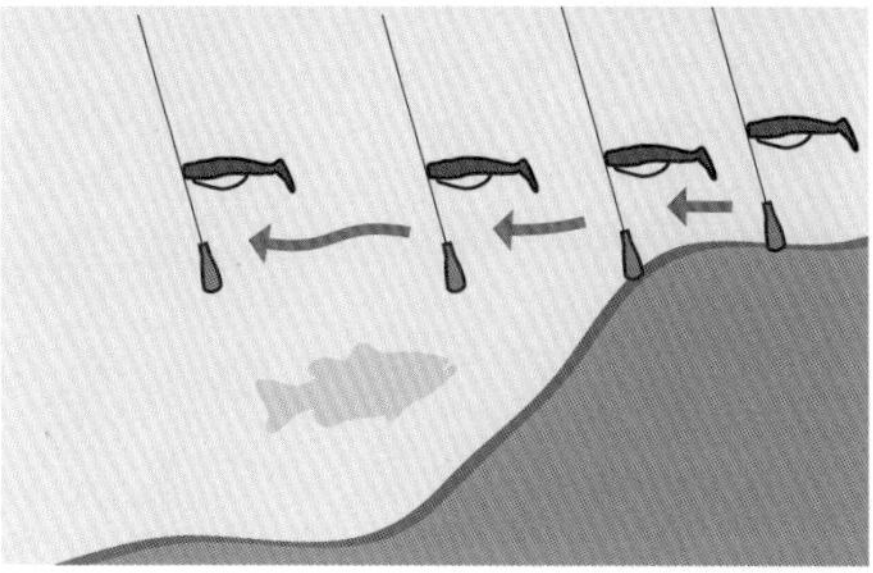

❹ミドスト

霞ヶ浦や亀山湖ではダウンショットリグでミドストを行なうことがある。ブレイク上のフラットにいったん着底させ、ショルダー部までは①のアクション。ショルダー部でボトムを切って、そのまま同じ水深をシェイクしながら水平移動させる。ブレイクショルダーの水深に合わせて浮いているバスがターゲット。ジグヘッドで同じことをやると最初の着底～ショルダーまででボトムを泳がせている際に根掛かってしまうことが多く、またバイトがあっても乗らない確率が高い（ジグヘッドだとハリが横を向く時間が長いため）と小森さんは説明する。

小森さんが多用するおもなアクションは４通り。最も出番が多いのは①と②。実際にはシェイクがズル引きになったり、ステイが入ったりと、状況に合わせて細かな調節が加わることが多々ある。これら４つを複合させると驚くほど多くの状況に対応できる

水門の係留船をレッグワームリグで撃つ。
ハードボトム上の横のアクションに加え、
ピンスポットを縦に探る釣りも交えた

スローになる傾向があり、水中で水平姿勢になりやすいのもダウンショットリグに適している点だという。

まさにマネーベイト

小森がレッグワームリグを本格的に使い始めるキッカケになったのが、2006年末から2007年頭にかけての亀山湖ガイド。それまで小森にとってダウンショットリグといえばリーチ（ロボワーム）だったが、この冬はレッグワームで釣りまくり厚い信頼関係が生まれた。今ではレッグワームリグは亀山湖の大定番になっており、特に厳寒期は8割以上のアングラーがボートに積んでいる。レンタルボート店の大会で表彰台全員がレッグワームリグ……ということもあったほどだ。

もちろんそれは亀山湖に限った話ではない。全国のリザーバーにおいてほぼ同じ傾向が見られるはずだ。

トーナメントアングラーとしてメキメキと頭角を現わしたのもちょうどこの頃である。

「スモラバしかり、パワーフィネスしかり。亀山湖で効く釣りは全国どこでも通用する」と信じる小森さんは、2007年のTOP50シリーズでレッグワームリグを積極的に登用した。それが実を結んだのが11月上旬に開催された弥栄湖戦（山口県）だ。小森さんは同リグで連日40尾以上のバスをキャッチするという驚異的なラッシュで9位に入賞。近くに浮いていた選手に「何のワーム使ってるの？」と聞かれたが当時はまだシークレットにしていたという。

その後も、レッグワーム・イコール・小魚のイメージで、おもにクリア〜ステインウォーターで多用していたが、2

Tackle & Setting for Legworm Rig

Main Tackle

ロッド：ファンタジスタ・スチュディオス
FSNS-60ULS II MGS Experience（アブ・ガルシア）
リール：パトリアークXT200S（フルーガー）
ライン：フロロカーボン3～3.5Lb
シンカー：1/16～1/8oz（1.8～3.5g）

レッグワームリグの基本形と呼べるセッティング。ロッドは小森さんがレッグワームリグ用に使用し、数々のタイトルの原動力になったFSS-60ULSのリファインモデル。

FSS-60ULSの特徴だったソリッドにしては張りがあるティップと強めのバットパワーはもちろん健在。操作性の高さと食い込みのよさ、確実なフッキングをすべて実現している。

Color & Size

使用頻度が高いカラーは6種類。ヨシノボリを模す#341（ダークブラウンブルーギル）、万能色の#194（ウォーターメロンペッパー）、マッディーウォーターで夏以降に強いエビ系の#323（ウォーターメロン／ブラック＆ゴールドペッパー）と#236（ライトスモークブラウン／コパー＆グリーンフレーク）、亀山湖のディープの定番#020（ブラック）、そしてワカサギなどの小魚食いのバスに欠かせない#306（ナチュラルシャッド／レインボー＆ゴールド＆ブラックフレーク）だ。ワームサイズは万能の2.5inが今もド定番。ベイトフィネスで、ライン、フックともにワンランクアップさせたいときなどには2.9inも多用する。反応を見て使い分けるのもいい。

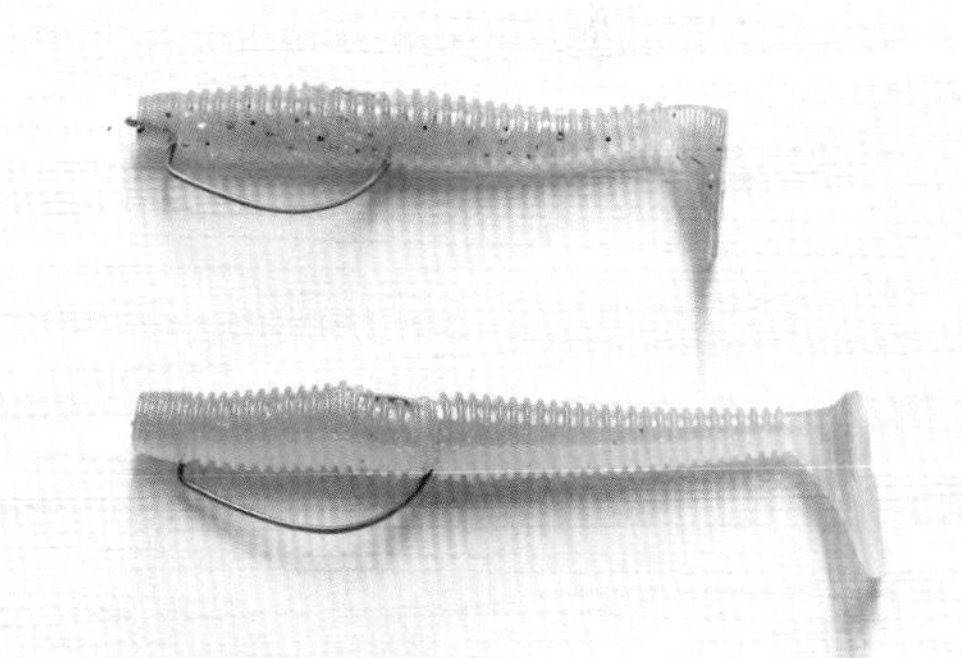

Leader

かつては「リーダーは18cm」と決めていたが、今では変わってきているという。「ボトムやカバーをタイトに釣るショートリーダー・5～10cm」と、「浮いたバスをねらうロングリーダー・20～30cm」、「悩んだときの15～20cm」の出番が多いという。消波ブロック帯ではリーダーに海釣り用のビニールパイプを通すこともある。ラインが挟まることによる根掛かりが少なくなるという

Sinker

レッグワームに合わせるシンカーは1/16～5/16oz（1.8～5g／すべてタングステン製）。「ボトムをとれるかどうか」、「リアクションバイトねらいなら重く」、「根掛かりが多発するなら軽く」など、さまざまな判断基準がある。1/16ozより軽いとレッグワームのテールが動きにくくなるため要注意。形状は球型と涙型を使い分けている。根掛かりが多い場所では涙型をチョイス。感度が高く操作感をつかみやすいのは球型

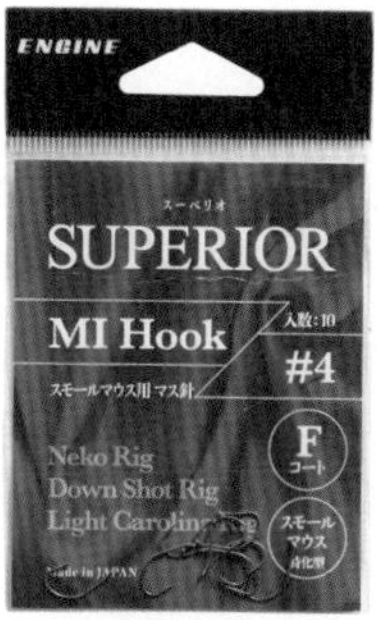

Hook

フックはレッグワーム専用ともいえる#3のオフセットフックを長年愛用してきたが、現在はまさしくレッグワームの使用を前提として小森さん自身がデザインしたライトリグ用オフセットを愛用。レッグワーム2.5inには#3、2.9inには#2という黄金比は変わらない。オフセットフックにこだわるのは、根掛かりを防ぐためと、レッグワームの動きをあえて制限するため。ボディーに「背骨」を通すことで、上下にはためく動きを殺すことができる。マスバリだとソフトベイトの自由度が高いため、アングラーの意志を超えて大きく動きすぎることがある。またサイズも絶妙だと小森さん。「このハリに合うソフトベイトを使用すれば、自然と日本の標準的なマッチ・ザ・ベイトを実践できると考えています。僕にとってレッグワームリグはサーチベイトですから、最大公約数のバスに興味をもってもらうことが大事なんです」

二度の寸止めを乗り越えて優勝！

009年からマッディーウォーターでも投入。Basserオールスタークラシックでは消波ブロック周りのテナガエビ食いのバスを多数キャッチした。それまではエビといえばカットテールワーム・ワッキースタイルだったが、「レッグワームでもイケる」ことに気付き、優勝に肉薄する準優勝。2011年にも準優勝し、翌年はついに小森さんが「僕とレッグワームリグの集大成」と言うように、初日の4尾はすべてレッグワームリグでキャッチし、2日目は1300gのキッカーとキーパー2尾をキャッチしてオールスター制覇を成し遂げた。

メリットとデメリットを知る

レッグワームリグは言うまでもなくダウンショットリグのひとつのスタイルであり、根底にはダウンショットリグ自体に釣れる理由がある。その中でも最大の長所は「アングラーの操作次第で使いこなしの幅が広い」ということである。

イラストを見てもわかるとおり、ソフトベイトがシンカーの重さに干渉されないため、ラインスラックを上手く弾けばシンカーの位置を動かさずにソフトベイトを激しくアクションさせることもできればスイミングもでき、演出できるアクションが多彩である。

押切沢橋周辺で釣りを開始。水深1.5mのシャローフラットでフィーディングするバスをねらう。ダウンショットリグ・イコール・ピンスポットの釣りという認識は間違いだと小森さんは言う

ティップ（A）とシンカー（B）の間のライン（C）にソフトベイトがあるダウンショットは、ルアーの操作感がノーシンカー並みにダイレクトでありながら、ボトムの感知性能が高く、移動距離のコントロールも簡単なリグだ。また、リーダーの長さ分、ノーシンカー状態で操作したり、中層をスイミングさせたりと非常に使いでがあり、横方向へ引きながら多彩なアクションを織り交ぜることができる。「ボトムから一定の高さをキープできる」というメリットは、バーチカルに釣る場合のみ。キャスティングで使う場合、イラストのようにBからB'へシンカーを移動させると、ソフトベイトがある高さは変わってしまう

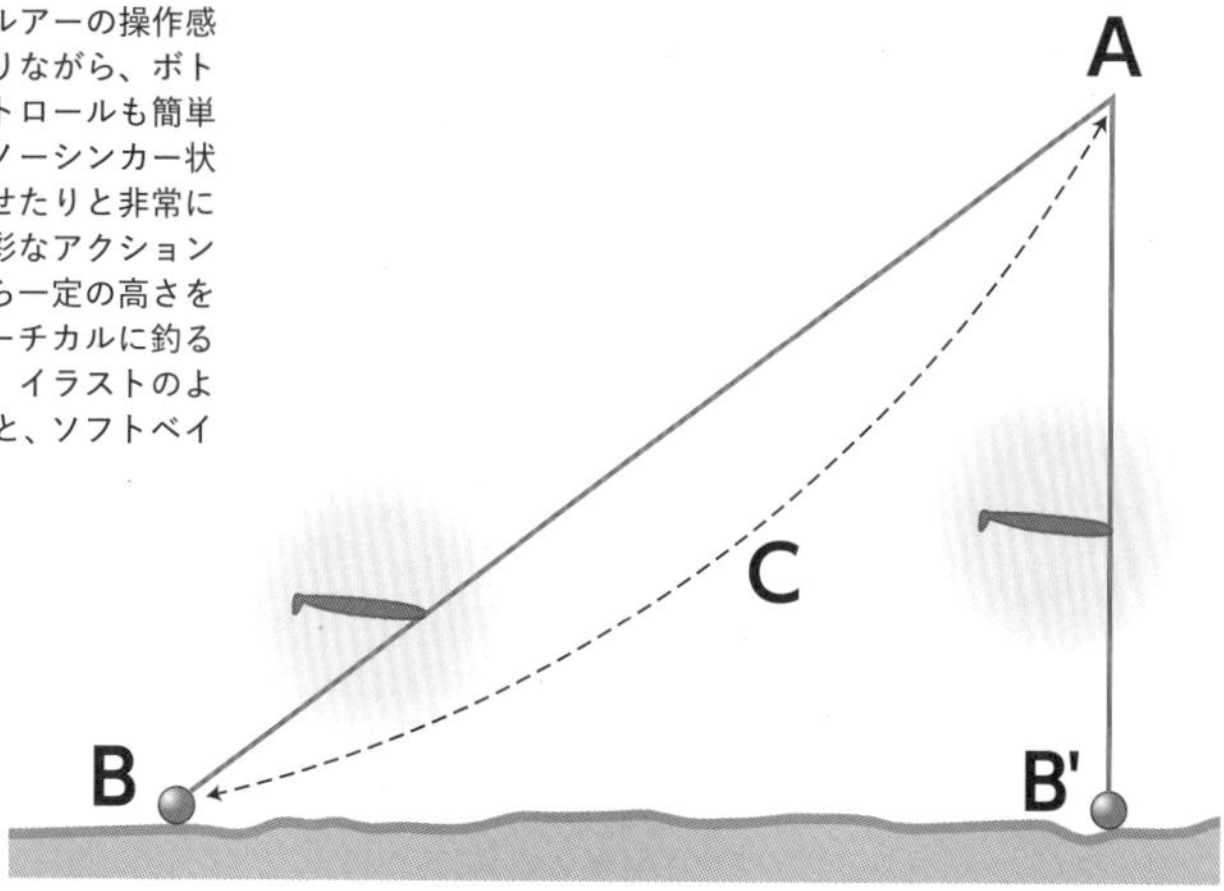

ヘビーダウンショットリグならカバーも撃てる。常にシンカーが接地しているためボトム感知能力が高く、その上のソフトベイト自体はノーシンカー並に操作性が高く、バイトも感知しやすいというオールマイティーさだ。

　ダウンショットリグというと〝点〟の釣りのイメージが強いが、小森さんにとっては〝線〟で横方向に探りながら、そのなかでアクションに変化をつけてバスの有無や反応を探る釣りである。ただし、横に探る線の釣りならではのデメリットもあるという。

「イラストにあるようにAをティップとしてB地点までキャストしたリグをB′地点まで操作すると、どうしてもラインが水を切ることになり、操作がダイレクトな分、ソフトベイトが生む波動も大きくなりがち。低水温など環境要因によるプレッシャーには強いんですが、アングラーによる人的要因のプレッシャーや、時期的に魚がナーバスになっている状況には弱い。そんなときはライトキャロの出番が増えます」

横に動かすという鉄の掟

　レッグワームリグの本領を最大に発揮させるためには「横に動かす」ことが大事である。たとえば真冬の亀山湖では水深10ｍのディープに沈む

ティップで船べりをノックして、タンタンタンタン……とリズミカルなサウンドを刻めるようになれば一人前。船べりだけではなく、部屋の壁などで練習することもできる

ブレイクを釣る際の流し方

ダウンショットリグを横に動かすためには、リグをキャストして引くか、ボートの真下に落としドラッギングすればいい。注意すべきはブレイクを釣る場合。キャストでもドラッギングでもＯＫだが、引くコースは必ずＣにしよう

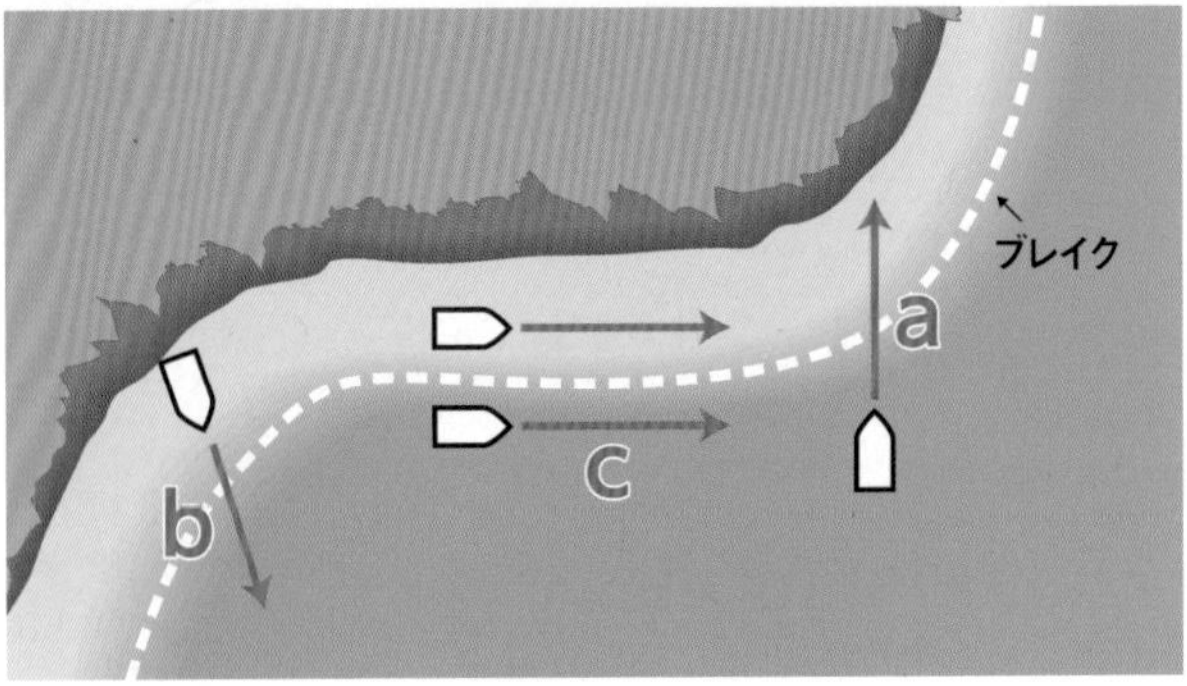

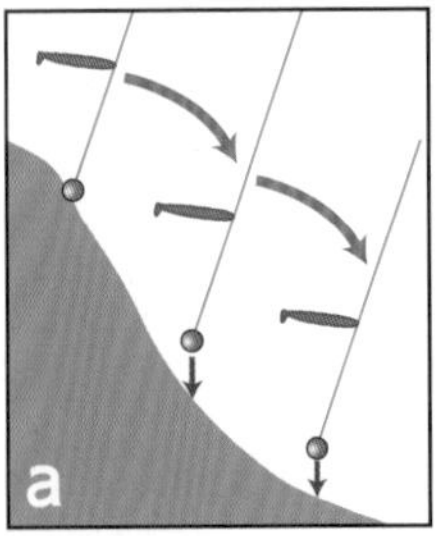

ダウンヒル。シンカーが下に向かおうとする力が働くため、リグに「上下の動き」が出てしまう

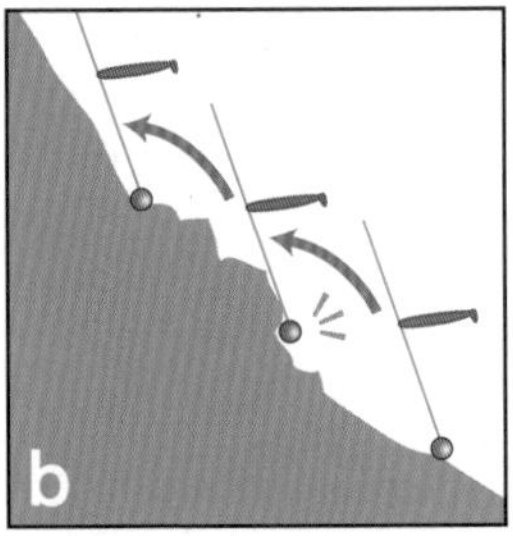

アップヒル。ブレイクの途中にある沈み物や、エッジにシンカーがスタックしてしまうためダウンショットリグには適さない

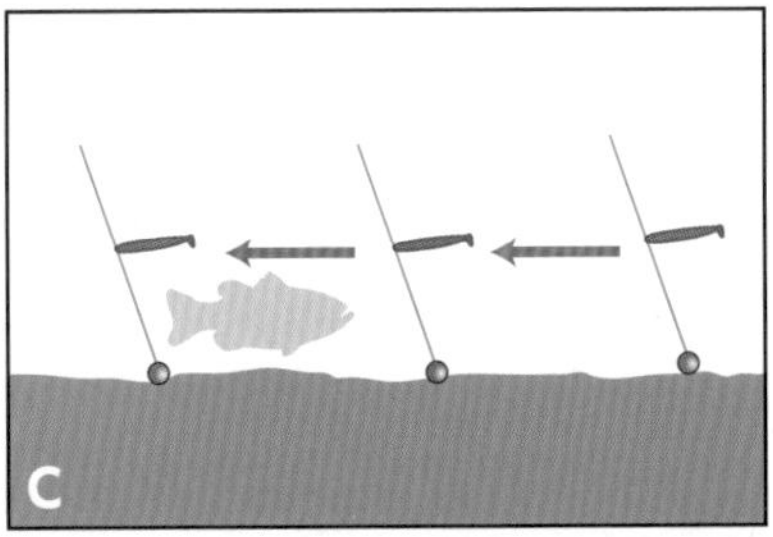

ブレイクラインと平行に流せば水深の変化が少なく「横の動き」を活かせる。１投ごとにコースを変えてさまざまなレンジを探ろう

オダを探るシチュエーションも多いだろう。「水深も深いしバスに警戒心も与えないだろうからオダの真上にボートポジションを取って真下を探ったほうが効率的」と考えるアングラーも少なくないが、小森さんは必ずボートを離して、リグを横に動かす余地を作っている。

「気を付けたいのはブレイクを釣るとき。むやみに距離を空けてキャストをしてもスタックするなどして釣りにくい。ブレイクに対してどうボートポジションを取るのかが大事です」

ブレイクに対して平行に探れば水深の変化も少なく釣りやすい。ダウンヒルとアップヒルではボートを岸から離すか近づけるかで釣りやすさが一変する。

「タックルセッティング、使

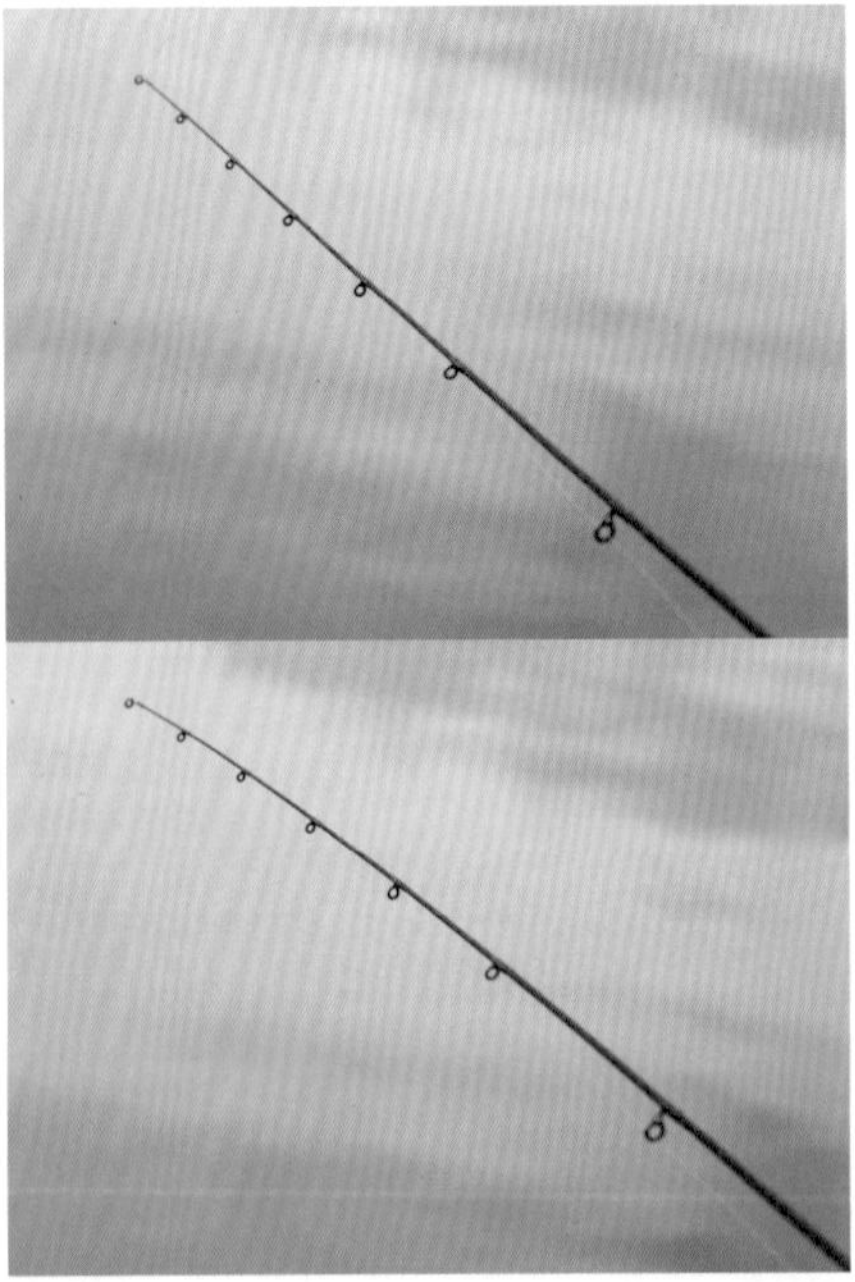

シェイクは、「ラインを張ってシンカーを３～５㎝移動させる」と「ラインを少し送り、張らず緩めずの状態にする」の繰り返し

ロッド捌きは横と縦を使い分けるが、基本となるのは横。風にラインをとられにくく、またシェイク時にシンカーがボトムから離れにくいからだ。ただし小森さんは、背の高い沈み物を乗り越えるときや、スモールマウスバスねらいのときなど、ショートバイトが予想される釣りのときには縦にさばいている。「縦さばきはラインスラックを作りやすいというメリットがあるので、ラインの動きでバイトをとるときは縦がいいですね」

い手のリズム、ボートポジション、投入するスポット……、さまざまな要因によってレッグワームリグは別の顔を見せます。要は、誰が使ってもそれぞれ違うリグになるということ。亀山湖でガイドしていて、僕とゲストがふたりともレッグワームリグを使っているのに、午前中僕は4尾、ゲストはノーバイトということがある。で、午後に入ると僕がデコ、ゲストが5尾になったりする。同じリグではあるんですが、実際はまったく異なるリグになっているということです。だからバスがスレないし、みんな使っていても釣れるし、差が出る。バスフィッシングの魅力のひとつである『幅の広さ』を教えてくれるリグなんです。皆さんも『自分だけのレッグワームリグ』を見つけてください」

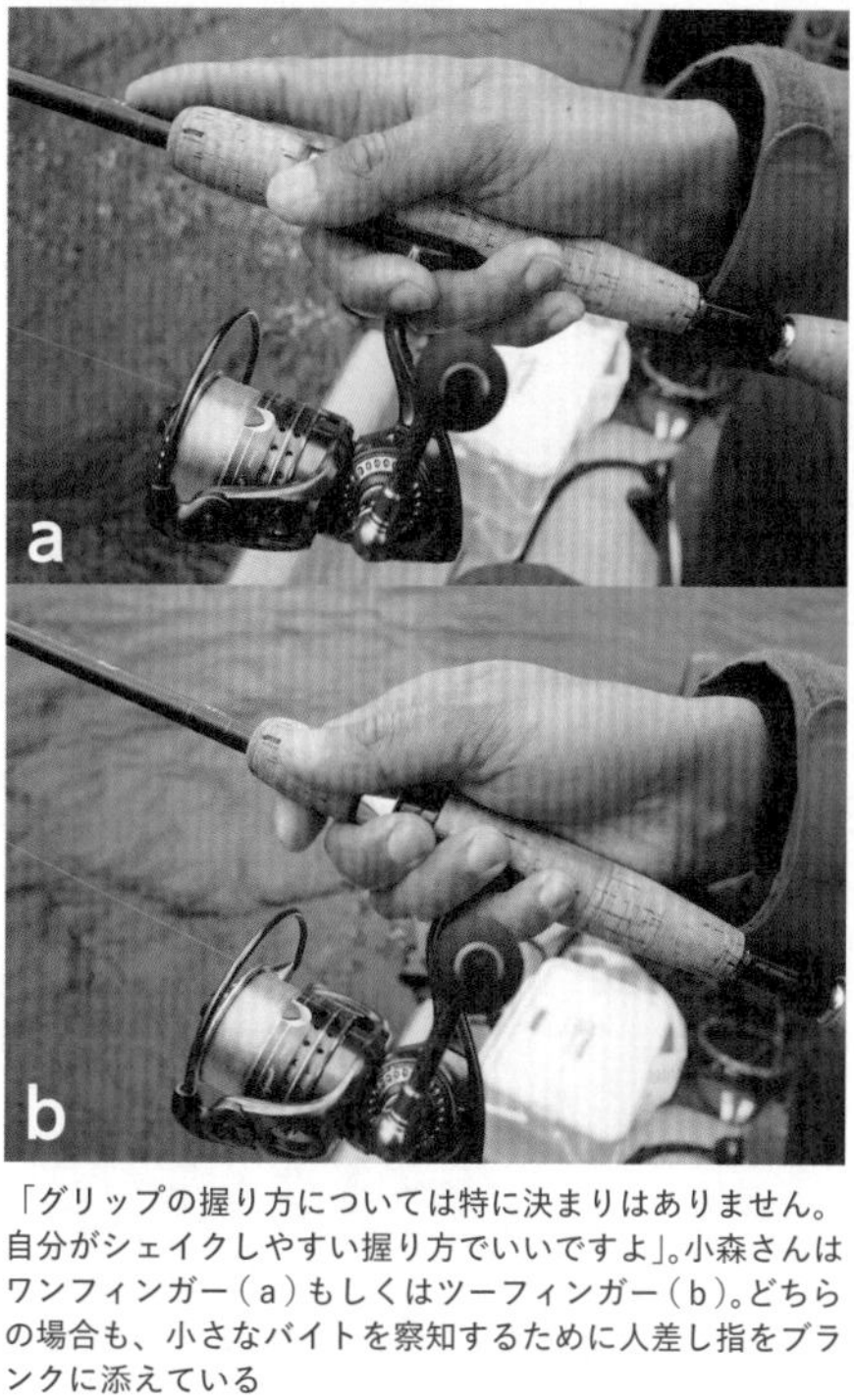

「グリップの握り方については特に決まりはありません。自分がシェイクしやすい握り方でいいですよ」。小森さんはワンフィンガー（a）もしくはツーフィンガー（b）。どちらの場合も、小さなバイトを察知するために人差し指をブランクに添えている

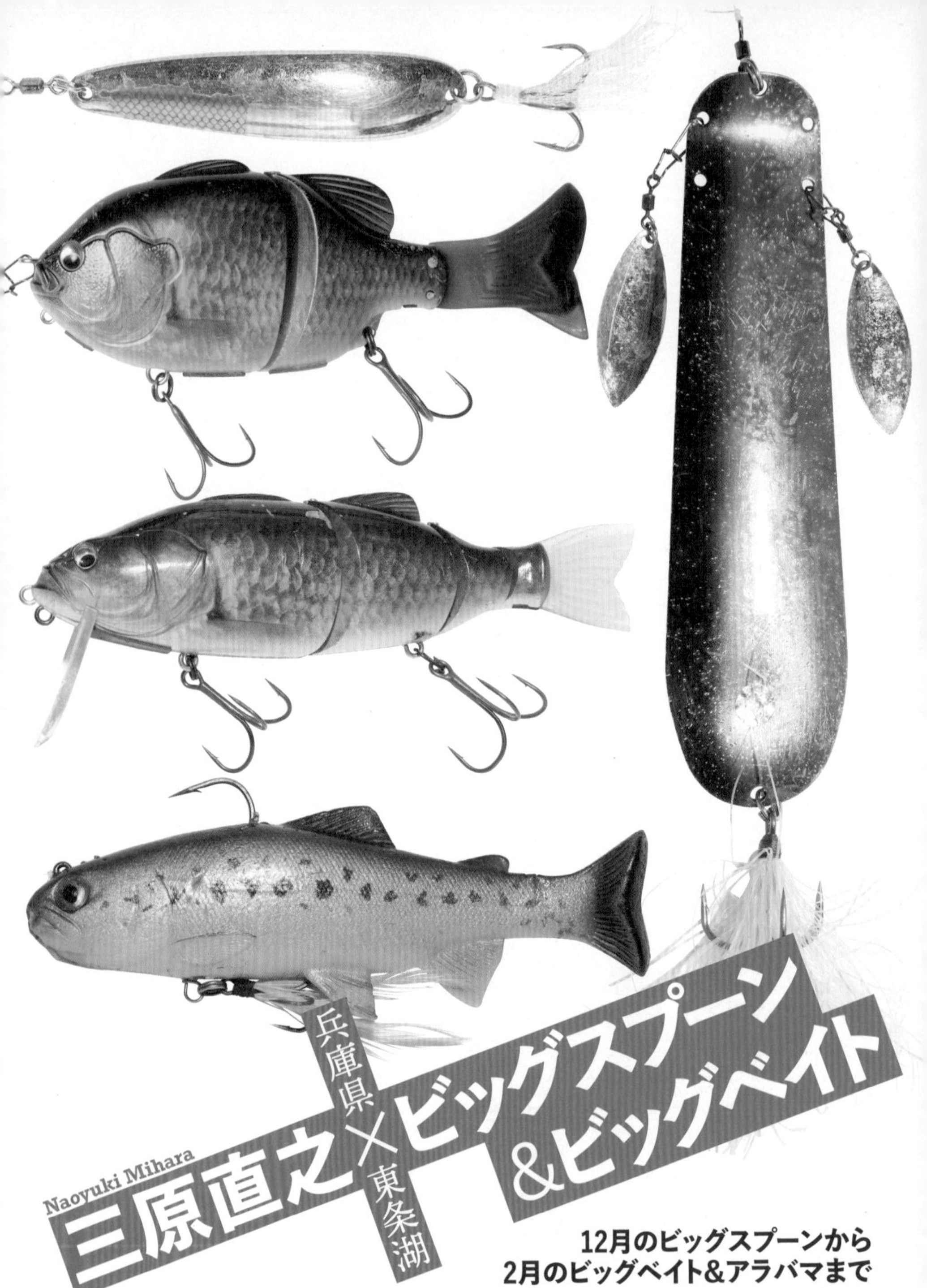

Naoyuki Mihara

三原直之×兵庫県 東条湖 ビッグスプーン&ビッグベイト

12月のビッグスプーンから
2月のビッグベイト&アラバマまで

三原直之が考える"3つの冬"

三原直之
（みはら・なおゆき）

1991年生まれ、鳥取県境港出身の28歳。「三原虫」に代表されるサイトフィッシングからビッグベイトまで、多彩なルアーを実戦投入してインパクトのある成績を残してきた。今年は七色貯水池戦でJB TOP 50初優勝を果たし、ジャパンスーパーバスクラシック（河口湖）でも二度目の栄冠を手にした（前回は2015年の池原貯水池）。2020年春にはBasserオールスタークラシックにも初出場。

ビッグベイトやトップウォーターで勝てる稀有なJBプロ。それが三原直之さんのパブリックイメージではないだろうか。

2019年に優勝したTOP50戦とジャパンスーパーバスクラシックでは、いずれもギル型ビッグベイトでキッカーフィッシュをキャッチ。

ためしにYouTubeで彼の名前を検索してみると「Xデイ検証！初春のビッグベイト攻め」「東条湖トーナメントで歴代最高記録が出ました！」など、インパクトのあるタイトルが並ぶ。また関西の人気釣り番組『The Hit!』では、1日のうちに55cmオーバーを3尾もキャッチするという離れ業を演じて見せた。

そんな三原さんに「冬でも通用するシャローのストロングな釣り」を見せてもらいたい。それが当初の取材意図だった。真冬にビッグベイトで釣れるのだから、晩秋ならもっと釣れるだろう、という安易な考えがあったことは否めない（取材日は11月10日）。

三原「どうしようかな……。今日のタイミングで真冬の釣りをやるのは難しいです。僕の冬の釣りはシャローに上がったバスを釣る方法なので、11～12月には再現しづらいんですよ」

いったいどういうこと？

11月だろうが12月だろうが、ほとんど冬みたいな状況ではないのだろうか。むしろ浅いレンジにも、ルアーに反応する魚がたくさん残っているのでは……？

「冬」を3つに分類する

詳しく聞いてみると、われわれが一般的に「冬」と呼んでいる季節のなかにも、いくつかの分岐点があるのだという。

①12月後半まで
②12月後半～1月15日ごろ
③1月15日以降

大きく分けるとこの3つ。

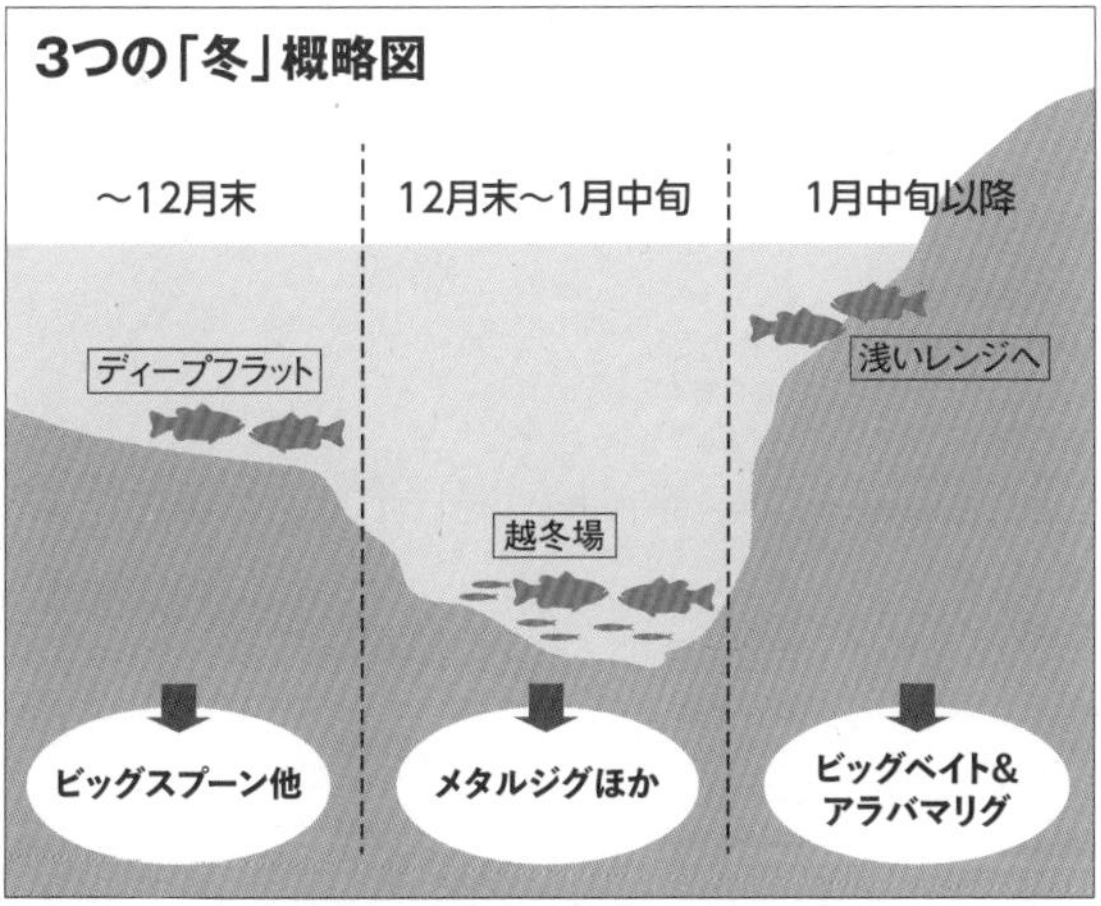

3つの「冬」概略図
～12月末
12月末～1月中旬
1月中旬以降
ディープフラット
浅いレンジへ
越冬場
ビッグスプーン他
メタルジグほか
ビッグベイト&
アラバマリグ

アフタースポーン以降、12月末までは三原いわく「基本的にイケイケの状態」。徐々にレンジは落ちていくが、良型のバスはディープフラットのブレイクショルダーなどで捕食行動を取っている。水温13℃を切るころから代謝が落ちて食が細くなり、越冬場に移動（東条湖では水深８～13m）。メタルジグやライトリグが頼りになる時期だ。しかし１月の最初の大潮からデカバスはアウトサイドの岩盤などの水深４～５mに浮き、ビッグベイトやアラバマリグで釣れるようになる

HONDEX

魚探に映る「バスそのもの」を探しながら釣っていく。東条湖はワカサギのほかにオイカワやハスも豊富だが、ベイトが絡んでいなくてもOKだという

そして、それぞれのタイミングでバスのポジションや反応させやすいルアーが変わっていく（なお、以下の解説はおもに良型でコンディションのいいバスの動きを指している。越冬場に居続ける小バスなどは考慮に入れていない）。

「①は、水温が13℃を切るぐらいまでの時期です。秋っぽい釣りが中心で、ディープフラットのエッジなどをスピード感とボリュームのあるルアーで釣っていく。11月だとデカい魚はまだ中途半端なレンジに浮いていることが多くて、使うのはディープクランクのドラッギングやヘビースピナーベイトのスローロール、ディープトレーサーに付けたビッグベイトなど。12月に入るとビッグスプーン、マグナムスプーンを多用します」

三原さんいわく〝まだイケイケな状態〟なので、ビッグベイトやハドルトラウトのようなスイムベイトをスローに引いても（＝真冬の釣り）、見切られてバイトに至らないことも多いという。

「12月末の暖かい日にトップウォーター（アベンタRS）で複数のバイトが出た経験もあります。スローな動きのルアーを使うとしても、少しピッチがほしい」

続く「②」のタイミングは、バスたちがいわゆる「越冬場

サーフィンワンド
越冬場になるワンド
越冬場になるワンド
取材時に反応のあったフラットの張り出し
ディープフラット

東条湖本湖のディープフラットをビッグスプーンで探る。ねらうのはフラットの平らな部分ではなく、ブレイク状になったエッジ付近や張り出しなど。明確に硬いところならなおいい。「シャローを釣っているときもブレイクをクランクで流したりしますよね。同じことをディープでやるだけ」。ディープクランクやスピナーベイト、ディープトレーサーも同様のシチュエーションを通す

所」に移動していく時期。水温13℃を切るころが目安で、それまでディープフラットで捕食行動を取っていた魚たちも、その脇にある岩盤や水深のあるワンドなどに移動していく。「水温が下がると代謝が落ちて、魚たちの食が細くなる感じ」と三原さん。

　このときはメタルジグやメタルバイブなど、普通の冬の釣りが必要だ。東条湖なら水深8～13ｍが越冬場所の中心で、大型の魚ほどやや浅めのレンジ（約8～10ｍ）に多い。

「そして1月半ばの大潮を境に、太い魚たちはガラッと動きを変えます」

　この「③」のタイミングから、いよいよ浅いレンジでのゲームが始まる。まだ産卵行動に入るには早すぎるし、特定のベイトを追ってシャローへ移動するわけでもないのだが、あきらかにこの時期からディープでコンディションのいい魚が釣れなくなるという。

「ディープが旬じゃなくなる、という感じですね。季節を先取りして動いた魚を追ったほうが、デカくて太い魚がねらって釣れる。一連のバスの動きは、東条湖だけでなく全国のいろんなリザーバーに応用できると思います」

　冬を3つの段階的なステージに分けるこの考え方を踏まえつつ、以降のページでは「①および③」のタイミングで三原さんが実践している釣りを紹介していこう（メタル系が活躍する「②」はオーソドックスな内容なので今回は省かせていただく）。

派手なルアーを静かに使う

　冒頭で紹介したとおり、今回の取材は11月前半。紅葉が始まったばかりで水温もまだ19℃前後だった。「この状況でも効きそうな冬っぽい釣りはビッグスプーンかな」ということでキャストを始めたのだが……妙な違和感がある。

　大きくロッドをあおってリフトアップし、ボワンボワンとフラッタリングさせながらフォール。それがビッグスプーンの基本だと記者は思っていた。しかし三原さんのロッドワークは「チョン」と20㎝ほど跳ね上げてストップ、この地味な動作の繰り返しだっ

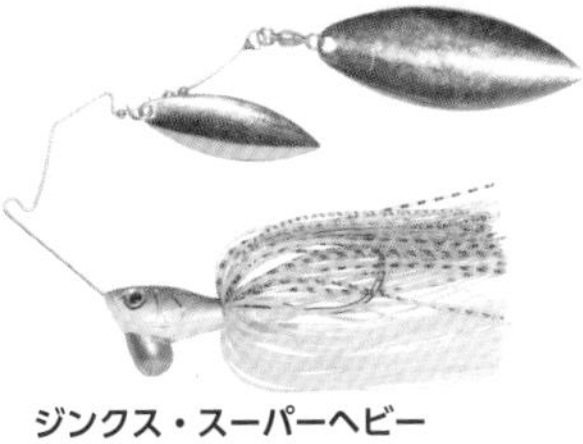
ジンクス・スーパーヘビー（イマカツ）

IK-800R2（イマカツ）

ディープトレーサー 3/4oz（リューギ）＋バスロイドJr.トリプルダブルDSF（イマカツ）

12月はファストムービング系がまだまだ効くタイミング。ねらうスポットはビッグスプーンと同じディープフラットだ。クリアアップしたときなどは岩盤やストラクチャー周りでハネモノを投入することもある

アベンタRS（イマカツ）

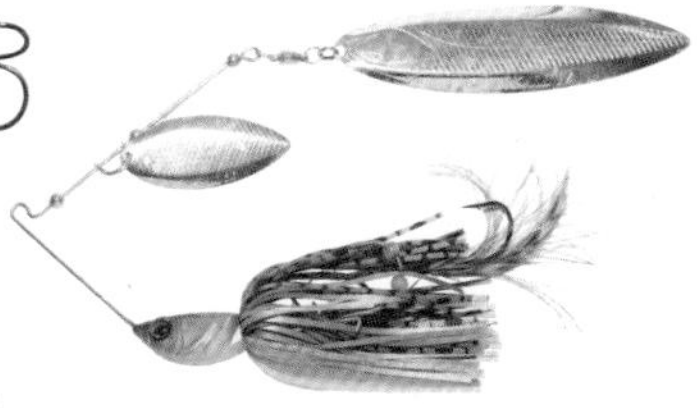
メガロドーン（ジャッカル）

[12月のビッグスプーン+α]

おもな使用時期●11～12月ごろ、水温13℃を切るまで
適した場所●ディープフラットのエッジ、張り出しなど

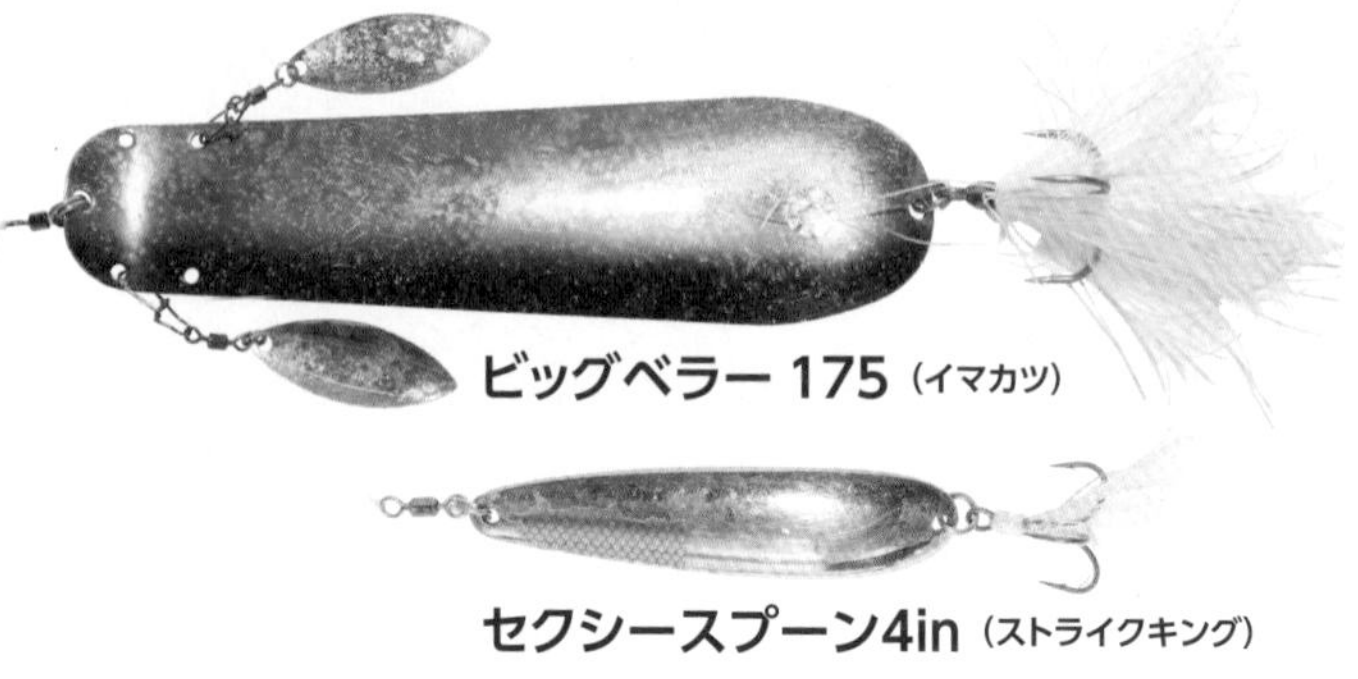
ビッグベラー 175（イマカツ）
セクシースプーン4in（ストライクキング）

たのだ。

「ボトムステイで食わせようとしてます。だから大きく動かさず、ちょいシャクリでOKなんです」

この釣り方に気づいたのは、たまたまボトムで放置中に「ゴンッ」とバイトが出たのがきっかけ。ビッグスプーンが得意な東条湖のロコアングラーが似たようなメソッドで優勝したこともあった。

「気になっていろんな人に聞いて回ったら、ステイでも釣れるよねという人がけっこういて。琵琶湖の山田祐五さんからも『激しくシャクったら釣れんよね』と聞きました。そもそもめちゃ存在感の強いルアーだから、それをさらに強く動かすとバスがビビってしまうのでは」

ビッグスプーン×ボトムステイ

この日は本湖のディープフラットでアプローチを開始した。まずは魚探でバスらしきシルエットを探して、ショートキャストでアプローチ。真下に落とすわけではないがシューティングに近いやり方だ。ビッグスプーンをボトムまで落としてから「ちょいシャクリ」開始。20～30㎝ほど浮かせてフォール、ボトムで1～3秒ほどステイ。フットボールジグで探っているような感じだ。

「スプーンはボトムに置いておくと存在が消えるけど、気になったバスが寄ってくる。『ぜったい何かいた気がする……？』って見ているうちに、ピラッと動いて、また隠れて。それを繰り返すうちにバスも堪らずドーン！　と、一気に吸い込みます。ビッグベラーは20㎝近くあるマグナムスプーンですが、食うときは半分くらい口に入ってることが多い。こういうのが相当好きな

板オモリを貼ることで
フォール姿勢を変えて
「横」にスライドさせる

12月になるとディープフラットにデカい魚がどんどん入ってくるので、使うスプーンもマグナム級の「ビッグベラー 175」が中心になる。もともとは真下にフォールしやすい水平姿勢で設計してあるが、秋は「横の動き」を出したいので少し尻下がりに変更。ビッグスプーンに板オモリを貼ると微妙なチューンが可能になるのだ

ディープフラットの11mレンジで「ちょいシャクリ」した直後、ラインが跳ねる明確なバイトが出た。ボトムから浮いたスプーンを勢いよく吸い込んだことがわかる深い掛かり。「ラインがぱち〜ん！と鳴る気持ちいいバイトでした（笑）」

んだと思います」

おもな使用場所はディープフラットだが、全体をサーチするのではなく、チャネルに面したエッジなどを重点的に撃っていく。この日、最初のバイトがあったのも東条湖の本湖にあるビッグフラットで、水深11ｍ台の張り出し付近だった。

「このフラットは秋に魚が多く溜まる場所なんですが、左右に深いワンドがあって、越冬場になってます。そっちを探っても小バスくらいは釣れるでしょうけど、ビッグスプーンが効くのは、エサを探してバスが回ってくるようなスポットがいいです」

ここでひとつの疑問が。「ちょいシャクリ」で食うなら、メタル系でもいいのでは？

「12月はまだ秋っぽい状態なので横方向へのスピード感が欲しいです。だからフォールで横にスライドするビッグスプーンがいい。メタルジグは真下に落として、休んでるバスに無理やり口を使わせるタイプのルアーだから、特性が違う。メタルバイブでもよさそうですが、ディープで使うとラインが垂直方向に伸びるから、これもほぼ上下に動いてます」

「冬でもシャロー」に開眼した理由

「昔は真冬の東条湖でライトリグもやってたんですよ。水深23ｍでダウンショットを練習したり（笑）。というか、そもそも冬のシャローで釣ったことがなかった」

そう語る三原さんの転機となったのはアラバマリグの登場だった。リューギのＲ－ヴァンガードが発売された当時、たまたま同船していた友人がそのリグで50㎝アップをキャッチ。

「嘘でしょ？　って思いながら自分もやってみたら、同じように釣れて。アラバマで4週連続50㎝アップという冬もありました。そこからですね、

まだ11月でディープにデカい魚が少ないので控えめなサイズのセクシースプーン3/4ozを使用。「おそらくスピナーベイトでも食う魚。でも水深11mでスピードを出すのが難しいからビッグスプーンになる。ライトリグやライトキャロじゃなくて、ボリュームとスピードのあるヘビキャロが秋に効くのと似てます」

シャローをやり込むようになったのは」

　ディープをやっているだけでは釣れなかったデカい魚が、冬のシャローで釣れる。それも、ずっとシャローに残っている痩せた50cmではなく、パンパンに太ったコンディション抜群の魚が、毎年決まったタイミングで差してくることが徐々にわかってきたのだ。

［ビッグベイト・スイムベイト・ビッグスプーン用］
ロッド：ロデオライドリバイバー 70XH BattleCry（イマカツ）
リール：グラビアス2020 8.1（G-nius project）
ライン：エクスレッド18〜20Lb（東レ・モノフィラメント）

［ハネモノ用］
ロッド：ジャストエースオリジナル6.6ft（ファイブコア）
リール：グラビアス2020 7.3（G-nius project）
ライン：プロトタイプPE４号（東レ・モノフィラメント）

［ディープクランク用］
ロッド：ジャストエースオリジナルグラス7ft（ファイブコア）
リール：グラビアス2020 7.3（G-nius project）
ライン：エクスレッド13Lb（東レ・モノフィラメント）

［アラバマリグ用］
ロッド：擬似餌屋オリジナル72XH（擬似餌屋）
リール：グラビアス2020 8.1（G-nius project）
ライン：エクスレッド16Lb（東レ・モノフィラメント）

「普通に浅いレンジにおるやん、と。ただしアラバマでは通せないスポットもあります。レイダウンの周りとか、ガキガキの岩場とか、浅すぎる場所とか。そういうときに何を投げればいいのか試行錯誤しました」

　アラバマリグ同等のボリュームでスローに扱えるもの、ということですぐにビッグベイトが思い浮かんだが、芳しい成果は出なかったという。

　そもそも魚っ気のない冬のシャローで、いったいバスは何を食べているのだろう？

三原「ディープに落ちないフナとか、そういうのを食ってるんじゃないか？　と思ってハドルトラウトを投げてみたら、チェイスがあったんです。足もとまでついてきたからボトムに置いてみたら、バスがじーっと見て……スパン！　とルアーが消えた（笑）。丸ごと吸い込んで、喉奥でゴリゴリしてました」

　それからしばらくしてギルロイド&ギルロイドJr.が登場した際も、ブルーギルだけでなく「フナ」として使うイメージが、三原さんの頭には浮かんでいたという。

三原「アラバマリグも、僕のなかではフナとして使ってます。群れではなく全体で1尾の生き物です」

BIG BITE
東条湖のバスフィッシングの歴史は古く、近畿では３番目の長い歴史を持つ。湖にはバスのほかにも、ワカサギ・モロコ・ウグイ、さらに上流部まで遡ればニジマスも生息している。遊漁料は860円。レンタルボートは11ft免許不要艇フットエレキ付（2名定員）7000円、フットターボ14ft（3名定員）3500円、バスローボート12ft（2名定員）2500円。マイボートの持込みも全面解禁しており、ボート運搬トレーラー専用駐車場のほか、ボート昇降用リフトも完備。ボート昇降機使用料2000円、ボート持ち込み料1500円。さらにビギナーやジュニア・ファミリー向けに釣り桟橋も設けて幅広くバスフィッシングが楽しめる。

■兵庫県加東市黒谷25
■定休日　年末を除いて無休
■Tel：0795-47-0072
■http://www.tojokobigbite.jp/

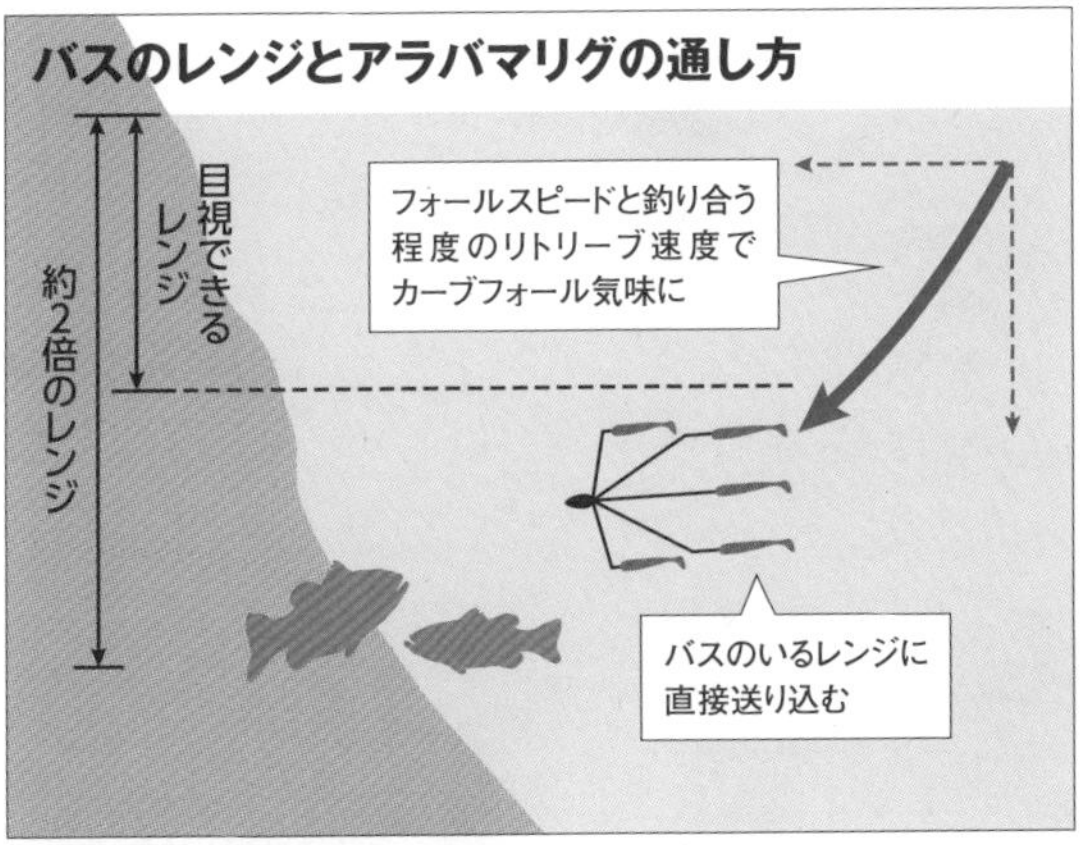
バスのレンジとアラバマリグの通し方
目視できるレンジ
約2倍のレンジ
フォールスピードと釣り合う程度のリトリーブ速度でカーブフォール気味に
バスのいるレンジに直接送り込む

バスの「タナ」を直撃するアラバマリグ

冒頭で解説したとおり、ビッグベイトやアラバマリグが本領を発揮するのは1月15日あたりから。年が明けて最初の大潮のタイミングが、その目安になる。「シャローに差す」といっても、プリスポーン期のように見えバスが一気に増えるわけではない。厳密に言えばミドルレンジも含めた「浅い場所」といった感じだ。

「東条湖を例に挙げると、冬にルアーを沈めて見えなくなるのが水深2mぐらい。そこよりも浅い範囲にはほとんどいないです、魚が見えないので。で、その2mレンジをトップとして考えて、やる気のあるバスはそこから2~3mのところにいるイメージ。つまり水深4~5mがバスがいるタナだと思います」

アラバマリグの場合は、この水深4~5mをダイレクトに通す。各ワームに使うジグヘッドは1/16ozなのでそれほど重いわけではないが、ゆっくりカーブフォールさせながら、ねらいたい水深に到達させる。

「こういう使い方をするので、ワームやジグヘッドを含めたセッティングがかなり重要。琵琶湖のアラバマなら横に引くのでいろんなシャッドテールが使えますが、カーブフォールでちゃんと動くものって意外と少ないんです」

リグが真下にフォールする速度と同じぐらいのイメージでリトリーブしてやると、ちょうどいい塩梅でラインを張

BLITZ

岩盤などはバンクと平行にトレースするのがアラバマリグの基本。後述するビッグベイトやスイムベイトとは微妙にコース取りが違う

らずにカーブフォールさせることができる。人為的に引っ張っている感じが出ないようにするのがコツだ。

浮かせて仕掛けるビッグベイト&スイムベイト

「アラバマリグはバスの目の前に通せば食う、見たら食うルアーだと思って使ってます。一方のギルロイドJr.やハドルトラウトは、バスを浮かせてから食わすキッカケを作ってやるタイプ」

ねらう岩盤やガレ場のバンク沿いにボートポジションを

ハドルトラウト6in・トーナメントモデル（ハドルストン）

ギルロイドJr.（イマカツ）

いずれもデッドスローシンキングに設定。ギルロイドJr.はアゴの下に板オモリを、ハドルトラウトはやはりアゴにネイルシンカーを入れる。「リトリーブを止めたときにやや前傾姿勢でボトムへ向かうように調整します」

「ハドルトラウトはテールの動きに目が行きますが、いちばん水を掴んでいるのは頭の周辺。丸顔で、おでこにアイがあって、微妙な凹凸のある皮膚でしっかり水をまとっている」。したがってトレーラーフックはメインフックの真下にセットするのが正解。ショートバイト対策でテール付近につけたくなるが「バスが吸い込むときの邪魔になることも」

ウエイトとフックの設定

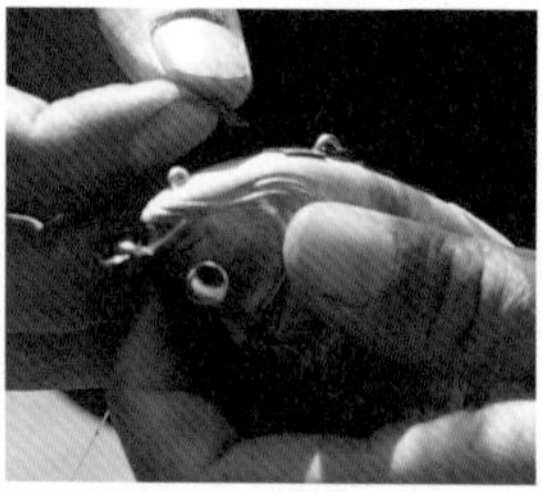

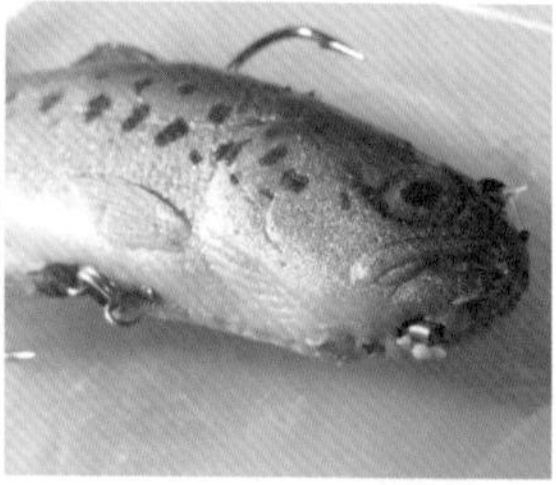

ギルロイドJr.はアゴ下に鉛を貼ってデッドスローシンキングに設定。「硬いハドルトラウトみたいなもの。ブーツテールはそのアクションで食わせるためではなくて、ブレーキとしての役割です」。ハドルトラウトはアゴ下にネイルシンカーを挿す。なお、後者のほうがラインアイが上部にあって深いレンジを引きやすい

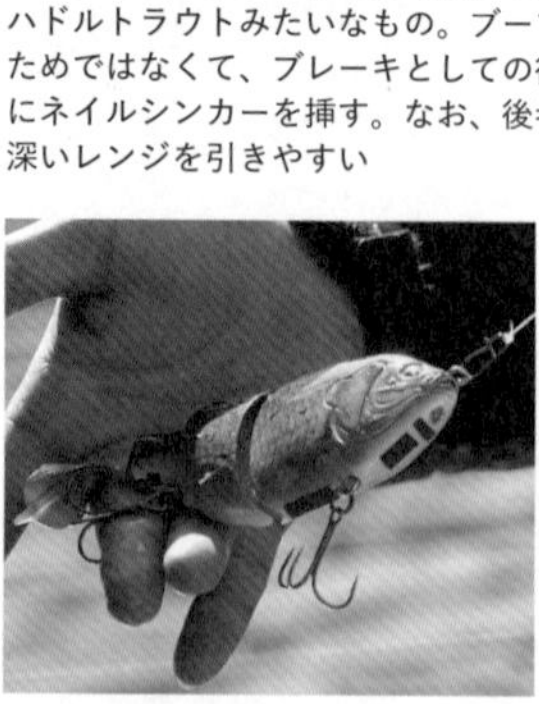

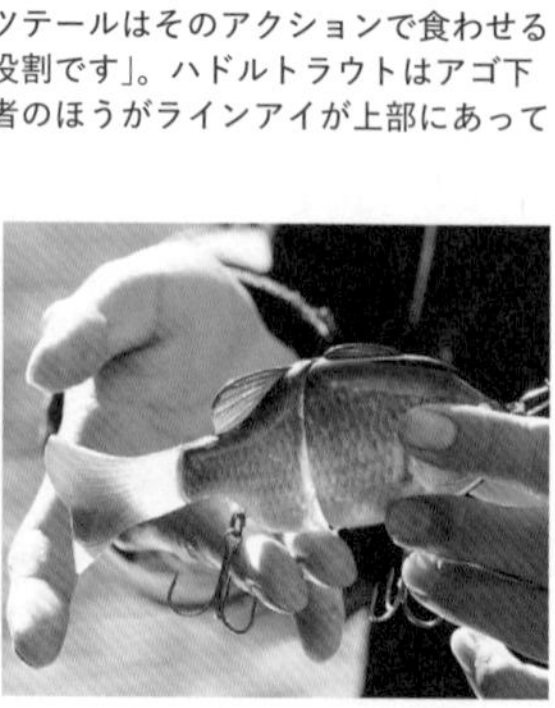

バスはそのルアーがいちばん水を掴んでいる箇所をねらって食う、と三原さん。ギルロイドJr.の場合はもっとも体高のあるジョイント部で、真横からアタックしてくることが多い。そこでフッキングすると当然リアフックに外掛かりする確率が高くなる。だからリアフックをベリーよりワンランク大きくしている（ピアストレブル＃２。ベリーは＃３）

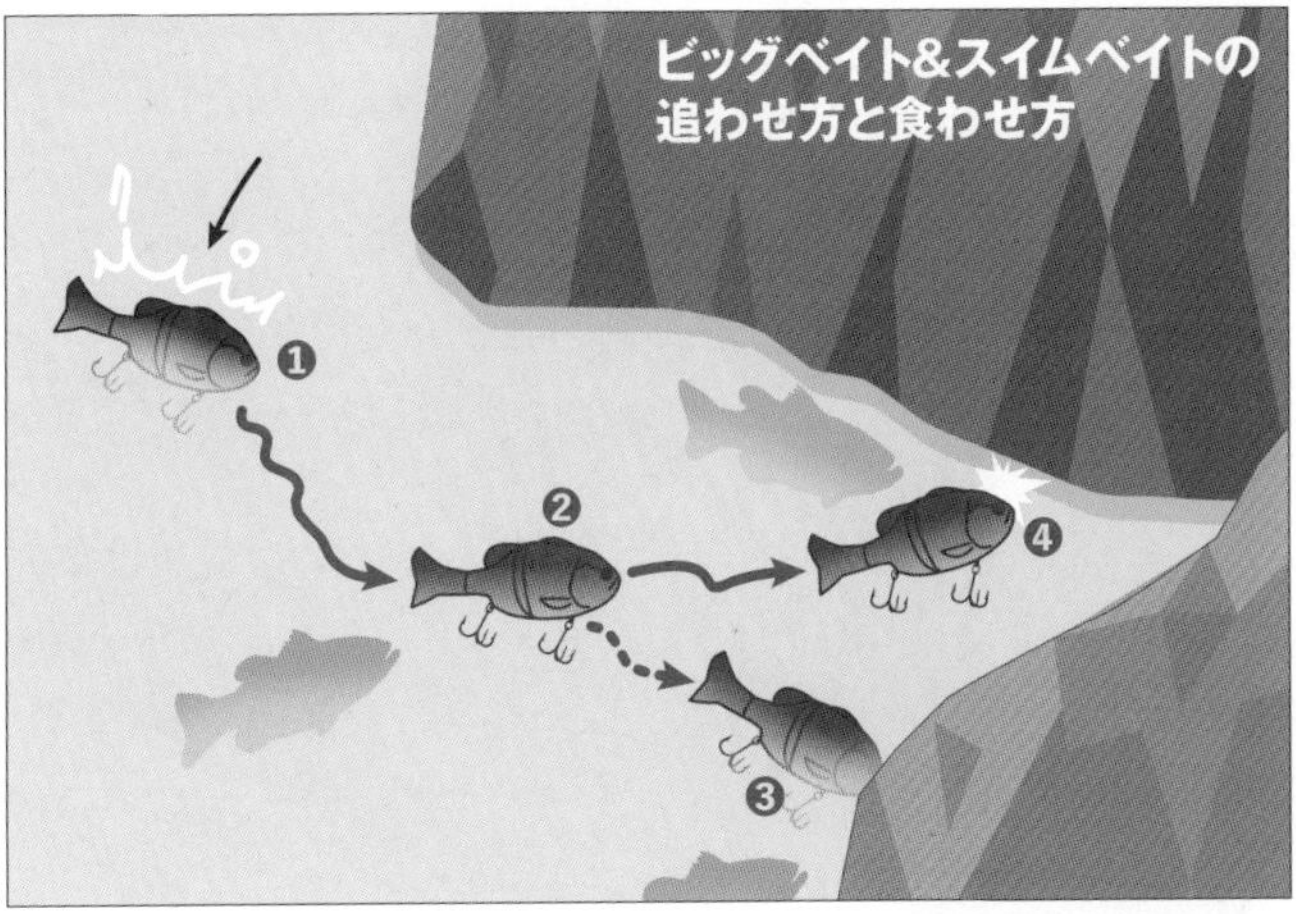

①ねらう岩盤などの「岸際ギリギリ」ではなく、少し沖にキャスト。「こうすると岩盤のエグレに入っているバスにも気づかせやすい」
②少し沈めてから1.5〜2mレンジをデッドスローで引いてくる。チェイスさせることが目的なので「ちゃんと泳いでなくても大丈夫。ボーッとしとけばいいんです（笑）」ボート近くまで巻いてきてチェイスを確認したら、
③リトリーブを止めて頭下がりでボトムに沈める
④トゥイッチするなどして壁に当てる

ガレ場はルアーを隠しやすく、追尾してきたバスにスイッチを入れやすい。「ギルロイドJr.はデッドスローだとＩ字で、少し速く引くとS字アクションになります。それを利用して頭をねらう方向に誘導してから、“チョン”と穴の中にうまく入れてやる。逃げられる！と思ったバスは絶対食います（笑）」

ティップを岩盤際に向け、ビッグベイトやスイムベイトが「深い側→浅い側」へと寄ってくるようなコース取りをする。平行引きに見えるが、実際は微妙にアップヒルで引いている

岸ギリギリからアプローチするのがビッグベイトやスイムベイトの基本。ボートがガツガツ当たらないよう静かに寄せたい。ときには岩肌を手で掴んでステイすることもある

どこで投げる?
ビッグベイト&アラバマ

冬の釣りはすべからく遅くなりがち。ここで紹介した釣りも、ただ漫然とサーチベイト的に投げるのではなく、リザーバーでバスが上がって来やすい地形を考えながらアプローチしたほうがいい。

三原「まず、しっかりとチャネルの入ったアウトサイドベンドで、最深部が8m以上あるところ。上流側に面した、カレントの当たる岩盤などがいいです。なかでも長時間日陰になるのが理想的。越冬場になる深いワンドのシャロー側をねらうこともあります」

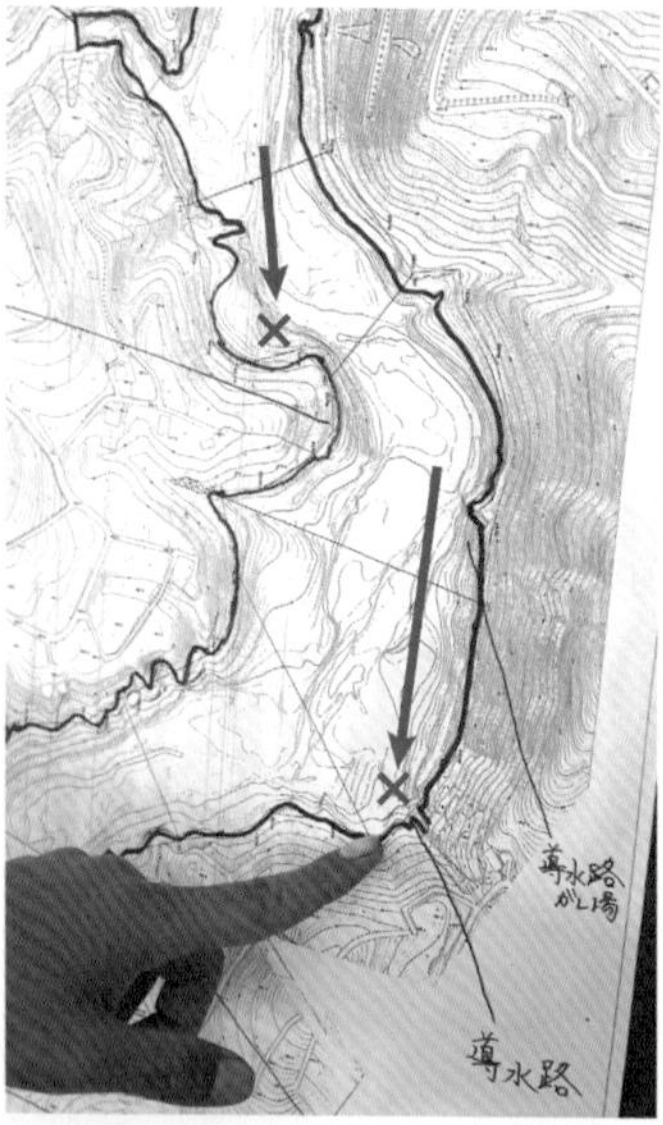

カレントが当たる側のアウトサイドが冬でもアツい。地形や地質の変化、レイダウンなどが絡むとさらにグッド。東条湖で冬に実績の高い「導水路のガレ場」はまさにそんな条件を備えたスポットだ

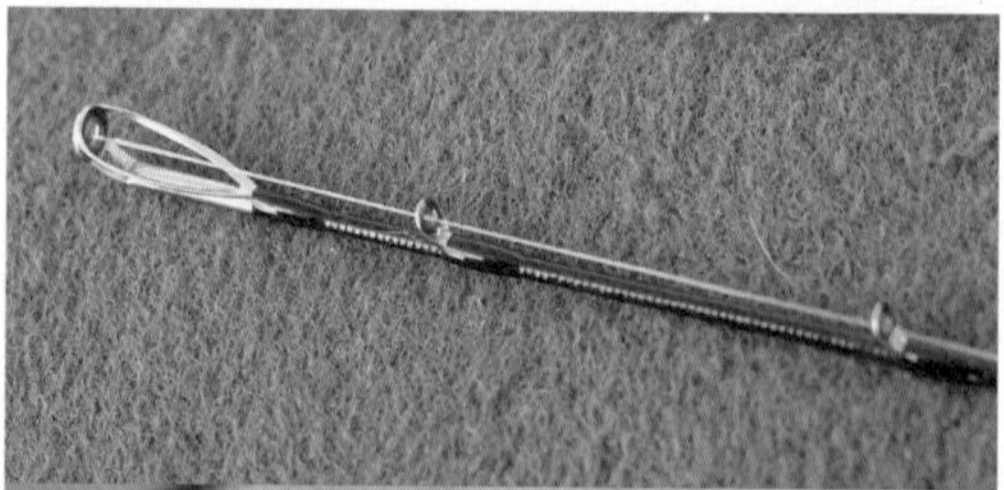

三原さんがビッグベイトやビッグスプーン用に使っているロッドが「ロデオライド・リバイバー“バトルクライ”」。大型のバスのアゴにしっかりと掛け、ファイト中に突っ込まれても曲がって追従できることを目的とした。「グラスみたいなパワーロッドがほしいと、むちゃくちゃなことを言っていたら形になりました(笑)。理想のテーパーにしたらティップがやけに太くなって、通常バスロッドで使う径のガイドがハマらなかった」

今年の2月18日、誕生日に釣った東条湖の52cm。丸飲みにされたハドルトラウトは「シャローで食っているエサ＝フナ」として使っている

取って「バンクと平行ではなく、少し沖」にキャスト。距離感はちょい投げ程度でいい。

そこから水深1.5～2m程度をデッドスローに引く。ちょうどルアーが見えなくなるかどうかのレンジだ。

「きれいなS字アクションを出したり、テールを動かそうとしなくて大丈夫。このボリュームの物体が水を掴んで動いていればOK」

下のレンジにいるバスが気づけば、チェイスがあるはず。

[1～2月のビッグベイト&アラバマリグ]

おもな使用時期●1月最初の大潮～2月ごろ
適した場所●アウトサイドの岩盤、越冬ワンドのシャローなど

デッドスローでじっくり見せて、追わせるルアーだからこそリアルプリントが生きる。ギルロイドJr.は「寒鮒・銀」、バスロイドJr.トリプルダブルは「ウルトラノンキー」がお気に入り

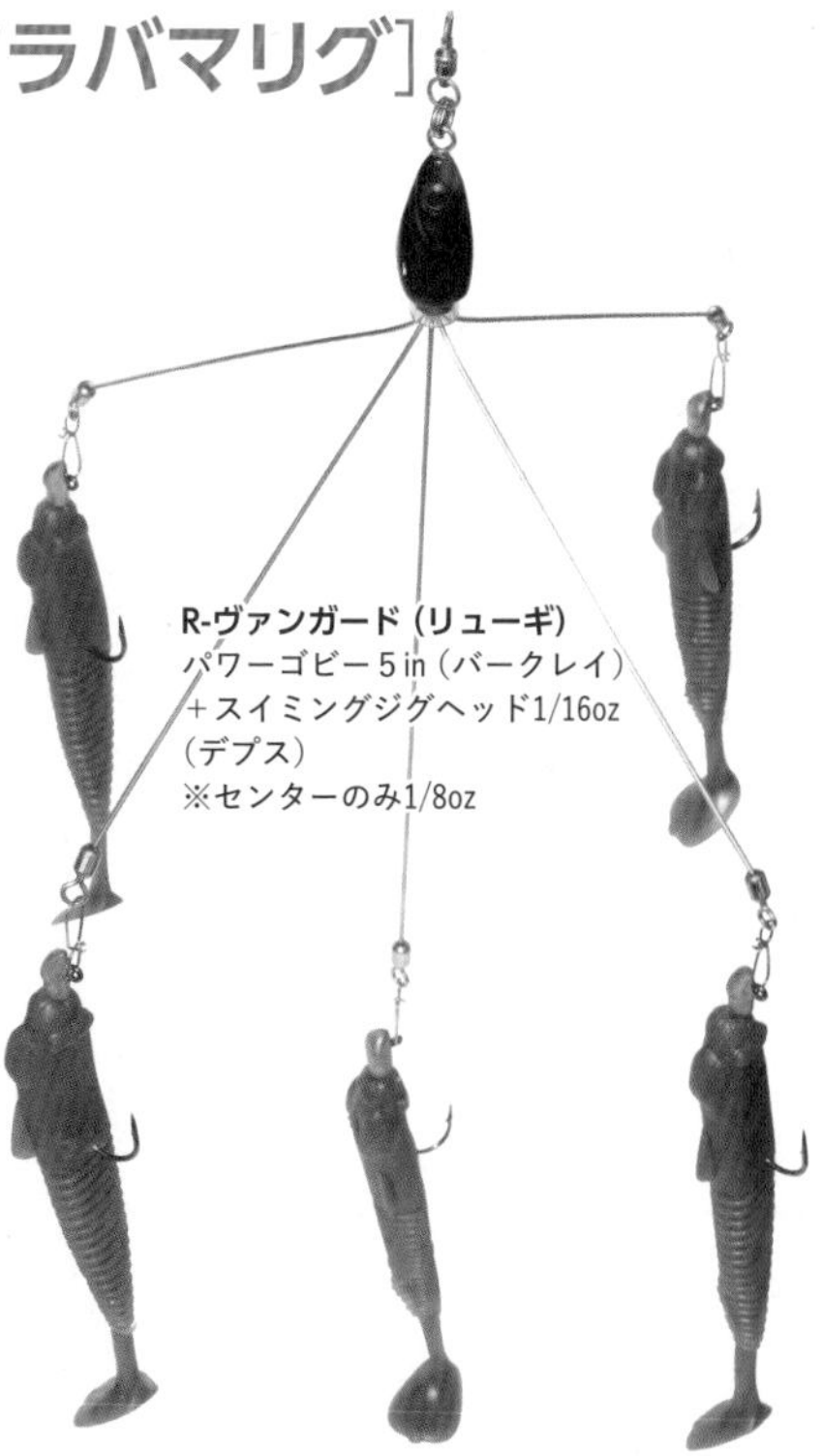

R-ヴァンガード（リューギ）
パワーゴビー5in（バークレイ）
＋スイミングジグヘッド1/16oz
（デプス）
※センターのみ1/8oz

三原さんの冬の釣りを一変させたアラバマリグ。「投げれば釣れると思ってる人もいますけど、そんなに簡単じゃない(笑)。最初のころは釣具店にあるシャッドテールを全部買って、ひとつずつ試してセッティングを煮詰めていきました」。扁平ボディーで胸ビレのあるパワーゴビーは腹側に水を受けやすく、カーブフォールでもしっかりテールのアクションが出る

バスロイドJr.
トリプルダブルDSF（イマカツ）

冬の暖かい日、なだらかな土のバンクなどでバスが浮いていることがある。そんなときに多用するビッグベイトがコレ。板オモリを貼ってデッドスローシンキングにすると、着底させても倒れずリップで立ってくれる。「ノーシンカーのズル引きみたいに、コツンコツンとボトムを引きます」。ベジテーションに絡めたり、バスの近くで軽くトゥイッチして土煙をあげスイッチを入れたりする

ここからが勝負だ。ボトムに置くか、岩盤などの壁に逃がすか。要するに、フナが物陰に隠れようとする動きを演出してやるわけだ。

「ギルロイドJr.もハドルトラウトも、アゴの下にウエイトを貼ったりネイルシンカーを入れたりするのは、止めたときに頭下がりにしたいから。ボトムにゆっくり逃げていく感じを出したいので、水平姿勢だと違和感があるんです」

「冬の大潮の日は季節の分岐点。越冬場にいるバスはずっとルアーを見せられ続けて釣りづらくなる反面、動きたての魚はフレッシュだからルアーらしいルアーで食ってくれます」

ギルロイドJr.は、トゥイッチすると頭が向いている方向に跳んでくれるので、それを利用する。岩の隙間などにうまく突っ込ませることができたら、じーっと追尾してきたバスもたまらず襲いかかるだろう。

なお、さらに細かい使い分けを挙げるとすれば、クリアアップしていればビッグベイト&スイムベイト一択。晴れて凪いでピーカンの日もこの手のルアーが効きやすい。

雪や曇りの日など、バスがイケイケな状態だと判断したらアラバマリグ。スローに扱うとはいえ基本的に「横の釣り」であり、ボリュームもあるので濁った状況にも強い。

「まずは冬の大潮をねらって、ビッグベイトやアラバマリグだけを投げる日を作ってみてください。特に新月がオススメ。春に向けて着実にバスの動きが変化していくタイミングなので必ずチャンスがあるはずです」

一昼夜漬け 免許仮伝!

編集部員が押しかけ弟子入り

並木敏成のイマドキ魚探道場

千葉県×笹川湖

もりなをこ＝イラスト

講師 **並木敏成**
（なみき・としなり）

1966年10月17日、神奈川県藤沢市生まれ。東京都八王子市在住。東京水産大学（現・東京海洋大学）に入学。卒論のため、ブラックバスの釣獲調査を精進湖で行なった。卒業後はダイワ精工に就職。同年にプロテストに合格し、トーナメントシーンであっという間に頭角を現わす。95年には早くも渡米し、B.A.S.S.への挑戦を開始。97年には外国人初となるバスマスタークラシック出場。2000年にO.S.Pを起業。2005年にはFLWツアーのワチタリバー戦で優勝、年間ランキング2位を獲得。過去には名機・HE-5700（ホンデックス）などをプロデュースしている

タニガワ
1990年、東京都生まれ。千葉県在住。中学時代に伊藤巧さんと釣り仲間になり……いろいろあってBasser編集部員になる。トーナメントにも参戦し、ボチボチの成果をあげている。魚探は今でも旧式の２Dモデル。バンクビーターを気取っているが、妻の許しがあればすぐにでも最新機種が欲しい

モチヅキ
1975年、千葉県生まれ。千葉県在住。2000年ごろからバス釣り雑誌の編集に関わる。最初に買った魚探はHE-5700で、並木さんの解説VHSビデオを買ってみたものの……正直よくわからず。結局使いこなせぬまま一昨年まで5700を使っていたが、ついにガーミンを購入。トチ狂ってライブスコープも入手するも、金欠により無念のドナドナへ……

並木敏成さんといえば、かつて、あの名作を世に送り出した魚探界のレジェンドだ。GPS付きマップ、サイドイメージ、360°、ライブスコープ……と、ここ10年ほどで一気に革命が進んでしまった感があるが、難しそうだし安いものではないし……と一歩が踏み出せずにいる人も多いだろう。しかし、水深のあるディープ、切り立った地形、沈み物やベイトフィッシュの群れなど、特にリザーバーからのボートフィッシングでは欠くことのできないマストアイテム。そこでイマドキ魚探の事情と使い方を教わった。

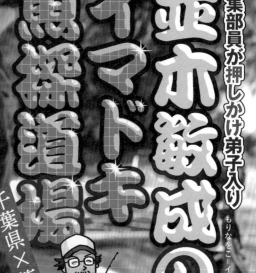

【座学篇】

魚探があれば
釣れる確率も
ぐっと高まるし、
何より楽しいよ

そもそも魚探はなぜ使う?

並木　ところで、ふたりは魚探は何を使ってるの?

モチヅキ（以下：M）　ガーミンのエコマッププラスの9inです。けど、一昨年まではホンデックスのHE－5700でした。

タニガワ（以下：T）　僕はホンデックスのめちゃくちゃ古い2D魚探だけでがんばっています。

並木　ウンウン。もちろん、従来の2D魚探だけでもあるとないのとでは大違いだよ。真下の水深がわかるだけでも充分価値はある。

T　でも、周りには「自分、バンクビーターなんで」って言って買わない言い訳をしてきたんですが、本当は最新のGPS魚探が欲しいんです! でも、結婚して子どももいるとなかなか最新鋭のハイテク魚探には手が出せない現実も……。ところで、そもそもどうして魚探って必要なんですか?

並木　魚探はね、バス釣りをより深く考えて面白いゲームにするためには絶対にあったほうがいい。夏とかハイシーズンに目に見えるカバーにフロッグだけ使うとかならまだしも、今の時期みたいに深いところまで釣るとなると、魚探がなければ目をつぶって釣りをしているようなものだからね。水中が見えれば、夏のトップの釣りで立ち木をねらうように、沈んだ木の枝の際をねらうこともできるんだ。沈んでいる障害物が見えて、「ここにバスがいるかな?」って思える。そういう意味じゃあ、ワクワクできる道具だよね。

M　魚探を買う前は、どの季節でも基本的に目で見えるモノにしかルアーを投げてなかったです。でも、それが楽しいと思ってました。魚探を使い出したころは、むしろ釣れなくなったり、機械に振り回されているような気になったり……なんだかなーって感じでしたね。

並木　それは慣れかな。さっきも言ったように、真下の水深がわかるだけでもいいんだよ。春だったら、バンク近くのシャロー、冬だったら急深の地形かな、とか。真下の水深がわかれば、そういう読み、戦略を考えるテーマをもらえるからね。水深と水温がわかるだけでも面白くなる。水温はエリア選択とか、ルアー選びの基準になるよ。

やっぱりイマドキの魚探がなきゃダメ?

T　HE－5700みたいな2Dだけの魚探と、ガーミンのような最新の魚探では釣りの内容が全然変わっちゃうんですかね?

並木　うん、2Dだけのときは岸に寄って、バンクと平行

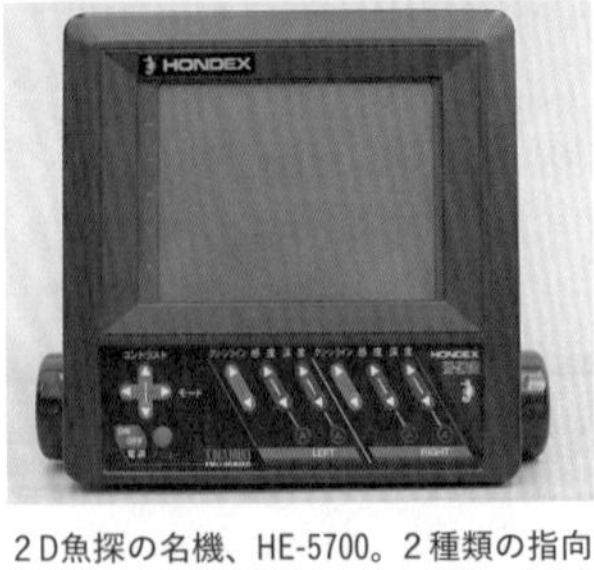
HONDEX
2D魚探の名機、HE-5700。2種類の指向角を持った振動子を持ち、真下しか見えない2D魚探の見え方に奥行きを与えた。いまだに人気が高い

一見何もないように見えるが、この下は立ち木だらけ。魚探があれば簡単に見透かせるが、なければ素通りしてバンクを撃つしかない……のかもしれない

に流して釣りをすることが多かったかな。今回のような急深のリザーバーだったら岸と平行にテンポよく速い釣りをして流していって、真下に沈んでいる木などを見つけたら振り向きざまにそこへ食わせのリグを入れる、とかね。もう1回入り直してそこに投げたりもする。

　現代の横とか前とかが見える魚探を使えばそういう二度手間がなく、常に前方から真下、さらには横や後ろまで見ながら釣りができる。はるかに効率がいいよね。

M　真上に行かなくても沈んでいるモノや魚が見えるということは……今までバスを遠くから呼び寄せるために使っていたパワーのあるルアーの出番が減ってきませんか？　水中の魚がいるピンの位置までわかっちゃったら、最初からアピールの弱い食わせ系ルアーを入れればいいような？

並木　状況によっては強いアピールで引っ張るルアーは必要だし、サーチするためのルアーも必要だよ。バスが散っていたり、中層にサスペンドしているときとかね。魚が上ずって表層にいるのに魚探ばかり見ていたら釣りのリズムが悪いし、釣れなくなっちゃうもんね。でも、たしかにピンがわかるようになるから、よりダイレクトに撃てる食わせ系ルアーの割合は増えているのかもしれないね。

M　昔の2D魚探と比べていろいろ楽になったんですね。JB時代は自作のでっかいマーカーブイを使って、マスを区切りながら、魚探がけしていらしたとか……。

並木　そんなの誰もやってなかったからね（笑）。普通はたまたま岬とか沈船が映ったらその周りを魚探かけるくらいで、断片的にしか把握していない人が多かった。自分は広いエリアを碁盤の目のように四角く切って、そこをジグザグにボートを流して……全部の地形を把握していたんだ。

T　アメリカでもですか？

並木　そうだよ。ウォルマートで売ってる59セントのワンガロンの水タンクをマーカーブイ代わりにして使ってたよ。ときにはセスナを飛ばしたりね（笑）。それが今ならクイックドローで等深線入りマップが作れるし、サイドスキャンもあるし、楽になったね。でも、あれはあれで宝探しをしているみたいでワクワクして楽しかったけどね。自分だけの入れ食いスポットを見つけたら、まさに宝の山だよ。

2D

真下を見る、いわゆる通常魚探

もともと魚探の基本でありメインの機能だったのがこれ。振動子が通過した場所の真下を映してくれる。バスなのか、木の枝なのか判別はしづらいのだが、ベイトフィッシュやハードボトム探しなどの使い勝手がよく、いまでも欠かせない機能だ。周波数を変えることによって見えるモノ、見える範囲が変わる

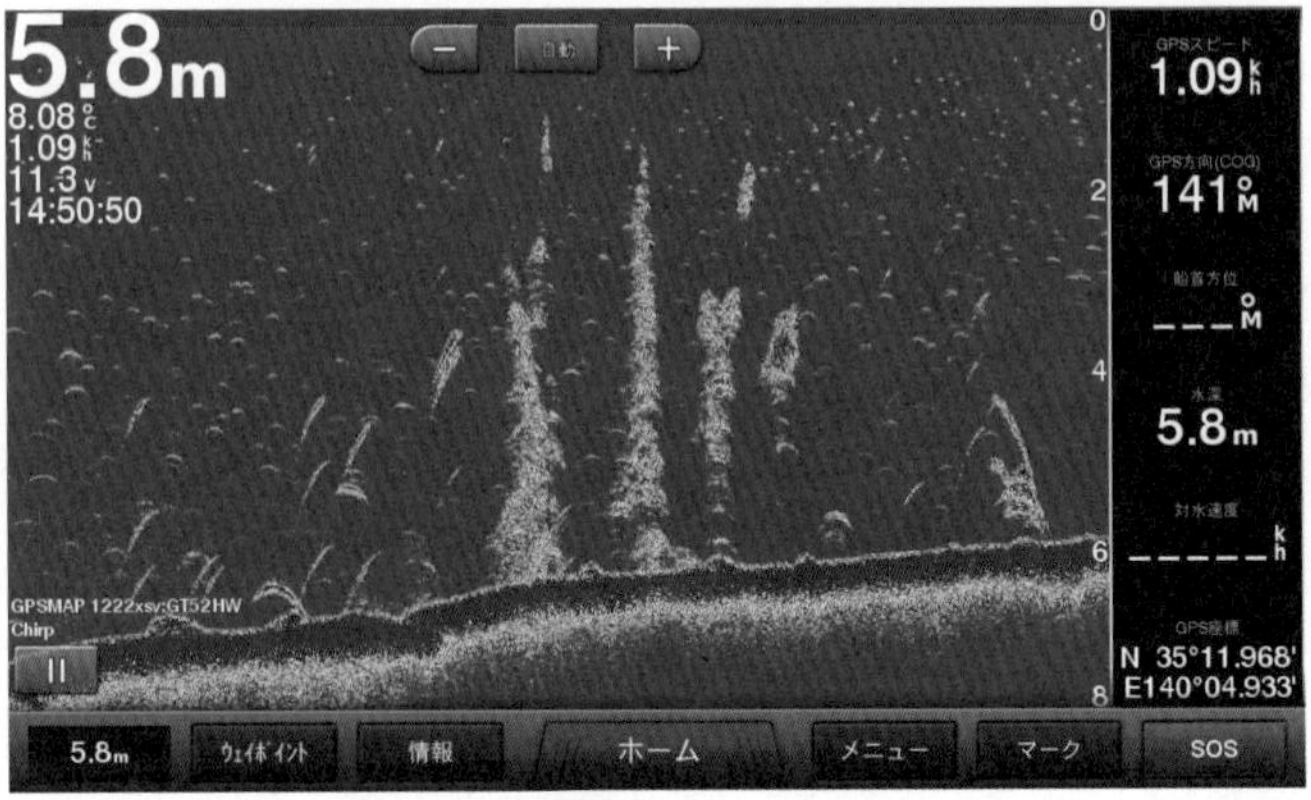

多様化した魚探の機能を改めておさらい

今でも2Dじゃなきゃできないことがある

T　今や、魚探にはいろいろな機能が増えましたが、従来の2Dじゃなきゃできないことってあるんですかね？

並木　2Dはいろいろなものをオーバーに映してくれるよね。立ち木とかはライブスコープだと貧弱に見えても、2Dだとボワーっとでっかく映る。まぁ、ベイトの群れとの見分けは難しくなっちゃうけど。

ライブスコープだと現在しかわからないけど、2Dやクリアビューなら過ぎ去った過去の情報が画面上にしばらく流れて残るのもいいよね。

T　サーモクラインも映りやすいですよね？

並木　サーモクラインはライブスコープでも映るけど、2Dのほうがはっきり映る。あと、2Dは実は効率がいいんだ。基本は真下を円の周波で探っていくからね。ライブスコープは振動子（エレキのヘッド）を回さないと円にはならない。ただ、その半径が圧倒的にデカくて後ろまで映るんだけどね。

M　やっぱりライブスコープの使い勝手はすごいですね……。実際、2Dの出番はどういう場面ですか？

並木　たとえば、岬の先端に向かってボートを進めて行くとき、2Dも同時に見ることで、ここから岬が始まるんだな、とか、ここが頂点だな、というのが正確にわかる。あと、ちっちゃいバスとかスタンプとか、ボトムにある小さいモノは2Dのほうが映りやすいね。

T　二次反射を見るのはやっ

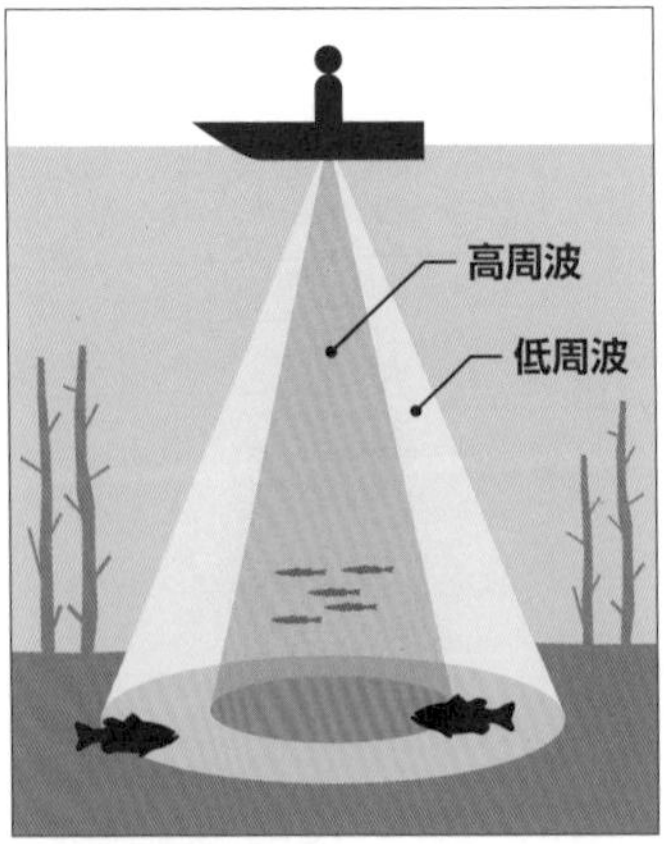

2D魚探の映し方

2Dは振動子から円錐状に超音波を送り、ボトムなどに反射して跳ね返ってきた超音波を解析し、映像化したもの。周波数の数字が大きいほど円錐の角度（指向角）は狭く、地形や魚も正確に映る。数字が小さいほど、広範囲の探知が可能で、底質を把握しやすい。

クリアビュー

水中をカメラで写したような写実的な画像

非常に高い周波数のスリットビームを面で発射し、それを組み合わせることで描写する。高い解像度が特徴だ。立ち木や沈船など、モノの形を正確に見せるのが得意。木についた葉っぱ1枚までしっかり映る

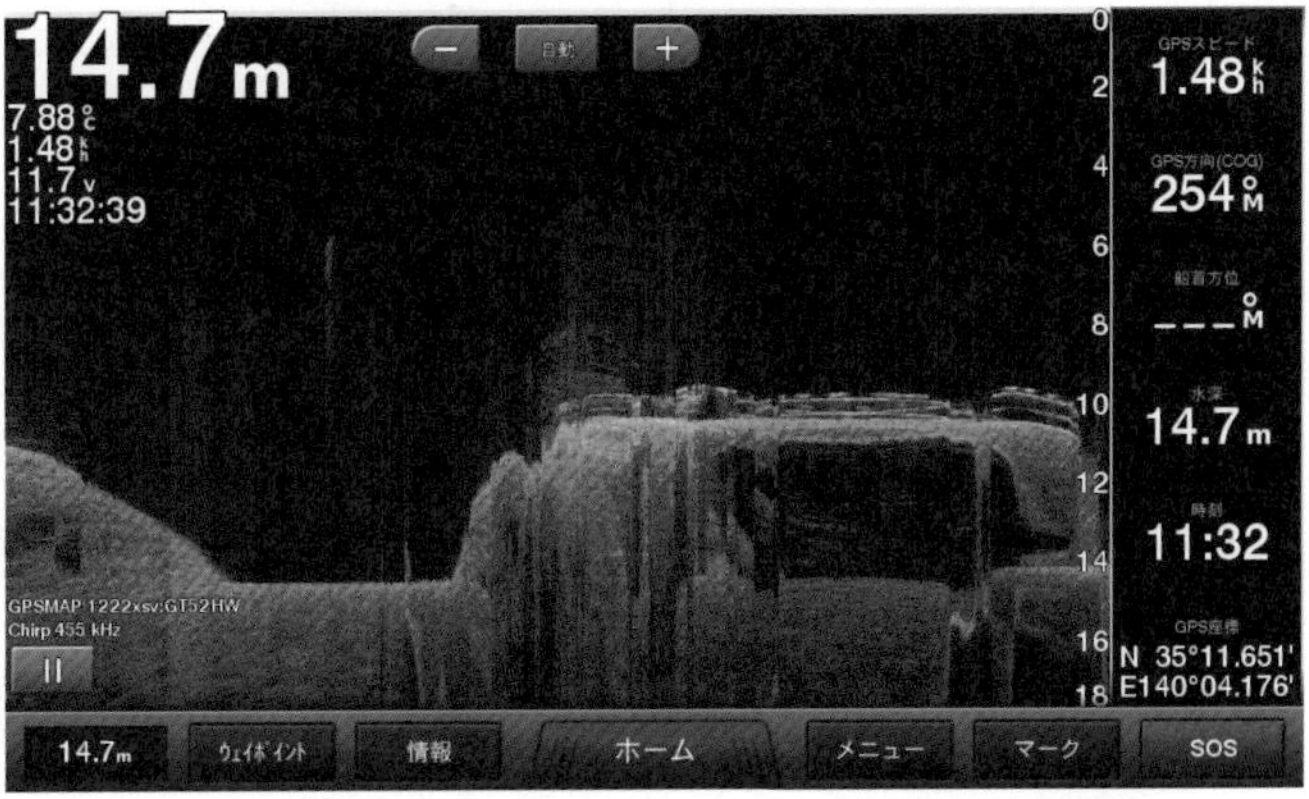

ぱり2Dですか？　深度を倍の深さにしたりして。

並木　そうだね、2Dでやるね。ライブスコープでもわかるんだけど、泥底から多少固くなったとか、そういう微妙な違いは2Dのほうがはるかにわかりやすいんだ。あと、やっぱり2Dって魚を写すのがすごく得意。バスの群れを探すのは強いよ。

今やいろいろな機能が魚探にはあるけど、2Dは絶対に外せないね。

2Dよりくっきりと真下を映す

T　ここから僕は未知の領域なのですが……ガーミンでいうクリアビューはどういう特性があるんですかね？

並木　沈んでいるモノがカメラで写したように、よりはっきり見えるんだ。2Dだとぼんやりと塊で映るものが、クリアビューの場合はちゃんと形として見える。

2Dだと、障害物の際に魚がいても潰れちゃうけど、クリアビューなら映してくれるよ。あと、大きな違いは指向角の違いだね。2Dは比較的広い円で映しているのだけど、クリアビューは狭い。本当に真下のモノが的確にわかるんだ。

M　立ち木とかモノがはっきり映るけど、逆に、狭いから応用が利かないということですかね。

並木　うん、これだけで使うものではないね。ほかの機能と組み合わせて使うべき。たとえば、サイドビューで広く探って、何かありそうだなっていう場所を見つけたら、ボートで真上まで行き、正確な形を映し出すとか。

T　こういうときはクリアビュー、っていうのはいつなんでしょうか？

並木　バスボートとかアルミボートとか、エンジンで魚探掛けするときかな。コンソールで使うとわかりやすいよ。サイドとクリアビューでより正確に見つけて、実際に魚を釣る時はライブスコープの出番になる。釣るためというより、プラクティスなどで有望な場所を探すための機能かな。

サイドビュー

広いエリアを一気にカバーするならコレ

非常に高い周波数のスリットビームを面で発射し、それを組み合わせることで描写する。高い解像度が特徴だ。立ち木や沈船など、モノの形を正確に見せるのが得意。木についた葉っぱ1枚までしっかり映る

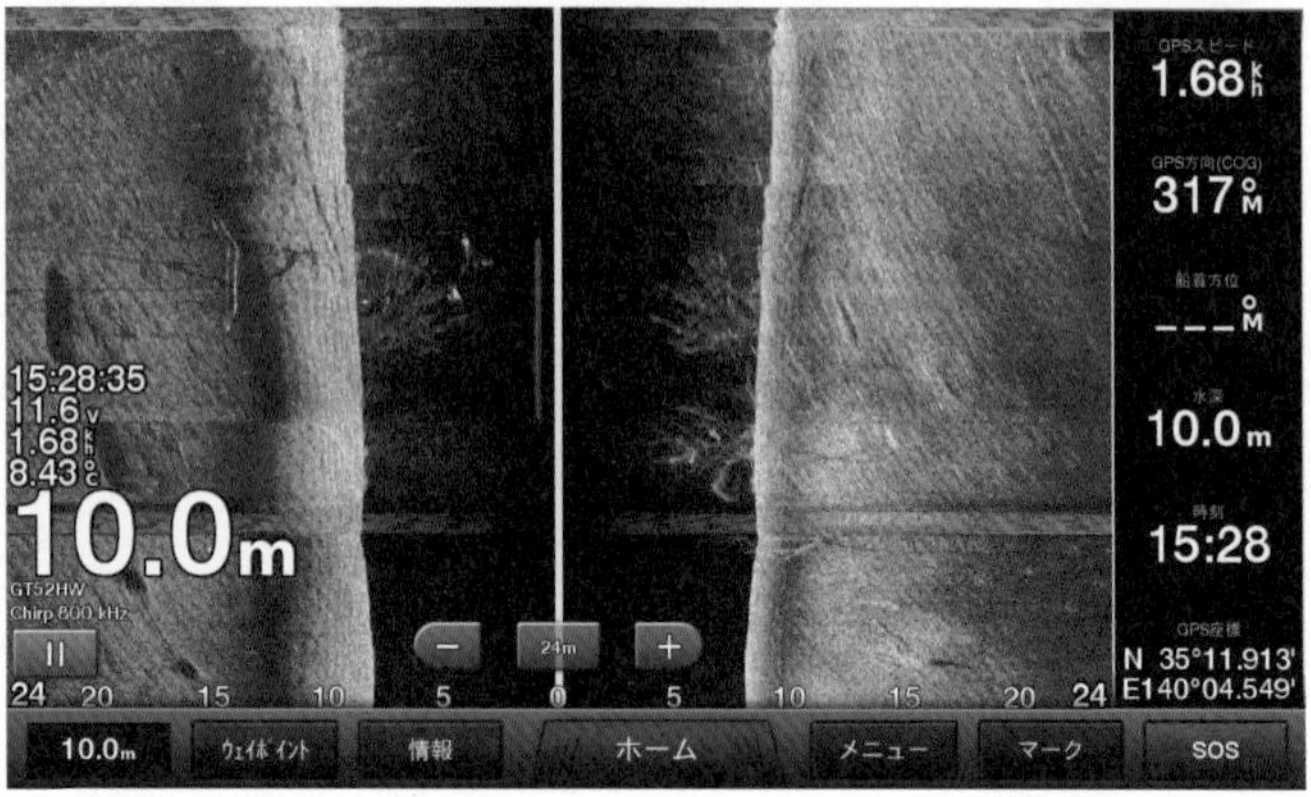

沈みモノだけでなく、地形も魚もわかる

T　続いてサイドビューです。ハミンバードでいうサイドイメージですね。

並木　サイドは自分を中心に左右15～30mくらいのボトムや沈みモノをある程度正確に見たいときに使う。水深の深い場所は50mくらいに設定することもあるけど、普通は30mくらいまでだね。

M　30mというと一気に広範囲を探れますね。

並木　左右でイコール60mってことだからね。一回通っただけで沈んでいるモノやハードボトムとかわかってしまうからすごい。

T　サイドビューで映しやすいもの、映しにくいものってあるんですか？

並木　上から見たら形がわかるようなものはわかりやすい。沈船とかタイヤとかテトラとか。高さはわかりにくいね。たとえば杭は苦手だね。でも、よーく見ていると影みたいなのが映るからさ、その長さで杭の高さがわかるよ。

T　ブレイクとかも影になるんでしたっけ？

並木　そうそう、ボート側が浅くて反対側が深い場合は向こう側に影が映る。逆にこっちが深くて反対側がカケ上がっている場合は影が出ない。

あとは魚も映るよ。バスくらいなら……老眼にはちょっとキツいけど、これだな、みたいなのはわかるね。特に浮いている魚は影になるのでわかりやすい。でも、ボトムにべったりだとわからない。ワカサギの群れとかはすごくわかりやすいね。

M　具体的にどのような場面で使う機能なんですか？

並木　たとえば、初めての釣り場の地形を把握したり、沈みモノを探すときだね。あとは、ディープフラットで釣りをするとき。ワカサギの大きな群れやそれに付いたスモールマウスの一団なんかを見つけたら、そこからエレキを下ろして釣りをするよ。

GPSマップ&等深線作成機能

もう、初めての湖も怖くない

2000年、米国政府によるGPSの意図的精度低下（SA）が解除されて以降、目覚ましい進化を遂げたGPSマップ機能。さらに、近年は自動等深線作成機能などが追加され、いよいよ水の中が丸裸になってきた。マップデータを入手すれば卓上プラクティスができてしまう

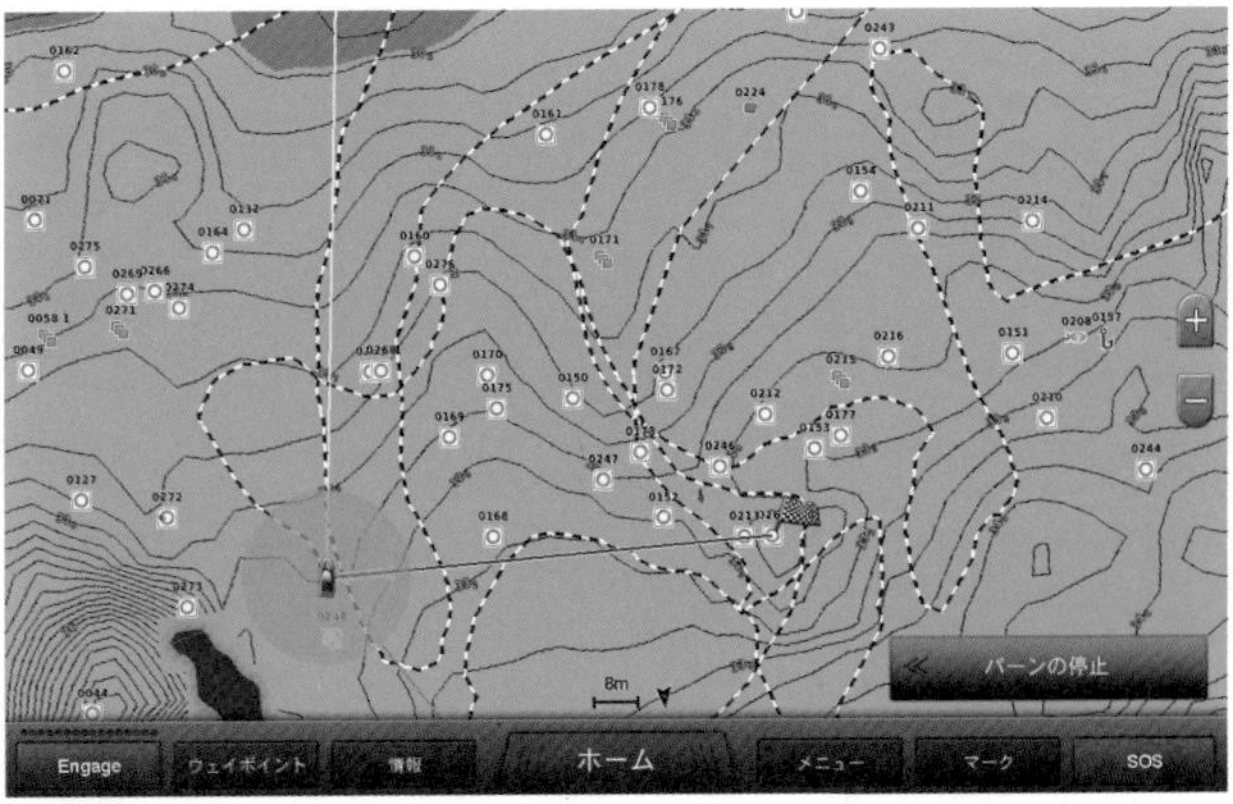

エリアと地形把握がぐっと身近になった

M 個人的にはイマドキ魚探で一番欲しかった機能がこれでした。方向音痴で山立ても苦手なものでして……。

並木 これがあれば湖のどこにチャンネルが通っているか、フラットがどこにあるのか、釣り場に行く前に大まかにわかってしまうよね。

M 自宅にいながらプラができるような?

並木 そうだね。たとえばワンドがいくつかあって、「このワンドだけ3mラインが奥まで入っているんだな」とか、その情報だけで「春はいいけど晩秋の時期はキツい。春でも暖かい日はこのワンドにも入るけど冷えたらチャンネルが奥まで入っているこのワンドしかないな」とかある程度推測ができてしまうんだ。

この等深線は最初から入っているのではなく、クイックドローという自動等深線作成機能を使って自分で作るか、ネットワーク上に共有されたデータをダウンロードして魚探にインストールするんだ。

M あれって、いろんな人のデータを統合しているはずなのに、ツギハギだらけにならずに綺麗な等深線になっていますよね?

並木 あれはみんなが取ったデータの平均を出しているからね。減水時や満水時などの平均値なのでより正確と言える。

T 並木先生はヘディングセンサー（ボートの向きがわかる機能）を使いますか?

並木 あれば便利だけど、リザーバーのレンタルでは使ってないね。沈みモノをマーキングしまくるわけじゃないし、何よりライブスコープを当ててしまえばそれで済んでしまうからね。ヘディングセンサーの一番のメリットは沈みモノに対して遠くから正確に当たられるということだよね。

M なるほど。広い湖の沖で沈みモノをねらうとなると……ライブスコープの実用射程距離よりも離れた場所からロングキャストで撃つには便利な機能ですね。

並木 なお、ガーミンに関しては、もともとかなりGPSの精度が高い。「みちびき」という新しい衛星に対応していて、それだと誤差は1m前後という正確さでね。僕が使っているモデルは1秒間に10回信号をキャッチして補正するので、それだけ動きが滑らかになるんだ。

ライブスコープ

バスフィッシングを根底から変える?

ライブスコープは動画で今起きていることを映し出す。しかも、はるか前方からやや後方までが射程範囲となり、振動子をくるくると回せば360度見渡すことも可能。これまでの魚探とはあまりにも次元が違う性能に、「ゲームチェンジャー」と恐れられている。今後、クリエイティブなアングラーによって新しい釣り方が生み出されていくだろう

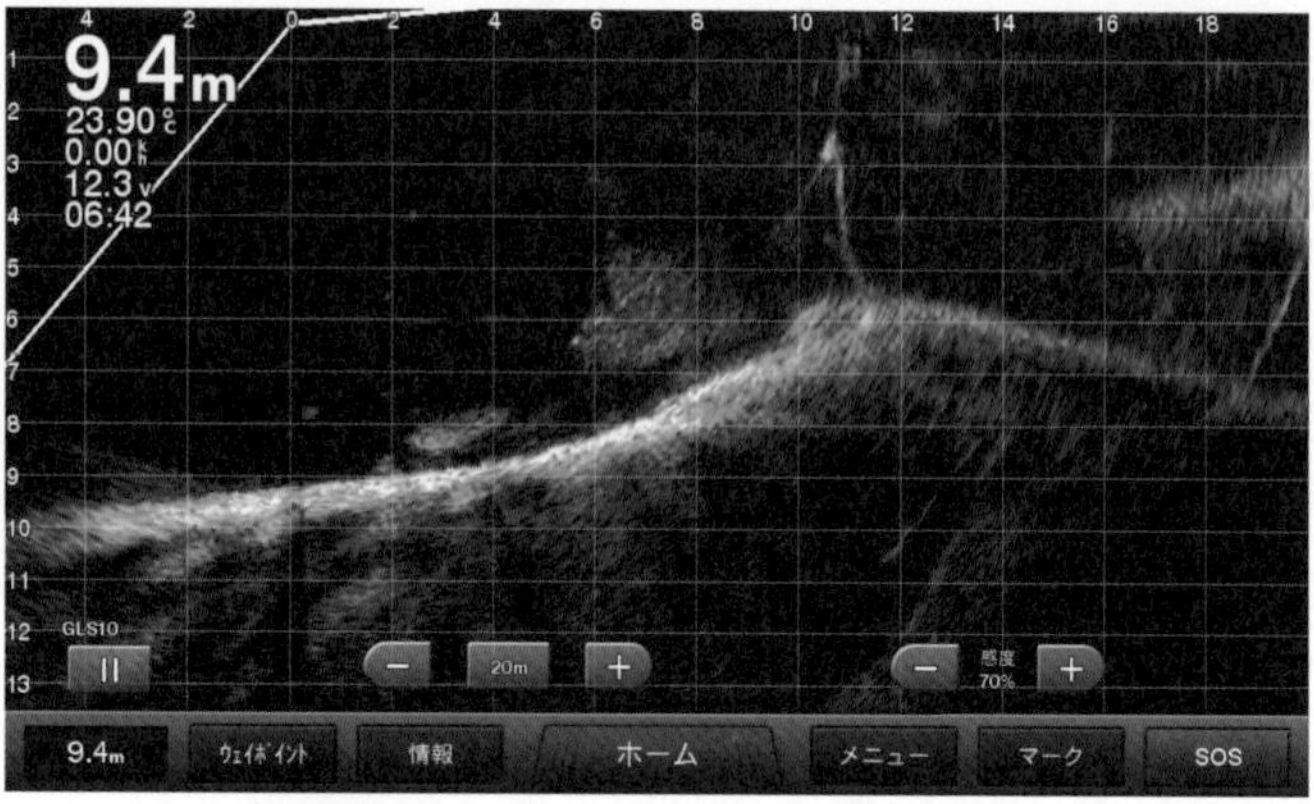

まだ底が見えない、ライブスコープの可能性

T　では、いよいよライブスコープです。衝撃でしたね。

M　これによって、今までボートの真下か横しか見られなかったのが前も横も後ろも見えるようになりました。しかも動画で。これはいろいろと大きな変化がもたらされそうな……。

並木　どこでもスーパークリアウォーターで、全部見えて釣りができているようだね。ボートの周辺、泳いでいる魚、沈んでいるモノ、水中が全部丸わかりになるからね。

　ある意味水中カメラよりすごいよ。濁りが入っても夜でも関係なく見えるからね。あと、橋脚の向こう側とかは映せないけど、ライブスコープなら映る。

M　ボートで真上に行けない場所も見える、というのも新しいですね。

並木　そうだね。相模湖のでっかい浮きモノの下も覗けたもんね。あとは、ボートを止めた状態でも性能を発揮するというのもほかの機能とは違うね。それができるのはほかには360度スキャン（ハミンバードの機能）くらいで。基本はボートを動かさないと（対象物を通過しないと）映像化しないのが従来の魚探だからね。

T　ライブスコープを導入したことで、今までできなかったことがいろいろとできるようになったと思いますが、具体的にはどういう釣り方ですか？

並木　もうすべてだよね。オネイダレイクのスモールマウスでもやったけど、ウイードフラットにあるピンのロックハンプとかもライブスコープで探せるし、プラで探しておいた小さなピンに正確にルアーを落とせる。あのときは助かったよ。

M　ちなみに、僕もライブスコープを使っていたことがあるんですが、たしかにバスがいるだろうな、っていうスポットではやっぱりバスがいるのが確認できたのですが、かといってそいつらがバンバン釣れるようになったかというと……そうはなりませんでした。かえってそこに時間を使ってしまったりして……。

並木　たしかに、バスが鮮明に見えちゃうんで、ルアーも色々変えてアプローチしたくなるから時間はかかるかもね。でも、逆にバスがいないのもわかるから、希望のないスポットに無駄な時間を使わなくてよくなった

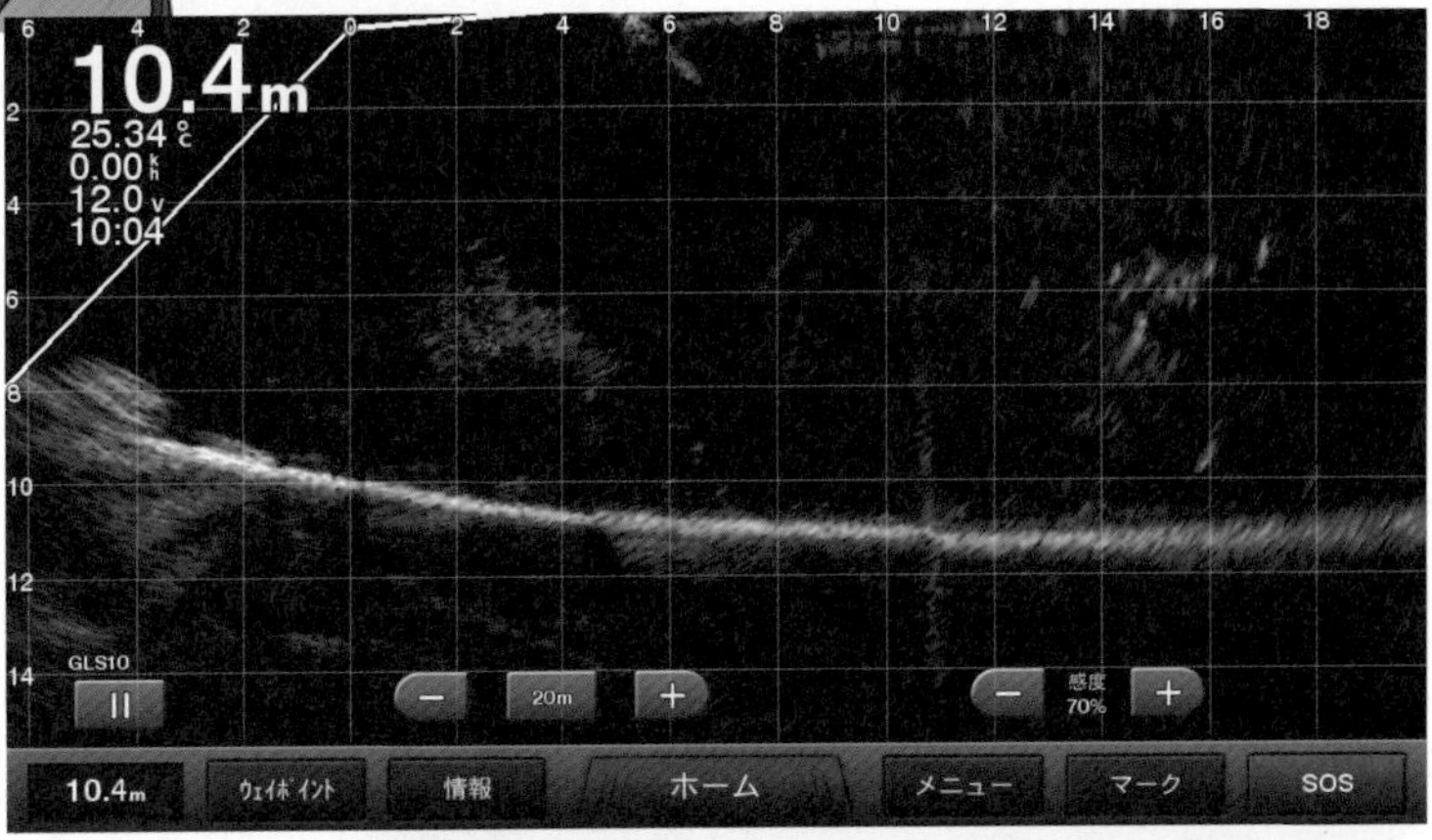
10.4m
25.34
0.00
12.0
10:04
GLS10
20m
感度
70%
10.4m
ウェイポイント
情報
ホーム
メニュー
マーク
SOS

よね。

M　映り方でバスの状態がある程度判断できますか？　こいつ、浮かせたほうが食いそうとか、ボトムのほうが食いそう、とか。青木大介さんは「バスを釣らなくてもどういう状態かがわかる」と言ってましたっけ。

阿部　それはたとえば、立ち木にサスペンドしたバスが、ルアーを落せば釣れるのか、上げると釣れるのか、とかですかね。それって今まではバイトが出ないとわからない情報でしたが、動画

昨年夏、相模湖での実釣取材。大きな台船の下にライブスコープを当ててみると……その下にはベイトの群れ、バスの群れと思しき影が映った。真上にいかずとも水中が映せるのもライブスコープならでは

その台船の下へ、ドライブSSギルをバックスライドで滑り込ませ……見事、ライブスコープシューティング成功！

でみると、落としていくとめっちゃ追っていくな……とかでわかりますからね。釣れなくても。それは大きな違いだと思います。

非常勤講師　**阿部貴樹**

あべ・たかき◎1995年5月22日、静岡県藤枝市生まれ。2020年シーズンからJBトップ50に参戦する若手の超有望株。2019年にはJB入鹿池戦、JBマスターズ野尻湖戦をライブスコープを駆使した高度なテクニックで優勝。ガーミン期待の新人である。今回はボートや魚探のセッティングなど、技術サポートとして取材に同行。根っからの釣りキチで、取材のあとは鴨川の海へと消えて行った

並木　釣りやすいバスといえば、ワカサギの群れとかをバスが明らかに追っているのが映るときは釣れるよね。バスがボトムにべったり張り付いていて、エサがいないようなときは、障害物にルアーを当てにいくような釣り方でしか食わないことが多いけど、やっぱりベイトが中層にいるとバスも浮いてくるし、そういうのは釣りやすいね。

M　ではちょっとレベルを下げていただいて……初めて魚探を買おうというバスフィッシングの初心者が、いきなりライブスコープをつけて、それメインで釣りをする、っていうのはアリですか？

並木　僕はナシだと思うな。なぜかというと、たとえばライブスコープの照射角は横幅が20度なんだ。沖に沈んだ立ち木に向かって、20度の範囲内にルアーを入れられないと画面に映らない。まずはそれを練習しないといけない。ライブスコープを見ながら釣るよりもキャスト技術を上げるほうが優先順位としては上になっちゃう。だったら、まずは2Dの魚探をしっかり見られるようになって、キャストもできるようになってからのステップアップとしてライブスコープを導入することをおすすめするよ。

＼ライブスコープ最新テク／

未来のボイル撃ち

ボイルの起こりを捉える

阿部　あとは予知ですね、未来予知。
M　なんですか、それ？
阿部　たとえば、今まではボイルが起きてからキャストしてましたよね。それが、ボイルが起きる前のバス、つまり、下からグワーっと浮上してくるバスの映像をライブスコープで先に確認して、上がってくる途中でルアーをキャストしておく。魚が上がってくる前にルアーをアプローチしておいて、上がってくるタイミングにシンクロさせて自然に食わせる、っていう。僕はそのテクニックを使って野尻湖で優勝しました。
M　もうかなり先を行ってますね……。
T　バスってボイルした直後に賢者タイムになってしまうから、そうなる前に置いておくんですね。
阿部　キャストを嫌がる魚って本当に多いんです。まだ着水していないのにルアーが上を通っただけで逃げていくとか。これは「未来のボイル撃ち」と読んでいます。それはライブスコープがなければ絶対にできなかった釣り方です。

ライブスコープでバスの群れのようすを観察し、急浮上するバスを見つけたら、それに合わせてルアーをキャストして水面に置いておく。すると、キャストのプレッシャーをかけずに、ドンピシャでボイルにタイミングが合わせられるのだ

並木敏成のイマドキ魚探道場

【実践篇】

1月中旬、暖冬とはいえ冷え込んだ房総半島。ハイテク魚探のチートな威力を確かめんと、笹川湖（片倉ダム）に船を出した！

旧式魚探でも脳内クイックドローでなんとかなる

いよいよ、イマドキ魚探の実践編ということで、並木先生と片倉ダムへ。

T　あの、さっそくですが、僕は2Dしか持っていなくて……それでも手っ取り早く魚探で釣る方法ってあるんですかね？

並木　うん、やっぱりキモはバンクに対して同じ距離感でボートを流していくことだね。そうするとそこが急深か遠浅かわかるからさ、それだけでも違うよね。

T　頭の中でクイックドローをかけるというか……等深線を描くんですね。

並木　うん、あとは過去に釣ったことがある場所の映像を見ると、こういうワケだったんだな、と理由がわかることもある。ボトムが凸凹して岩があるとか、急深になってるとか。そういう情報は、シャローと沖をジグザグに釣りをしているとわかりにくいものだよ。

T　魚探から得る情報としては、ライブスコープをメインに使うことが多いですか？

並木　前で釣りをするときはそうだね。だって、前も後ろもエレキを回してやれば360度映っちゃうからね。

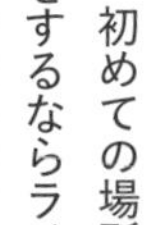

M　初めての場所で釣りをするならライブスコープが一番使いやすいですか？

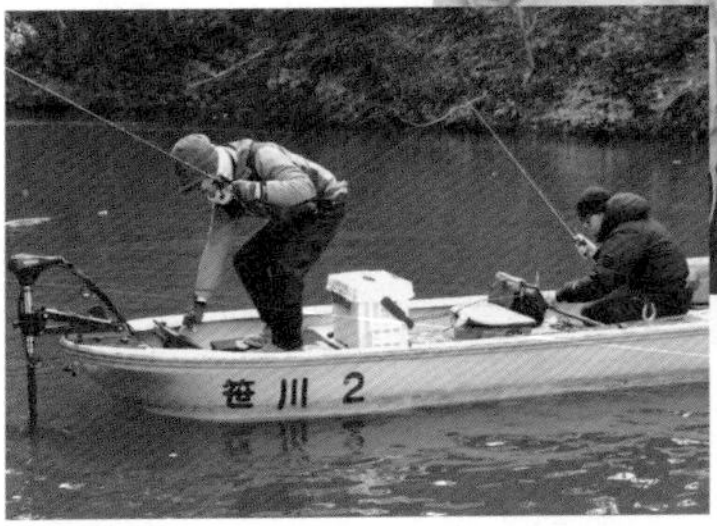

前と後ろに魚探をセットし、ネットワーク共有で並木さんが映した映像をバックシートの記者も見られる設定。タニガワとモチヅキが交互に乗り替わった。

この壁の下部にはトンネルが深く掘られていた。
並木「さすがにトンネルの奥にいるバスはライブスコープじゃないと見つからないかもね。アプローチもできないけど（笑）」

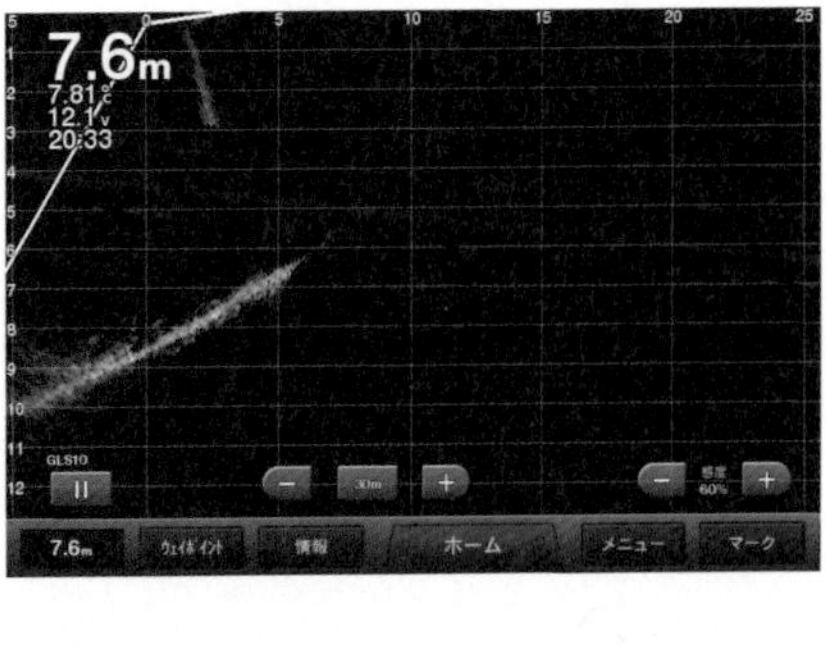

異常ナシです！

並木　効率よく釣ろうとするならね。ただ、2Dは映像が残るから、あとから確認もできる。どっちか1個と言われたらライブスコープかな。情報を早く整理できる人なら絶対に有利だよ。

――アタリがないので、並木さんはスピニングに持ち替えた。フロロ4LbにHPシャッド2.5inのダウンショットリグを立ち木に落としていく。

M　魚探を見ながら立木を釣るときは何を見ていますか？

並木　立ち木の形、水深とかだね。枝がどっちの方向に向いてどのへんが濃いのか。その中にバスが付くとしたらどこに付くのか。もちろん、ベイトフィッシュやバスがいるのかいないのか。たとえば、水深8mに沈んでいる立ち木の6mくらいに雲のようにもやもやと映るベイトが見えて、その下に明らかに30cm以上はあるような個体がバチバチっと映っていたりするのが理想

ボートセッティング

M　レンタルボートの場合、魚探画面を綺麗に映すためのセッティングを教えてほしいです。ノイズ嫌い！
阿部　基本的には魚探とエレキのバッテリーを別にしてください。同じバッテリーを使うとノイズが入りやすいです。あと、ライブスコープに関しては、コードを延長する場合、なるべく太い配線を使います。配線が長くなると抵抗がかかってブラックボックスに到達するまでに電圧が低下しちゃうんで……。あと、振動子はエレキのモーターヘッドにつけないで振動子ポールを別途用意してそれにつけるほうが望ましいです。
T　ライブスコープの振動子とメインの振動子は別なんですね。
阿部　別です。ライブスコープの振動子はモーターヘッドにつけるのが主流ですね。
M　前で釣るときの配置はどのように？
阿部　僕は前2台で、大きいほうは全面ライブスコープ。もう1台ではマップと2Dの分割ですね。

右／取材時の並木艇。エレキの電源はリアのリチビー。2台取り付けた魚探は真ん中に置いたボイジャーから取っている。なお、途中で電圧が下がったため、バッテリーを2台繋げて24Vで使用。ライブスコープ×2台の使用は電力の消耗が激しすぎた
左／前には12inのGPSMAP、後ろにも9inを搭載。ネットワーク共有しているので、振動子がひとつでも、前の魚探の映像と連動する。リアの魚探でフロントの魚探と違う画面設定にすることも可能

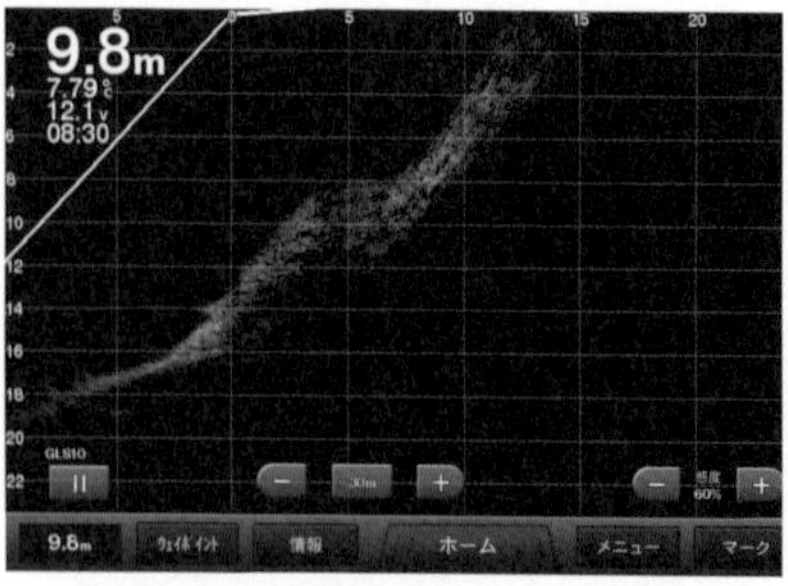
9.8m
7.79
12.1v
08:30
GLS10
9.8m
ウェイポイント
情報
ホーム
メニュー
マーク

一見、おいしそうなレイダウンだが水中はいかに？　ライブスコープを当てると……なんと、水中にはほとんど伸びていない。
並木「こういうところは浅いレンジだけ落とせばいいっていうことがわかるね」

同じ場所はどう見える?①

同じような場所（厳密にはちょっとズレているが……）を違う魚探機能で見てみよう。まずは、ディープに横たわる道路跡から

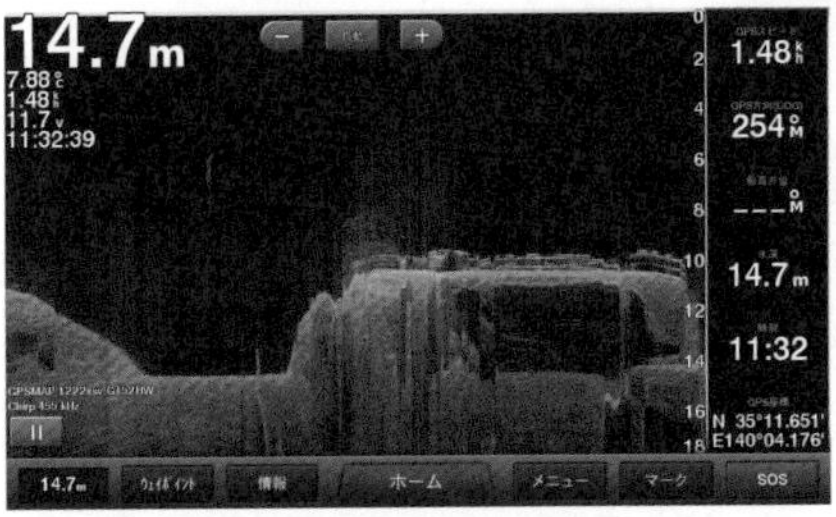

クリアビュー

盛り上がった地形の形やガードレールまでもがはっきりと映っている。その下は空洞になっているが、これが橋の形を示しているのだろうか。２Ｄに映っていた魚なのか木の枝なのかわからない浮遊物やボトム付近のモノはかなり目立たなくなっている

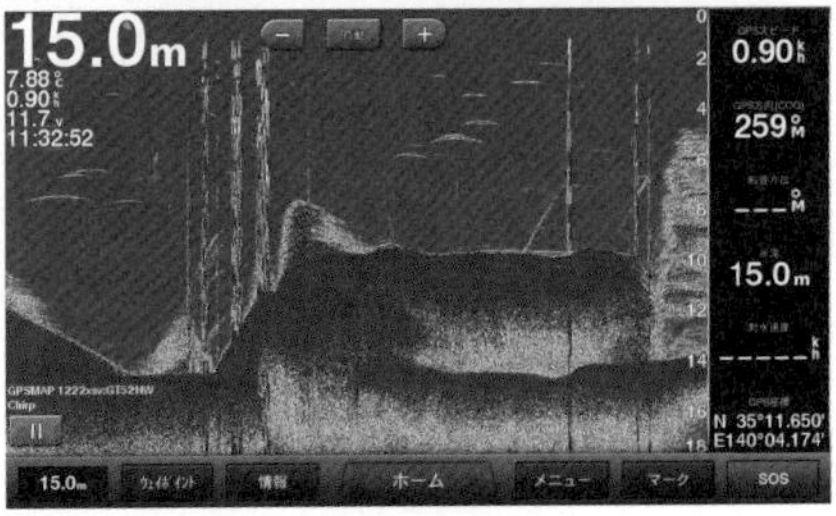

2D

盛り上がった部分が道路跡。かなり強い二次反射が出ていてハードボトムであることはわかるが、ガードレールや、橋になっていることまではこの画像で判断することは難しい。その両サイドに立ち木のようなものも見える。なお、縦に伸びているまっすぐな線はノイズと思われる

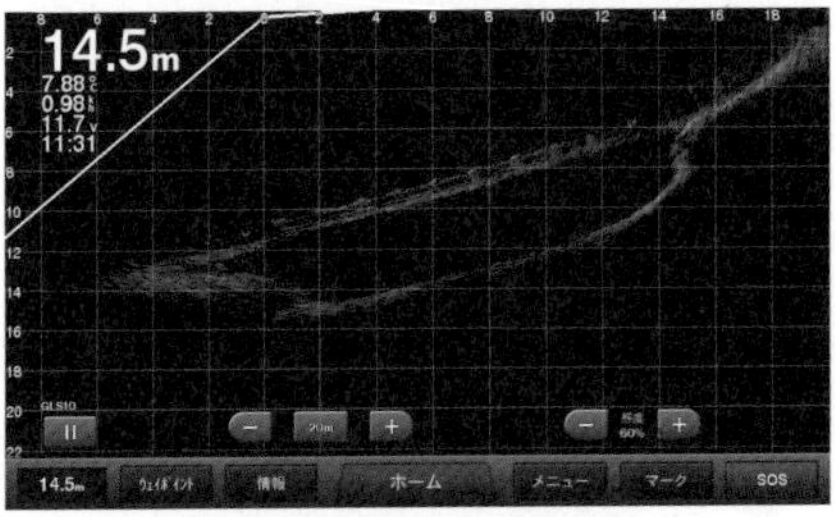

ライブスコープ

こちらは道路跡の橋の部分。地形が凹んでいてそこにガードレール付きの橋がかかっているのがはっきりわかった。その下には魚影のようなものも映っていた。ちなみに、画面が斜めになってしまっているが、おそらくバッテリーの電圧不足による誤作動と思われる

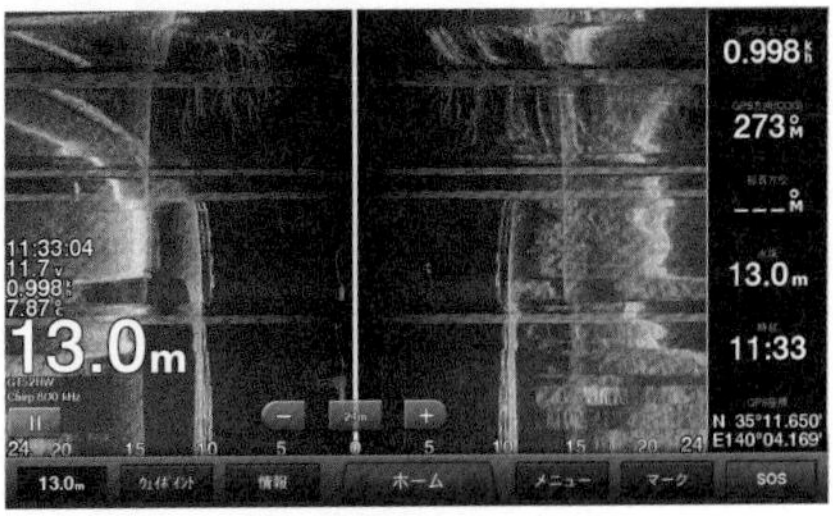

サイドビュー

水深が深いので、クリアビューを横にして見るような画面になった。これでも道路部分が一段高くなっていて、ガードレールの存在もはっきりわかる。また、その外側にはしっかりした立ち木が沈んでいたり、太い倒木が横たわっているようすもわかる

的だよね。紛らわしい小枝が映ったりするけど、動いたらそれは魚だと判断できる。

M　じゃあ、立ち木もライブスコープが一番見やすいんですか?

並木　立ち木こそ見やすいね。木ってさ、形がそれぞれ違うからね。どっちに太い枝が倒れ込んでるのか読めないんだよ。そういう推測不能なものほどライブスコープはいいよ。

——というわけで、一気に下流域まで移動。大きくベンドするインサイドのやや沖をビーバーのフリーリグでズル引きしていたら……。

並木　アタった!　アタったよ!　乗らなかったけど、今のは確実に食っていたね。密集した立ち木の林をやってて何もなかったから、むしろ木の少ない部分を

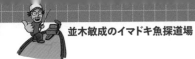

同じ場所はどう見える？②

笹川ボート前の巨大なマンメイド。急なスロープ状に水中へと伸びる。向かって右に階段アリ

ライブスコープ（上）2D（左）クリアビュー（右）

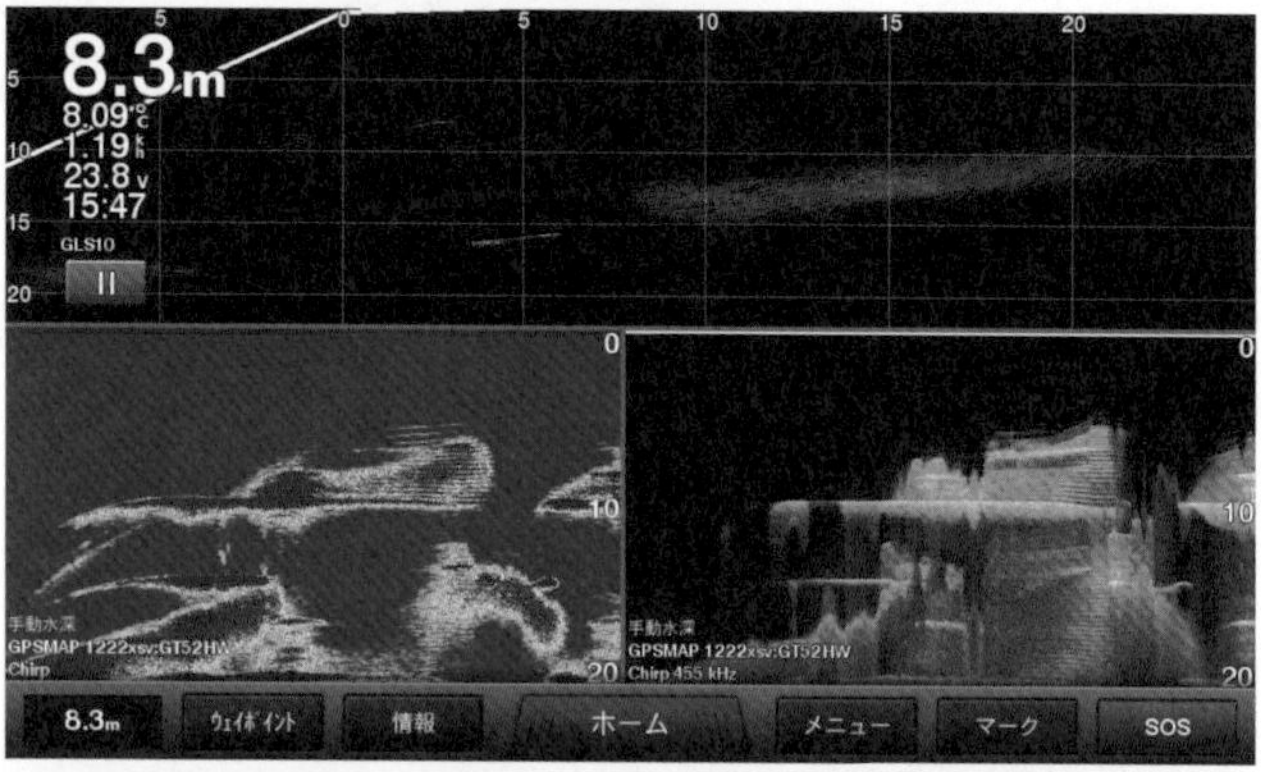

マンメイドの前をバンクと平行に通過している画像。ライブスコープにははっきりした何かは映っていない。2Dとクリアビューは2次反射がはっきりと出ている。空洞に描写されるはかなり固いハードボトムだそうだ

サイドイメージ

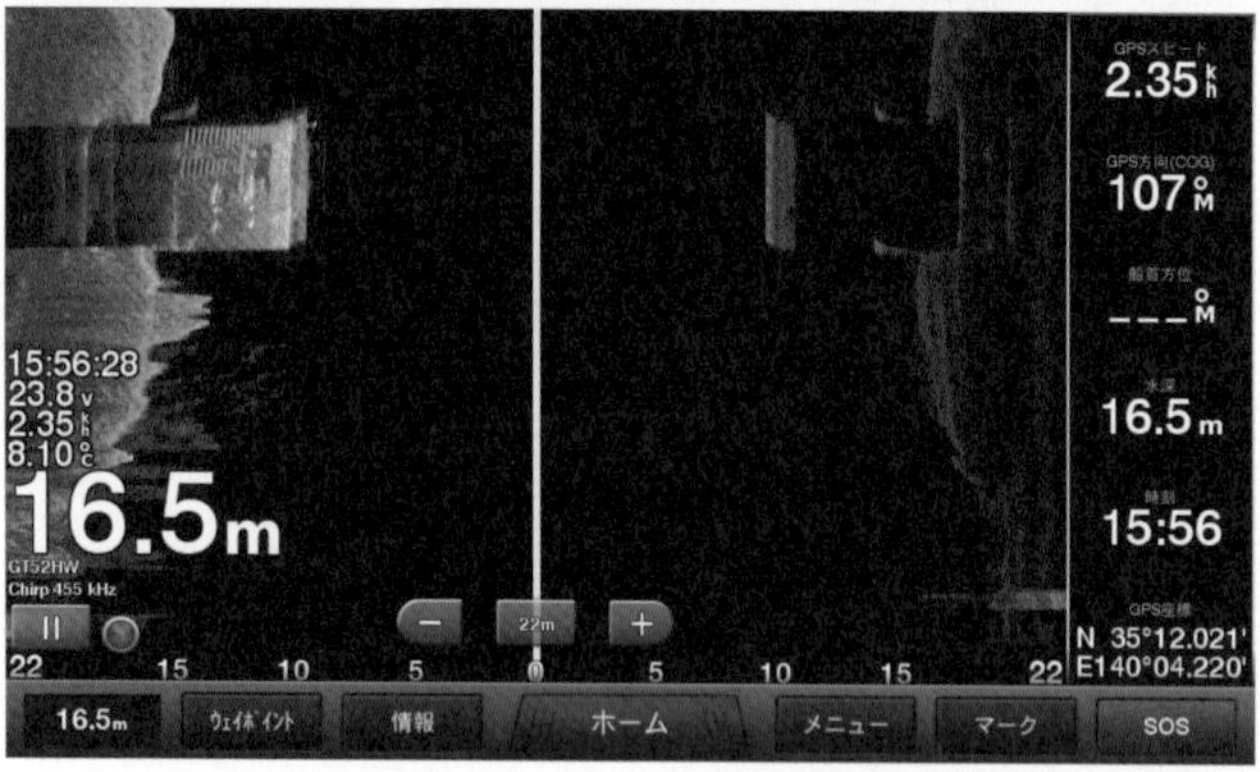

水中に伸びたマンメイドの形をドンピシャで捉えた。階段まではっきりと映っているのがわかる。その手前のコンクリート壁の波打ち具合もくっきり。なお、ノイズをカットするためゲインを下げたので、右側の深いサイドは暗くなっている

単純に立ち木を撃つのではなく湖底に変化のあるスポットをねらっていくのだという。
並木「見える立ち木はみんなが撃つからね。見えない立ち木プラス地形変化が重要だね」

アタリがあったのは黒いドライブビーバー3in。小さくても強くアピールする

探してた。ベイトとかバスが散歩できるような場所をズル引きしてたらアタったね。

世界のTにボウズなしだが……

時刻は13時45分。どんぶらこと下流域まで下ってきた。

来たよ！

ほかのアングラーがバラしたと言っていたグリパンピンクにチェンジしたら釣れた。並木「昔から千葉はピンクが釣れる。見えてなんぼなんだな」

並木　ここは下流のワンドというか、小さな川筋だね。冷えたときは崖に付くからその崖に沿って垂直に落ちるようにヘビーダウンショットを使うよ。

M　ここはフリーリグじゃないんですね。

並木　メタルジグ的な、ある程度速い動きで食わせたいんでね。……来たよ！　食ったよ！

T　さすが世界の……。僕のセリフ頭のイニシャルがTなのが畏れ多いです。

M　（僕もトシなんだよね）さすがっス！　水中はどうなってましたか？

並木　魚探の映像だとボートポジションは水深15mくらいなんだけど、釣れたのはおそらく4～6mくらいの岩盤のエグレ。ライブスコープを当てて見るとエグレているのがわかるんだ。壁ギリギリにキャストして、水中の枝に引っ掛けた状態で崖沿いに吊るして誘いあげていたら、グって入ったよ。外さないだろ？　もっと大場所のフラットとかインターセクションとか、ここにいれば絶対に魚が回ってくるだろうという場所で、ダウンショットで1～2時間粘る釣りもあるけど、それをやるにはあまりにもベイトの反応がプアだったからね。

M　やはりライブスコープがあると魚を見つけるだけじゃなく周囲の地形把握がズバッと早くなりますね。また無理して買おうかな……。タニガワさんは買わないの？

T　めちゃくちゃ欲しいですけど、買ったら離婚でしょうね。

並木　買っちゃえよ（笑）。

WHO DO YOU THINK I AM?

真冬の貴重な1尾。同じボート屋さんでは全体の釣果が2尾のみ（並木さんのバス含む）……という厳しい1日だったようだ

このお方をどなたと心得る！
やるだろう？

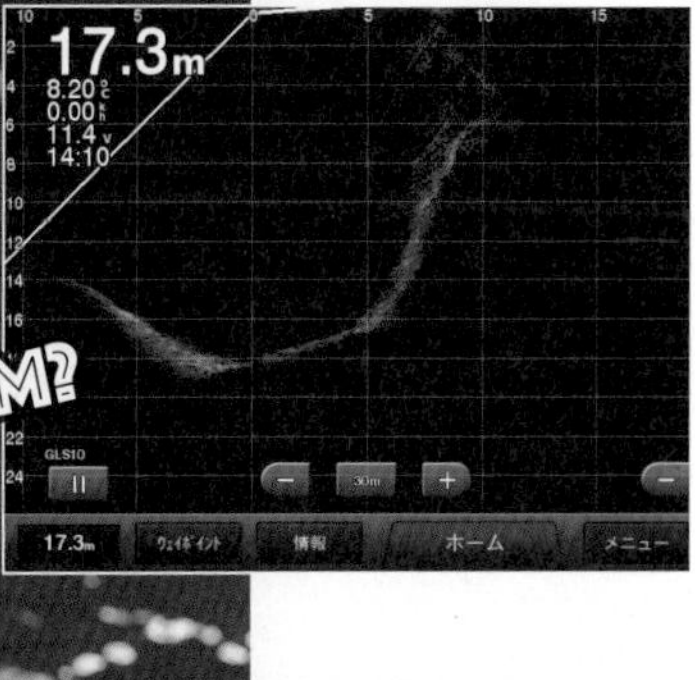
17.3m
8.20
0.00
11.4
14:10
GLS10
17.3m
情報
ホーム
メニュー

釣れた場所はこうなっていた。水深6mくらいまで岩盤がエグレているのがわかる。そこへ壁際の水中枝に引っ掛けて誘っていた

リザーバーの教科書

ダムの湖のバス釣りで試したくなる深イイ㊙テクニック集

2020年8月1日発行

編　者　月刊Basser編集部
発行者　山根和明
発行所　株式会社つり人社
〒101-8408 東京都千代田区神田神保町1-30-13
TEL　03-3294-0781（営業部）
TEL　03-3294-0766（編集部）
印刷・製本　図書印刷株式会社

つり人社ホームページ　**https://tsuribito.co.jp/**
つり人社オンライン　**https://web.tsuribito.co.jp/**
siteB（Basserオフィシャルウェブサイト）　**https://basser.tsuribito.co.jp/**
釣り人道具店　**http://tsuribito-dougu.com/**
つり人チャンネル（YouTube）
https://www.youtube.com/channel/UCOsyeHNb_Y2VOHqEiV-6dGQ